EIN EHRENWIRTH · BERATUNGSBUCH ·

Eva Rachor-Waldeck

Mama, sag bravo!

Die Suche nach den Quellen
unserer Kraft in der Familie.

Ehrenwirth Beratungsbuch

Die Deutsche Bibliothek - CIP Einheitsaufnahme

Rachor-Waldeck, Eva:
Mama, sag bravo : die Suche nach den Quellen unserer Kraft in der Familie / Eva Rachor-Waldeck. - München : Ehrenwirth, 1991
(Ehrenwirth-Beratungsbuch)
ISBN 3-431-03152-8

ISBN 3-431-03152-8

Umschlag: Kaselow-Design, München
Satz: Fotosatz-Service Weihrauch, Würzburg
Druck und Bindung: Friedrich Pustet, Regensburg
Printed in Germany 1991

Inhalt

E. Keine Angst vor Therapie

F. Lösungswege für die Familie

Wasser bin ich,
lebendiges, geschäftiges Wasser.
Kräusle meine Oberfläche im Wind,
möchte mich ausbreiten und fließen,
hineintröpfeln in den Boden,
wieder aufsteigen als Regenwolke,
mit dem Fluß mich vereinigen,
die Bergwand hinabstürzen,
dem Meer zurinnen,
wonach mich meine Natur verlangt.
Entfliehen den Bergen, die mich umstehen.
Meiner Mutter, meinem Vater.
Sie wollen mir nicht im Weg stehen,
sie sind da.
Ich muß meinen Weg suchen,
unter ihnen, an ihnen vorbei.
Denkt freundlich an mich,
ihr Berge,
die ihr mich geboren habt,
die ihr mich beschützt habt, als ich noch klein war.
Ohne euch wäre ich kein See geworden.
Aber jetzt muß ich fort,
kann nicht mehr zurückkehren,
der Weg des Wassers geht nie zurück,
nur vorwärts, bis ich mich wieder auflöse in der Sonne.
Lebenskreislauf.
Ein eigenes Kind habe ich geboren.
Jetzt begleite ich deinen Weg,
bis auch du deine neuen Ziele findest,
die ich nicht kenne,
die verschlossenen Gärten der Zukunft,
deren Duft dich locken wird.
Lebe wohl, mein Kind.

Vorwort

Warum ich dieses Buch schreibe

Am 18. Mai 1981 kam unser Sohn auf die Welt. Wir drei waren nun eine Familie, und unsere Welt hatte sich entscheidend verändert. Das merkte ich besonders deutlich, als ich mein Baby zum erstenmal für eine Stunde verließ, um in meiner Praxis zu arbeiten. Trennung hatte noch nie so weh getan, und ich bin noch nie so schnell aus der Praxis nach Hause geeilt. Auf dem Weg zurück zu meinem Kind wußte ich, daß mein Leben nie mehr so sein würde wie bisher. Es gab keinen Traum mehr, in dem er nicht bei mir war. Es gab keinen wachen Moment ohne ihn. Sein Erscheinen hatte die Beziehung zwischen seinem Vater und mir auf eine neue Ebene gehoben. Wir waren wie vorher ein Liebespaar, aber darüber hinaus Eltern. Die Entwicklung unseres Kindes erinnerte jeden von uns an die eigene Kindheit, an Regeln und Beziehungen in unseren Herkunftsfamilien. Wir wurden damit konfrontiert, wie schwierig es ist, einen gemeinsamen Weg zur Erziehung zu finden.
Aber nicht nur unser Leben war anders geworden. Die Eltern meines Mannes wurden erstmals Großeltern. Meine Mutter begrüßte ihr fünftes Enkelkind. Auch in unsere Herkunftsfamilien kam so Freude, Leben und Bewegung. Da die Familie jetzt einen so großen Raum in meinem Leben einnahm, begann ich mich für die Regeln und Strukturen zu interessieren, mit deren Auswirkungen wir lebten. Ich tauchte in das System meiner Herkunftsfamilie ein. Wie ein erfolgreicher Schatzsucher fand ich Perlen und Edelsteine. Diese Kostbarkeiten hatten folgende Namen: Lebensfreude, Humor, Leistungsbereitschaft, Leidenschaft, Abenteuerlust, Freude an der Kunst, journalistische Begabung, tiefes Empfinden, Sinnlichkeit, Musikalität, Kontaktfreude, Häuslichkeit, Kinderliebe und vieles mehr. All diese Geschenke hat mir meine Familie gegeben.
Bei meiner Taucherei fand ich auch einiges altes Gerümpel, das ich der Müllabfuhr übergab. Es gab Familienmythen, die Verwirrung stifteten. Tabus, deren Einhaltung die Trauer über längst vergangene, schmerzliche Ereignisse blockierte. Familienregeln, die sich überlebt hatten.
Das Ergebnis meiner Schatzsuche konnte sich blicken lassen: das Leben in unserer Familie wurde reicher und harmonischer. Wir fühlten uns miteinander wohl und fanden nach längerem Hin und Her einen Platz, wo wir jetzt zusammen leben. Wir verstehen uns gegenseitig. Konflikte werden offen ausgetragen. Die Beziehungen zu unseren Herkunftsfamilien verbesserten sich.

Gleichzeitig erlebe ich täglich in meiner Arbeit mit Menschen, die aus dem Gleichgewicht geraten sind, welch große Rolle dabei die Familie spielt. Ich erfahre auch, wieviel Möglichkeiten eine Familie hat, ihren Mitgliedern zu einem reichen Leben zu verhelfen. Oft braucht es nur ein wenig Starthilfe.
In vielen Gesprächen mit meinen Freunden, meiner Familie, meinen Patienten reifte der Entschluß, meine Erfahrungen einer breiteren Öffentlichkeit zugänglich zu machen. Glückliche Familien bilden eine glückliche Gesellschaft, in der wir alle gut gedeihen können.
Vielleicht kann dieses Buch helfen, Unglück in Glück zu verwandeln, aus mancher Pechmarie „Familie“ eine Goldmarie machen.

Einleitung

Symbiose und Abgrenzung als Geburtshelfer für das Selbstbewußtsein

Mein dreijähriger Sohn tanzt im Zimmer mit einem erwachsenen Freund der Familie. Ich sitze am Rande und sehe ihm mit Vergnügen zu. Immer wieder schaut mein Kind zu mir und fordert nach besonders schönen Sprüngen seinen Applaus: „Mama, sag bravo!"
Ich lache und klatsche Beifall. Sofort folgt eine neue Serie temperamentvoller Sprünge und Drehungen. Es ist eine glückliche Stunde für uns alle, voll Harmonie und von der Zufriedenheit erfüllt, die sich einstellt, wenn wir genau das zu geben haben, was der andere von uns braucht. Unser Selbstwertgefühl hatte gute Nahrung erhalten und war dadurch gewachsen.
Ein andermal eine allen Eltern wohlbekannte Szene: Wir sind im Einkaufszentrum, mein Sohn sitzt im Einkaufswagen und sieht ein Taschenmesser. Er will es haben. Ich will nicht, daß er es bekommt. Ich versuche ihm zu erklären, warum ich es nicht kaufe, aber nichts hilft. Vor Wut über die Verweigerung springt er brüllend im Einkaufswagen auf und ab. Ich versuche so schnell wie möglich das Geschäft zu verlassen, von den vielsagenden Blicken aller Anwesenden begleitet. Ich fühle mich ausgelaugt, mein Selbstwertgefühl steckt im Keller. Im Auto erhalte ich dann eine unverhoffte Belohnung. Während ich sicher war, daß das Kind in seiner Wut meine erklärenden Worte gar nicht wahrgenommen hat, ich also meinem Gefühl nach „für die Luft" geredet habe, hat er alles genau in sich aufgenommen. Denn zu meinem Erstaunen erklärte er mir: „Weißt du, Mama, ich will das Taschenmesser gar nicht, weil das ist ja gefährlich, so ein scharfes Messer, damit kann ich mich schneiden. Ich spiel viel lieber mit dem Matchbox-Auto!"
Mein erstes Gefühl war etwa so: Jetzt haben wir's geschafft! Nach zermürbenden Jahren mit Trotzanfällen mehrmals am Tag konnte er nun eine Verweigerung annehmen und erkennen, daß sie aus Fürsorge für ihn geschehen war. Und darüber hinaus konnte er diese Erkenntnis in Worte fassen, nachdem der Gefühlssturm vorbei war. Wir hatten eine neue Verständnismöglichkeit, die ein festes und tragfähiges Band zwischen uns bildete. Mir kam zu Bewußtsein, welch langen Weg wir gemeinsam zurückgelegt hatten – vom engen Verschmolzensein der Schwangerschaft und den ersten Babymonaten über die vielen Schritte, die von mir weg und wieder zu mir zurückgeführt hatten. Nun war mein Kind eine deutlich abgegrenzte Person, die mit Hilfe des Verstandes prüfte, ob sie etwas anneh-

men oder ablehnen wollte. Waren diese Entscheidungen auch noch oft von Kämpfen begleitet, konnten sie jetzt doch von ihm getroffen werden. Die Trotzanfälle waren harte, aber notwendige Grenzziehungen zwischen zwei Menschen gewesen, die sich sehr nahestanden. Für Mutter und Kind wurden in dieser frühkindlichen Trotzzeit Autonomie und Selbstbewußtsein geschaffen. Das Kind gewann sie zum erstenmal. Die Mutter hingegen tauchte wieder aus der engen symbiotischen Verbundenheit mit dem Kind auf in einen von früher bekannten und doch neuen Zustand. Eine an gefühlsmäßiger Intensität kaum zu überbietende Lebensphase war erfolgreich bewältigt. Daraus schöpften wir beide neues Selbstwertgefühl, das uns in den kommenden Entwicklungsphasen zur Verfügung stand und steht. Diese lebendige Erfahrung mit meinem Sohn über die Entwicklung des Selbst war beides: süß und schmerzlich. Sie hat uns beide reifer gemacht.

Ich kann mich selbst, mein Kind und andere besser verstehen als vorher und kann mich auch besser abgrenzen. Ich kann in der Arbeit mit meinen Patienten weiter gehen als vorher. Es ist meine feste Überzeugung, daß ein/e PsychotherapeutIn einen Klienten nur so weit zu begleiten vermag, als er selbst gehen kann. Aus der Fülle der gefühlsmäßigen, geistigen und intellektuellen Erfahrungen, seines eigenen Glücks und Unglücks, seiner Wärme, seiner Fähigkeit, wirklichen Kontakt aufzunehmen, berühren zu können, sich abzugrenzen und anzunähern, kann sich der/die TherapeutIn als Modell zur Verfügung stellen, ähnlich wie die Eltern von Anfang an für ihr Kind Modell sind. Eltern können die Arme um ihre Kinder schließen und sie wieder öffnen. Sie können sie herein- und hinauslassen, so wie es das Kind braucht. Die Liebe und enge Verbindung zwischen ihnen läßt beide wachsen und ist Voraussetzung für eine ungestörte geistige, seelische und körperliche Entwicklung des Kindes.

Auftretende Störungen in der Familie haben ihre Auswirkung auf die Beziehungen zwischen den Familienmitgliedern und damit auf die Entwicklung der Kinder. Oft gehen diese Störungen schon auf die groß- und urgroßelterliche Familie zurück. Sie werden weitergegeben in Form von Familienregeln, die, meist tabuisiert, nicht mehr durchschaubar sind.

So wie der Therapeut bei seinem Patienten nur dann Wachstum, Selbstbewußtsein und Integrität fördern kann, wenn er selbst in der Erfahrung seiner eigenen Familiengeschichte reif geworden ist, so können Mutter und Vater je nach eigenem Entwicklungsstand die einzelnen Schritte ihres Kindes hemmen oder fördern. Im Schoß der Familie liegt alles Wissen, alle Weisheit verborgen, die wir brauchen, um ein Kind als glückliche Bereicherung unseres Lebens und nicht als Lückenbüßer für nicht entwickelte Eigenschaften, Wünsche und Träume zu erleben. Der Kontakt mit dem in uns bis ans Lebensende lebendigen Kind führt uns tief in unsere eigene Herkunftsfamilie. Es ist eine Reise, die sich lohnt. Wir lernen alle jene Männer und Frauen kennen, deren Gedanken, Träume, Phantasie und Lebensschicksale in uns durch Erzählungen, Regeln und Lebenskraft weiterleben. Diese Reise befähigt uns, abzulegen, was uns im Leben hindert, und anzunehmen, was uns unterstützt. Familientherapie hilft uns, alle diese vielen durch Generationen weitergegebenen Fähigkeiten zu integrieren.

A. Die Familie

1. Was ist eine gute Familie?

Die Zeitschrift *Eltern* hat versucht, eine Antwort auf diese Frage zu finden. Sie ging dabei vom Standpunkt des Kindes aus.
Eltern fragte 2230 Schüler, zwischen 7 und 14 Jahren: „Was ist eine gute Familie?"
In den Antworten wird von den Kindern vor allem betont:

1. daß man zusammenhält, auch wenn jemand etwas angestellt hat,
2. daß Demokratie herrscht und die Kinder mitbestimmen dürfen,
3. daß man einander hilft,
4. daß man zärtlich zueinander ist,
5. daß viel gelacht wird,
6. daß jeder zu jedem Vertrauen hat,
7. daß man viel miteinander unternimmt,
8. daß man sich nach Streit schnell wieder versöhnt,
9. daß man Rücksicht aufeinander nimmt,
10. daß man viel miteinander spricht.

Je jünger die Kinder sind, um so wichtiger ist ihnen, daß Zärtlichkeit und Fröhlichkeit im Hause herrschen. Eine gute Familie ist für sie eine, in der viel geschmust und gelacht wird.
Sie können sich vorstellen, liebe Leser, daß ich mich auch in Hinblick auf diese Befragungsergebnisse sehr gefreut habe, als mein Sohn unser Haus als „Villa Frohsamkeit" bezeichnete.

Anschließend ein paar Zitate aus der *Eltern*-Untersuchung:
„Man kann eine prima Familie an den Gesichtern erkennen. Wenn alle immer lachen und fröhlich sind, ist alles in Ordnung. Wenn sie aber andauernd ein brummiges Gesicht machen, ist die Stimmung in der Familie gedrückt und nicht gut." (Schülerin, 12 Jahre)
„Wenn man sieht, daß sich Vater und Mutter schon mal küssen, dann weiß man, daß die Familie super ist." (Schülerin, 13 Jahre)
„Wenn jeder abends ins Bett gehen darf, wann er will, dann ist das eine prima Familie, in der Freiheit und Rücksicht herrschen." (Schüler, 9 Jahre)
„Wenn immer aufgeräumt ist." (Schüler, 8 Jahre)
„Wenn geschmust wird." (Schüler, 8 Jahre)
„Wenn sich alle küssen." (Schüler, 8 Jahre)

In der Familie entsteht das Gefühl von Sicherheit, Zusammengehörigkeit und Erfüllung dann, wenn sich die Eltern gernhaben und dies ihren Kindern zeigen. Der bewußt praktizierte Erziehungsstil ist dann überraschenderweise eher Nebensache. Die erziehende Hand kann streng oder locker sein: die Kinder gedeihen bei Eltern, die sich lieben. Bei der Behandlung gestörter Familien mit einem Sorgenkind zeigte sich, daß dessen Zustand sich besserte, wenn die Eltern sich mehr miteinander als mit ihm beschäftigten. Hörten sie auf, sich gegenseitig zu beachten, ging es dem Kind wieder schlechter.

Von Virginia Satir, einer der großen Gründerpersönlichkeiten der Familientherapie, habe ich gelernt, besonders auf die Förderung des Selbstwertgefühls bei den einzelnen Familienmitgliedern zu achten. Bei der Arbeit mit ihr bewunderte ich, wie sie für Menschen, die ihr begegneten, und ihre Anliegen, seien sie klein oder groß, ganz „da" war. Ihre Kraft, ihr Einfühlungsvermögen, ihre Wertschätzung, ihr warmes Annehmen aller Erscheinungsformen des Lebens stellten für mich eine Herausforderung zum Wachsen dar. Eine solche Herausforderung sollte auch eine gute Familie für ihre Mitglieder sein.

Sie sollte nach Ansicht Virginia Satirs folgende fünf Freiheiten garantieren:

1. zu hören und zu sehen, was da ist,
2. zu sagen, was man fühlt und denkt,
3. zu fühlen, was man empfindet,
4. zu erbitten, was man wünscht,
5. zu wagen, was reizvoll ist.

Das heißt nicht, daß alle diese Bedürfnisse, Wünsche und Träume erfüllt werden müssen oder erfüllt werden können. Aber in einem vertrauensvollen „Miteinander" soll wenigstens jeder denken, wünschen und sagen können, was für ihn wichtig ist.

Wie sieht es nun bei einer lebendigen und wachstumsfördernden Familie aus? Die Atmosphäre ist anziehend, es wird viel gelacht, und es geht laut und temperamentvoll zu. Jeder darf mitreden, alle haben guten Kontakt miteinander. Wenn Entscheidungen fällig sind, werden sie so getroffen, daß persönliche Bedürfnisse berücksichtigt werden. Probleme werden in der Familie besprochen und gemeinsam gelöst.

Die Familienregeln sind an die Situation, die Entwicklung der Familie und an neue Gegebenheiten angepaßt. Die Familienmitglieder begegnen sich mit Liebe und Vertrauen. Immer wieder kommen sie sich auch körperlich nahe. So kann sich jeder sicher genug fühlen, um sich immer wieder als eigene Persönlichkeit abzugrenzen und selbst zu verwirklichen. Jedes

Familienmitglied erlebt Wärme und Geborgenheit in der Nähe der anderen, aber auch seine Einzigartigkeit, wenn er für sich steht.
Wenn, bedingt durch das Wachstum der Persönlichkeit, Distanz zur Familie entsteht, tauchen Gefühle von Schmerz und Trauer auf. Sie veranlassen, daß der junge Mensch sich wieder verstärkt seiner Familie zuwendet. Stellen Sie sich das seelische Wachstum des Menschen als eine Spirale vor. Ihr Thema ist der Wechsel von Verschmelzung und Abgrenzung auf immer neuer Ebene. Eine „gute" oder „lebendige" Familie ist in der Lage, ihren Migliedern innigen Kontakt zu bieten und ihnen gleichzeitig die Erlaubnis zu geben, ihr eigenes Leben zu führen.
An der Lebensaufgabe, ein Gleichgewicht zwischen Nähe und Abgrenzung herzustellen, scheitern leider mehr Familien als an dem Versuch, im Lotto zu gewinnen.
In der heutigen Kleinfamilie ist es schwieriger denn je, Geborgenheit und Sicherheit mit dem Bedürfnis nach Distanz zu vereinen. Im großen Familienverband früherer Zeiten war für die Kleinen immer ein Erwachsener zum Spielen und Schmusen da. So konnte sich die Mutter freier bewegen, als dies in der heutigen Kleinfamilie möglich ist. Es übersteigt einfach die Kräfte eines einzelnen Menschen, ständig für die Forderungen eines anderen verfügbar zu sein. So entstehen Aggressionen, die letztlich die Familie ausbaden muß.
Wenn indes die Eltern ihr eigenes Leben führen können, fällt es ihnen viel leichter, ihre Kinder auszulassen, sobald es an der Zeit ist. Sie freuen sich daran, erwachsene Kinder zu haben und auf neue, freundschaftliche Art mit ihnen umzugehen.
So sagte mir neulich ein lieber Freund, der diese Aufgabe bereits bewältigt hat und eben Großvater geworden war: „Weißt du, es ist sehr schön, einen erwachsenen Sohn zu haben."
Früher waren Einkindfamilien, die heute in Deutschland schon die Hälfte aller Familien ausmachen, eine seltene Ausnahme. Oft gab es bei der Kinderschar einen Nachzügler. So blieb den Eltern jemand, den sie mit Fürsorge umgeben konnten, wenn die älteren den Familienverband verließen. Das Problem des „leeren Nestes", das so viele Frauen in den Vierzigern in die Depression treibt, ist ein Phänomen der Neuzeit.
Es ist wichtig, daß sich die heutige Familie eines klarmacht: die Zeit der Kindererziehung ist begrenzt. Danach kommt, bedingt durch die hohe Lebenserwartung, eine lange Phase, in der die Eltern wieder miteinander allein sind wie zur Zeit der Familiengründung. Es wäre daher unklug, wenn Eltern all ihr Wohl und Wehe von der Beziehung zu ihrem einzigen Kind abhängig machten.
Vergessen Sie nicht: Beide Partner sind, bevor sie ein Liebespaar und dann Eltern wurden, zunächst Individuen mit ganz persönlichen Fähigkeiten,

Vorlieben, Hobbys, Außenkontakten usw. Als solche haben sie sich kennen- und liebengelernt. Auch später sollten sie niemals ihren individuellen Bereich zu kurz kommen lassen oder gar ganz auf ihre eigenen Bedürfnisse vergessen, wie es leider häufig geschieht.
An dieser Stelle möchte ich Ihnen einen Leitsatz mitgeben: „Pflege das Alleinsein!“
Wer nicht allein sein kann, ist auch für das Zusammenleben untauglich. Er schränkt die eigene Freiheit und die seiner Familie ein aus Angst, alleingelassen zu werden, und verhindert damit sowohl sein eigenes als auch das familiäre Wachstum. Pflegen Sie also Ihre persönlichen Vorlieben, gehen Sie ruhig auch einmal allein oder mit Freunden aus.
Im Zentrum der Familie sollte die funktionierende elterliche Partnerbeziehung stehen. Stehen Sie sich gegenseitig bei der Erziehung zur Seite!
Und noch etwas ist sehr wichtig: Machen Sie das, was Sie und Ihren Partner angeht, mit ihm selbst aus und nur mit ihm! Verwickeln Sie Ihre Kinder nicht in Ihre ehelichen Angelegenheiten. Kinder sind keine Beichtväter für Eheprobleme. Sorgen Sie aber dafür, daß die Kinder sich mit allen ihren Angelegenheiten immer an Vater oder Mutter wenden können.
Die Grenze, die zwischen den Angelegenheiten des Ehepaares und denen seiner Kinder bestehen sollte, gerät leider in Krisenzeiten leicht ins Wanken. Das schadet der Entwicklung der ganzen Familie. Kinder, die als Verbündete in die Zwistigkeiten der Eltern hineingezogen werden, erleiden Schaden an ihrer Persönlichkeit.
Ich möchte Ihnen helfen zu verhindern, daß dies passiert. Dazu ist es vor allem nötig, die eheliche Beziehung zu verbessern und zu festigen. Wichtig ist, daß Sie nicht vergessen, daß Sie neben der Funktion Vater oder Mutter auch noch ein Mensch für sich mit eigenen Bedürfnissen bleiben. Nur so können Sie auf Dauer ein liebenswerter und anziehender Ehepartner sein.
Folgendes können Sie tun, um die Partnerbeziehung zu pflegen:
Nehmen Sie sich ein Wochenende kinderfrei und beschäftigen Sie sich in Ruhe und ohne Störung miteinander.
Buchen Sie einen kürzeren oder längeren Urlaub ohne Kinder.
Nehmen Sie sich mindestens einmal im Monat einen Abend frei und gehen Sie aus oder ins Kino.
Denken Sie gemeinsam darüber nach, was Sie gerne mit ihrem Partner unternehmen würden und schon lange nicht mehr getan haben.
Überlegen Sie, ob Sie genug Freiraum für sich selbst haben! Unternehmen Sie auch ab und zu etwas allein.
Bahnt sich ein Streit in Gegenwart der Kinder an, ist es wichtig, mit ihnen über die Situation zu reden. Nur so müssen sie sich nicht ängstigen und werden nicht in den Streit hineingezogen. Erklären Sie Ihrem Kind, auch

wenn es noch klein ist, daß seine Eltern eine Meinungsverschiedenheit haben, daß aber der Streit nichts mit dem Kind zu tun hat. Dieser Streit ist Sache der Eltern. Sagen Sie ihm, daß es sich nicht darum kümmern muß. Fordern Sie dann ihr Kind liebevoll auf, spielen zu gehen. Sie können ihm auch erklären, daß seine Eltern manchmal so kindisch sind wie Dreijährige und sich ebenso streiten. Jedes Kind kennt Streit und die Versöhnung aus eigenem Erleben und wird sich höchstens wundern, wie lange die Erwachsenen streiten können. Kinder sind da bekanntlich gescheiter.
Wenn ich Ehepaare frage, wann sie zum letztenmal zu zweit etwas miteinander unternommen haben, herrscht meist lange Stille. Oft liegen diese Gemeinsamkeiten vor der Geburt der Kinder. Es ehrt Eltern, wenn sie die Erziehung und Pflege ihrer Kinder bis zur Selbstaufgabe wichtig nehmen. Sie handeln mit der besten Motivation der Welt. Es bedarf oft harter Arbeit (so sehr lieben diese Eltern ihre Kinder), sie davon zu überzeugen, daß sie nichts besseres für sie tun können, als ab und zu mal ganz egoistisch auf sich selbst zu schauen.
Ich möchte Sie als Ehepaar nochmals ausdrücklich dazu ermutigen, sich Zeit füreinander zu nehmen. Es ist schwer, das weiß ich. Es scheint oft unmöglich. Aber es ist das beste, was Sie für sich selbst und damit für Ihre Familie tun können.
Versuchen Sie zu *spüren*, in welcher Art von Familie Sie selbst leben: achten Sie einfach auf das, was in Ihrem Körper vor sich geht, wenn Sie zu Hause sind. Wenn sich ihre Muskeln locker anfühlen, wenn Sie entspannt sind und sich wohl fühlen, leben Sie in einer wachstumsfördernden Familie. Wenn Sie sich hingegen verkrampft und unbehaglich fühlen und womöglich sogar Kopf- oder Magenschmerzen haben, könnte dies mit der ungünstigen Atmosphäre in Ihrem Hause zusammenhängen. In diesem Fall sollten Sie versuchen, etwas daran zu ändern. Dies könnte z.B. ein Gespräch mit Ihrer Familie über Ihre Gefühle sein.
In einer entwicklungsfördernden Familie gehen die Familienmitglieder so miteinander um, wie es dem Alter und der Entwicklung der einzelnen entspricht. Der Kleinste wird von seinen Geschwistern geneckt oder krabbelt seinem Vater auf dem Fußboden nach. Das Schulkind macht seine Hausaufgaben am Küchentisch und ist so seiner Mutter nahe, der es ab und zu Fragen stellt. Der Teenager macht Musik in seinem Zimmer, empfängt seine Freunde und geht für den Rest des Tages mit ihnen fort. Ein erwachsenes Kind, das schon außerhalb der Familie wohnt, ruft an, um seinen Eltern etwas über sich zu erzählen.
Jeder scheint mit jedem Kontakt zu haben. Gleichzeitig ist er frei, das zu tun, was für ihn jetzt gerade richtig ist. Gibt es Konflikte, setzen sich alle zusammen und versuchen sie gemeinsam zu lösen. Jeder sagt, was er möchte. Alle nehmen die Wünsche, Bedürfnisse und Gefühle der anderen

ernst. Eine solche Familie findet schnell Lösungen für ihre Probleme. Ihre Kreativität steht ihnen ganz zur Verfügung, da sie nicht durch die Abwehr von Gefühlen blockiert ist.
Kann ein Wunsch nicht erfüllt werden, zeigt die Familie dem Betreffenden, daß sie seinen Kummer versteht. Es ist in einer wachstumsfördernden Familie in Ordnung, alle nur möglichen Gefühle zu haben und sie auch auszudrücken. Gefühle werden nicht nach „gut“ oder „schlecht“ bewertet. Sie werden akzeptiert und als Eigentum dessen betrachtet, der sie hat. So müssen auch Schmerz, Eifersucht, Ärger und Zorn nicht versteckt werden. Die Eltern helfen ihren Kindern dabei, einen angemessenen Ausdruck für ihre Gefühle zu finden. Hat ein Kind etwas falsch gemacht, erklären ihm die Eltern, was sie anders haben möchten. Dabei nehmen sie es auf den Schoß oder halten seine Hände. Sie begeben sich auf die gleiche Ebene mit dem Kind und sehen ihm in die Augen. So fühlt sich das Kind von seinen Eltern angenommen, auch wenn es etwas falsch gemacht hat. Dadurch fällt es ihm leichter, auf ihre Wünsche oder Forderungen einzugehen.

Fassen wir zusammen, woran wir eine „gute“, entwicklungsfördernde Familie erkennen:
Die Kinder sind lebhaft, freundlich und anziehend. Sie werden in jedem Alter von den anderen für voll genommen.
Die Atmosphäre in der Familie wird von allen als angenehm erlebt. Besucher fühlen sich wohl und entspannt.
Alle Gefühle, Wünsche und Bedürfnisse sind erlaubt und werden der Situation angemessen geäußert.
Die Familienmitglieder berühren einander gerne und schmusen viel miteinander.
Die Erziehung der Kinder ist geprägt von Liebe und Unterstützung.
Jedes Familienmitglied hat neben gemeinsamen Interessen auch ein Eigenleben.
Die Eltern streiten offen und kreativ miteinander und beziehen ihre Kinder nicht in ihre Konflikte ein.
Probleme werden besprochen und gemeinsam gelöst.
Die Familienregeln verändern sich je nach Situation und der jeweiligen Lebensphase der Familie. Sie berücksichtigen die Gefühle und Bedürfnisse der Familienmitglieder und erlauben ihnen, das auszudrücken und zu tun, wonach es sie verlangt. So ist die ständige Weiterentwicklung aller gewährleistet.

2. Gibt es die „normale“ Familie?

Familientherapeuten, deren tägliches Brot die Arbeit mit leidenden Familien ist, brauchen bestimmte Konzepte und Hypothesen bezüglich dessen, was unter psychischer Gesundheit oder Normalität zu verstehen ist. Auf dieser Grundlage treffen sie die Entscheidung, welche Prozesse und Strukturen in einer Familie gesund oder krank sind. Ein bekanntes Konzept stammt von Sigmund Freud, der einem sogenannten „Normalen“ folgende Eigenschaften zuwies: Arbeits-, Liebes- und Genußfähigkeit. In der Tat weisen viele Menschen, deren Leben unbefriedigend verläuft, eine Störung in diesen Bereichen auf.

Verwende ich hingegen den statistischen Normbegriff, werden mir Durchschnittswerte über die Verhaltensweisen einer bestimmten Bevölkerungsgruppe geliefert. Nach diesen Werten kann es durchaus „normal“ sein, vier Stunden täglich fernzusehen. Eine Aussage darüber, ob dieses Verhalten „gesund“ oder entwicklungsfördernd ist, wird dabei nicht getroffen. Der Begriff „normal“ ist auch abhängig von der Zeit. Früher war es völlig normal, daß Kinder in der Schule auf die Hände geschlagen wurden. Heute würde ein solches Verhalten eines Lehrers zu seiner Entlassung aus dem Schuldienst führen. Normalität ist ebenso abhängig von der gesellschaftlichen Gruppe, der Religion, der Herkunft und vielen anderen Variablen. Die Frage, was „normal“ für eine Familie ist, kann zwischen den Angehörigen verschiedener „Familienclans“ zu erbitterten Diskussionen führen.

So mag es in der Familie des Mannes normal sein, sonntags ein ausführliches Mittagessen mit Suppe, Hauptspeise und Nachtisch zu verzehren. Stammt nun seine Frau aus einem Hause, in dem sonntags lange gefrühstückt wurde und das Mittagessen dafür ausfiel, prallen zwei an sich völlig normale, aber höchst unterschiedliche Verhaltensweisen aufeinander. Die junge Familie hat nun die schwierige Aufgabe, eine allen angepaßte und zufriedenstellende neue Regelung zu finden.

Auch kulturelle Unterschiede können zu Zündstoff führen. In einer türkischen Familie gilt es als normal, daß der Vater uneingeschränktes Oberhaupt über Frau und Kinder ist. Eine solche Vormachtstellung wäre z.B. in einer deutschen Familie nicht normal. Lebt die türkische Familie in Deutschland, geraten ihre Normen mit den Auffassungen der Außenwelt in Konflikt. Dies führt zu großen Spannungen. In einer italienischen Familie spielt der Familienzusammenhalt der Großfamilie normalerweise eine viel größere Rolle als bei uns, wo sich die Kleinfamilie durchgesetzt hat.

Als „normal“ geltende Verhaltensweisen können also in unterschiedlichen Kulturen entgegengesetzt sein. Eine griechische Familie empfindet es z.B. als normal, daß ihre heranwachsenden Kinder stark an die Familie gebunden sind, während eine aus Westeuropa stammende Familie ihre Kinder zur Selbständigkeit erzieht.

Die Frage, ob es eine „normale“ Familie gibt, kann also rundweg verneint werden. Es gibt nur „als normal geltende“ Verhaltensweisen, und die können je nach Epoche, Herkunft, Kultur, Religion, finanziellen Verhältnissen, Schicht etc. sehr unterschiedlich sein.

Jede Familie bildet mit der Zeit ein einmaliges, unverwechselbares System. Vor allem am Beginn des Zusammenlebens, aber auch später während der verschiedenen Entwicklungsphasen, wird ausprobiert, was in der Familie erlaubt ist. Verbote und Erlaubnisse werden in einer Vielzahl von Regeln festgehalten. Diese Regeln können einem Außenstehenden unter Umständen absurd erscheinen, vor allem dann, wenn sie starr angewendet werden, ohne daß die veränderte Situation berücksichtigt wird. Als Beispiel mag eine Familie dienen, in der eine Regel bestimmt, daß die Frau über alle häuslichen Belange gebietet. Der Ehemann wachte eines Morgens mit eiskalten Füßen auf: seine Frau hatte vergessen, die sorgfältig gefaltete Bettdecke auszubreiten.

Die auf den ersten Blick unsinnige Regel hatte in dieser Familie eine wichtige Funktion: Sie trennte klar die Zuständigkeitsbereiche von Mann und Frau, ermöglichte unter normalen Umständen einen problemlosen Alltag und verhinderte Streitigkeiten um die Macht. Mit etwas mehr Flexibilität in der Anwendung könnte eine solche Regel durchaus entwicklungsfördernd sein.

Zumindest in unseren Breiten ist es in vielen Familien ganz normal, daß sich der Hausherr in seinem Heim nicht auskennt. Seine Rolle ist im Rahmen des familiären Systems durch Regeln festgelegt, die es ihm nicht erlauben, seine Socken selbst aus dem Wäscheschrank zu nehmen. Schwierigkeiten gibt es, wie zu erwarten, immer dann, wenn sich plötzlich etwas ändert. Das kann eine Reise des allein zuständigen Familienmitgliedes, ein Krankenhausaufenthalt oder dessen Tod sein. Bei einem starren Regelsystem ist dann die Anpassung der Familie an die neuen Gegebenheiten gestört.

Stellen Sie sich vorher geschilderten Ehemann vor. Sollte seine Frau zeitweise oder ganz ausfallen, wäre er unfähig, für sich selbst zu sorgen. Dies würde in der Familie eine Krise heraufbeschwören, die eine Chance zur Veränderung in sich birgt. Möglicherweise eignet sich dieser Mann nun im Schnellverfahren haushalterische Kenntnisse an. Es kann aber ebenso passieren, daß z.B. die älteste Tochter die Lücke füllt, die durch die Abwesenheit der Mutter entstanden ist. Wie auch immer die Lösung in einem solchen Fall aussehen mag, sie kann entweder entwicklungsfördernd oder entwicklungshemmend sein. Im ersten Fall erfolgt eine Anpassung der Regel an die neuen Gegebenheiten, im zweiten Fall versucht die Familie,

die geltenden Regeln unverändert beizubehalten, auch wenn dies auf Kosten aller geschieht.
In leidenden, gestörten Familien finden wir immer ein starres, unflexibles Regelsystem vor. Werden die Regeln zu starr und dienen die Handlungen zwischen den Familienmitgliedern mehr und mehr dazu, diese Regeln aufrechtzuerhalten, kann sich die Familie nicht weiterentwickeln. Es gilt daher beim Auftreten von Symptomen in einer Familie auch an den Regeln zu arbeiten und sie so zu verändern, daß Wachstum wieder möglich wird.
Die Beziehungen in einer Familie sind also als laufende Prozesse zu sehen, die im Idealfall den Zusammenhalt schützen und Weiterentwicklung zulassen. Die diesen Prozessen zugrundeliegenden Regeln werden in Übereinkunft mit Normen aus den jeweiligen Herkunftsfamilien, Normen aus der umgebenden Außenwelt, der gesellschaftlichen Position, der Rollenverteilung innerhalb der Familie und vielen anderen Faktoren erstellt. Selten herrscht in der Familie klares Bewußtsein über die Regeln, die im Zusammenleben gültig sind. Daß eine Regel hinter allem steht, was in einer Familie geschieht, wird im allgemeinen erst dann klar, wenn sich die Regel nicht mehr bewährt oder wenn jemand die Regel übertritt.
„Normal" erscheint eine Familie der Außenwelt, wenn sie in der Lage ist, ihre Krisen mit Hilfe flexibler Regeln so zu lösen, daß alle Familienmitglieder sich ihrem Alter gemäß verhalten und entwickeln können.

Fassen wir also zusammen:

Der Begriff dessen, was „normal" ist, hängt von vielen Faktoren ab. Einige davon wurden hier aufgezählt: kulturelle Herkunft, soziale Schicht, Religion, Alter, Regeln der Herkunftsfamilie etc. Der Begriff „normal" spielt eine Rolle bei der Einschätzung des Familientherapeuten, welche Verhaltensweisen gesund oder krank sind. Flexible und den individuellen Bedürfnissen angepaßte Regeln dienen dem Wachstum der Familie.
Glauben Sie mir, eine „normale" Familie, die sich dadurch auszeichnet, daß sie problemfrei durchs Leben geht, gibt es nicht. Sie gehört in den Bereich des Märchens. Der Satz „... und sie lebten glücklich bis ans Ende ihrer Tage" hat in der Realität des Alltags keinen Sinn. Das Leben ist ein immerwährendes Auf und Ab: auf Regen folgt Sonnenschein, auf Sonnenschein Regen. Trotzdem benehmen sich viele Familien, als gäbe es keine Konflikte, und verschleiern sie nach besten Kräften. Sie haben Angst, daß die Familie als nicht normal gelten könnte, wenn Unstimmigkeiten an die Außenwelt dringen.
Für die Entwicklung förderlicher ist es, sich daran zu erinnern, daß Gleichheit und Unterschiedlichkeit im Leben gebraucht werden. Gleich sind sich

alle Familien darin, daß sie aus Menschen gebildet werden. Menschen, gleich welcher Kultur, welchen Alters und welcher sozialen Situation haben viele Bedürfnisse, Wünsche und Träume gemeinsam. Die Unterschiedlichkeit zeigt sich in der Art, wie diese Bedürfnisse verwirklicht werden, ob ihre Wünsche und Träume wahr werden und gelebt werden dürfen. Dies hängt von den Regeln ab, die jede Familie für ihr Zusammenleben entwickelt. Krisenzeiten, mögen sie auch schmerzlich sein, sind Chancen zur Entwicklung.

3. Erwartungen an eine „funktionierende" Familie

Die Familie ist Träger gesellschaftlicher Funktionen. Sie ist die wesentliche Stätte der Versorgung und Erziehung der Kinder, sie ist Lernmodell für Sozialverhalten, versorgt in vielen Fällen alte, kranke und behinderte Menschen. Sie bietet ihren Mitgliedern einen Ort zum privaten Rückzug, die Möglichkeit, ihre Bedürfnisse nach Intimität, Kontakt und Geborgenheit zu befriedigen. Zu Hause können wir andere Seiten unserer Persönlichkeit ausleben als in der Öffentlichkeit, wir können uns gehenlassen und die „weichen" Seiten unseres Wesens zeigen. Die Familie bietet somit einen wichtigen Ausgleich für den oft gnadenlosen Konkurrenzkampf im Berufsleben.
Die Familie spielt auch eine wichtige Rolle in der Volkswirtschaft. Sie setzt Geld um oder spart es, baut Vermögenswerte auf oder verschleudert sie. Durch den Bau von Eigenheimen wird Wohnraum geschaffen und durch den Arbeitseinsatz der Familie erhalten. Viele Quadratkilometer an Boden werden in Form von Hausgärten bearbeitet, Obst und Gemüse herangezogen. Nach außen ist die Familie als zusammengehörende Einheit zu erkennen. Die Familienmitglieder wohnen üblicherweise zusammen, führen einen gemeinsamen Haushalt und teilen viele Bereiche ihres Lebens miteinander. Weilt ein Familienmitglied längere Zeit außer Haus, werden die dabei entstehenden Informationslücken beim Wiedersehen durch Gespräche ausgefüllt. Ein komplexes Regelsystem verbindet die Familie, das die Kommunikation und die Handlungen, Erlaubtes und Unerlaubtes bestimmt.
Die Familienmitglieder sollen sich miteinander wohl fühlen und neben gemeinsamen Verpflichtungen auch Raum für persönliche Freuden und Interessen haben. Der wichtigste Anstoß für das Funktionieren einer Familie geht von den Eltern aus. Es ist wichtig, daß sie neben ihrer Elternfunktion ein Liebespaar bleiben, das sich in Freundschaft verbunden ist. Bewältigt ein Ehepaar die vielen Klippen, die es in seiner Beziehung immer wieder zu überwinden hat, steht sein Haus auf stabilen Grundfesten.

Eine Familie funktioniert, gesellschaftlich gesehen, also dann, wenn sie ihre Aufgaben im Sinn der Werte der Gemeinschaft, der sie angehört, erfüllt. Dazu gehören die Pflege und Aufzucht der Kinder, die Versorgung hilfsbedürftiger Angehöriger, der Aufbau und Erhalt von Vermögenswerten, die Schaffung eines Heimes für den Rückzug und die Erholung ihrer Mitglieder. Wichtigste Voraussetzung dafür ist die zufriedenstellende Regelung der Beziehung des Elternpaares.

4. Gesellschaftliches Umfeld

Die Familie, heute üblicherweise bestehend aus Vater, Mutter, Kindern, ist dem gesellschaftlichen Wandel unterworfen. Das Wort „Familie" stammt aus dem Lateinischen und bedeutete ursprünglich „Dienerschaft", „Gesinde", „Hausgenossenschaft". Die Familie wird gebildet aus der Lebensgemeinschaft der Eltern (meist als Ehepartner) und ihrer unselbständigen Kinder. Die Großfamilie umfaßt auch die Verwandtschaft. In älterer Zeit, besonders in den ländlichen Gebieten Mitteleuropas, gehörte zur Familie auch die Hausgenossenschaft einschließlich des ledigen Gesindes.
Die Familie ist eine universelle Einrichtung. Sie hat ihre Wurzel in der sehr langen Erziehungs- und Schutzbedürftigkeit des menschlichen Nachwuchses. Besteht sie aus den Eltern und deren Kindern, wird sie Kern- oder Kleinfamilie genannt. Fehlt ein Elternteil, spricht man von einer unvollständigen Familie. Die Zahl der unvollständigen Familien (durch Scheidung, Trennung oder Tod) nimmt stark zu. In den Großstädten wird bereits jede zweite Ehe geschieden, auf dem Land jede dritte. Die sich daraus für die Beteiligten und die Gemeinschaft ergebenden Probleme sind enorm und weitgehend ungelöst.
In den Industrieländern kommen heute vor allem autonome Kernfamilien vor. Dieser Typus der unabhängigen, aus dem weiteren Verwandtschaftsverband herausgelösten Kleinfamilie hat sich weltweit mehr und mehr durchgesetzt. Dies gilt auch für die Länder der dritten Welt, wo eine hohe Bevölkerungsvermehrung und schnelle Verstädterung zur Preisgabe traditioneller Familienformen bei großen Bevölkerungsteilen führten.
Seit dem Ende des Zweiten Weltkrieges hat sich die bürgerliche Familie der westlichen Gesellschaften stark gewandelt. Die Technisierung der Haushalte erleichterte die Hausarbeit, wodurch das Hauspersonal weitgehend entbehrlich wurde. Die Zahl der Kinder reduzierte sich erheblich, gleichzeitig wurden die Schul- und Ausbildungszeiten der Kinder verlängert. Die Tages-, Wochen- und Jahresfreizeit nahm zu, das Fernsehen hielt Einzug in den Familienalltag und beeinflußt in noch immer nicht ganz ab-

zusehender Weise die Kommunikation in der Familie. Auch die Durchsetzung des Ideals der „partnerschaftlichen“ Familie beeinflußte die Auffassungen über die Form des Familienlebens. Die Individualität der einzelnen Familienmitglieder bekam Vorrang vor der Institution Familie.
Aus den Daten der Bevölkerungs- und Familienstatistik sind folgende Trends zu erkennen: Deutlich zugenommen haben in den letzten Jahren das Heiratsalter, die Zahl der nichtehelichen Lebensgemeinschaften, auch mit Kindern, die Zahl nichtehelicher Geburten (1970: 5,4 Prozent, 1985: 10 Prozent aller Geburten). Zugenommen haben die Zahl alleinerziehender Mütter und Väter, die Zahl der Scheidungen auch bei Familien mit Kindern, die Zahl erwerbstätiger Mütter mit Kindern unter 15 Jahren (Verdoppelung von 1950 bis 1980). Deutlich rückläufig ist die Heiratswahrscheinlichkeit, und zwar in allen europäischen Ländern. Stark rückläufig seit Mitte der sechziger Jahre sind die Kinderzahl pro Ehe bzw. Familie und die Zahl der Ehen, die überhaupt Kinder haben.
Die Erhöhung der Lebenserwartung hat die „nachelterliche“ Lebensphase deutlich verändert. Die Dauer der Ehen insgesamt ist wesentlich länger, da früher viele Frauen nach kurzer Ehe im Kindbett verstarben. Außerdem führte die höhere Lebenserwartung auch zu völlig neuen Verhältnissen bei den gleichzeitig lebenden verschiedenen Generationen. (So ist z.B. die Zahl derjenigen, die ihre Urenkel noch erleben, erheblich gestiegen.)
Die moderne Familie hat einen Funktionswandel mitgemacht. So hat sie viele Funktionen an außerfamiliäre Institutionen abgegeben (Altenbetreuung in Altersheimen, Kinderbetreuung in Krippen und Kindergärten, Mittagessen in Großküchen, etc.). Sie ist aber auch heute noch Ursprung und Ziel einer kaum überschaubaren Fülle ethischer Normen und sittlicher Grundüberzeugungen. Auch in Industriegesellschaften der Gegenwart erfolgen die Entwicklung des moralischen Urteils und die „zweite, soziokulturelle Geburt des Menschen“ bis auf einige Ausnahmen immer noch in der Familie.
Ausschlaggebend für diesen Wandel der Familie sind die veränderten Lebensbedingungen, wie sie durch die moderne Industriegesellschaft geschaffen wurden. In diesen Gesellschaften wächst die Zahl der Familien, in denen Mann und Frau ökonomisch unabhängig voneinander sind oder diese Unabhängigkeit anstreben. Damit verbunden ist eine Veränderung der Familienstruktur hinsichtlich Rollenverteilung und Regeln.
Die weitere Entwicklung der Familienformen, der Familienhäufigkeit und des Familienverständnisses wird in den Industriestaaten wesentlich von den Frauen abhängen. Hier kommen neue Aufgaben auf den Arbeitsmarkt, auf die Familienpolitik und familienfördernde Institutionen zu. Kernproblem ist, familiäre Aufgaben und Berufstätigkeit der Frauen auf einen Nenner zu bringen. Dazu bedarf es der Bereitschaft der Männer, die

Frauen bei dieser Doppelbelastung zu unterstützen. Die häuslichen Arbeiten und die Kindererziehung können nicht länger allein Aufgabe der Frauen sein. Dies widerspricht der partnerschaftlichen Ehe und steht in Widerspruch zur Wertschätzung der Individualität von Mann und Frau.

Zusammenfassend läßt sich folgendes sagen:
Das Bild der Familie hat sich im Laufe der Geschichte stark gewandelt. Ihren ursprünglichen Sinn erhält die Familie durch die Notwendigkeit, ihren Nachwuchs lange Zeit zu versorgen. Das menschliche Kind ist ein Nesthocker und kann ohne liebevolle Pflege nicht überleben. In der vorindustriellen Familiengemeinschaft überwog die Großfamilie. In den heutigen Industriestaaten bietet sich das Bild der Kernfamilie, das nur mehr aus Vater, Mutter und Kindern besteht. Immer größer wird die Zahl der „Ein-Eltern"-Familie mit allen daraus erwachsenden Problemen. Die Kinderzahl insgesamt nimmt ab, die Hälfte der Familien in Deutschland hat nur mehr ein Kind. Die Zahl der Ehen ohne Kind (freiwillig und unfreiwillig) ist ständig am Wachsen.
Der Funktionswandel der Familie zeigt sich darin, daß immer mehr ursprünglich in der Familie bewältigte Aufgaben nach außen vergeben werden. Daraus erwachsen neue Pflichten für die Gemeinschaft, die menschlich befriedigend erfüllt werden müssen. In die Zwickmühle zwischen Berufstätigkeit, persönlicher Verwirklichung und familiären Pflichten der Haushaltsführung und Kinderaufzucht geraten vor allem die Frauen. Ihre Unzufriedenheit mit der Familienpolitik ist ein Motor, der die Veränderung der Familie in der Gesellschaft weiter vorantreiben wird.

5. Kann eine Familie dazulernen?

Jeder lebendige Organismus zeichnet sich durch Lernfähigkeit aus. Wir werden mit dem Bedürfnis und der Notwendigkeit geboren, mit anderen Menschen Kontakt aufzunehmen. In der engen Beziehung zu unseren Bezugspersonen lernen wir, anderen vertrauensvoll zu begegnen. Wir können uns der Welt aber nur dann voll Vertrauen zuwenden, wenn wir gelernt haben, uns selbst und unseren Fähigkeiten zu vertrauen. Wenn wir hingegen innerlich unsicher sind, tragen wir unsere eigene Angst und unser Mißtrauen in die Welt.
Wesentlich ist, sich klarzumachen, daß niemand für immer dazu verdammt ist, bis an sein Lebensende dieselben Fehler zu machen. Was einmal erlernt wurde, seinen Dienst getan hat, aber jetzt nicht mehr für uns paßt, kann durch neu Gelerntes ersetzt werden. Dies gilt für jeden Zeitpunkt unseres Lebens. Heute und in diesem Moment habe ich die Frei-

heit, etwas Neues zu wagen, meine alten, ausgetretenen Pfade zu verlassen.

Was für das Einzelindividuum gilt, gilt ebenso für die Familie. Sie hat die Fähigkeit, ihre Regeln und die Art des Umgangs miteinander zu verändern. Sie kann lernen, miteinander Freude zu erleben und zu lachen, statt in Strenge und Ernst zu ersticken. Sie kann lernen, auftretenden Kummer zu teilen, statt traurige Gefühle zu verdrängen. Die Familienmitglieder können lernen zu sehen und zu hören, was ein anderer aus ihrer Mitte mitteilen will, statt darüber zu phantasieren. Sie können lernen, den anderen zu fragen, was er möchte, statt seine Gedanken zu lesen. Sie können lernen, ja zu sagen und auch ja zu meinen, statt zu sagen „ich weiß nicht". Sie können lernen, deutlich nein zu sagen statt „vielleicht" und „kann sein". Jede Familie kann dies alles lernen. Damit sie es wagt, Neues zu probieren, braucht sie Vertrauen und die Hoffnung, daß der neue Weg erfolgreicher ist als der alte. Dieses Vertrauen und diese Hoffnung möchte ich in Ihnen stärken. Dazu ist es wichtig, daß sich in der Familie jeder vom anderen angenommen fühlt.

Vieles, was die Familie dazulernt, erscheint selbstverständlich. Familienregeln werden normalerweise laufend dem Leben angepaßt. Für den Umgang mit Babys gelten andere Regeln als für den Umgang mit Pubertierenden, das weiß jeder. Auch die Kommunikation wird normalerweise an Alter und Verständnismöglichkeit des Gegenübers angepaßt. Schwierigkeiten gibt es, wenn sich eine Familie nicht an die veränderte Situation anpaßt.

Ich kannte eine Familie, in der die Säuglinge wundervoll versorgt wurden. Ich hörte dort niemals ein Baby laut schreien, denn schon der leiseste Laut des Kleinen rief die Mutter auf den Plan. Mit großem Einfühlungsvermögen ging sie auf die Bedürfnisse des Kindes ein und erfüllte sie. Nachts stand sie schon neben dem Bettchen, wenn sich das Kind eben erst anschickte aufzuwachen. Einige Jahre später erschien diese anfangs so glückliche Familie in meiner Praxis. Die Eltern wirkten völlig erschöpft, da sie jede Nacht viele Male aus dem Schlaf geschreckt wurden. Sie waren zornig auf ihre Kinder und wirkten dabei sehr hilflos. Die Kinder zeigten ein forderndes, tyrannisches Verhalten und waren ebenfalls überfordert.

Diese Familie hatte es nicht geschafft, sich aus der engen Verbundenheit zu lösen, die für das Leben mit einem Säugling nötig ist. Schon das Krabbelkind übt die Loslösung, indem es von den Eltern weg und wieder auf sie zukrabbelt. Reagieren die Eltern in dieser Phase ängstlich, erschweren sie dem Kind das Loslassen. In unserem Beispiel wurden diese Ängste auch in der Nacht wach und hinderten die Kinder am Schlafen. Da die Eltern wie in der Säuglingszeit noch auf die leisesten Signale reagierten, konnten die Kinder nicht lernen, wie sie selbständig weiterschlafen konnten, wenn sie in der Nacht erwachten. In dem geschilderten Fall meinte es die Mutter einfach zu gut mit ihren Kindern. Ihr Pflichtbewußtsein war ausgeprägt, sie wollte als Mutter alles richtig machen und vergaß dabei, auf ihre eigenen Bedürfnisse zu achten. Da die Bilanz nicht ausgeglichen war, mußten alle die Rechnung zahlen. Niemand bekam, was er wirklich brauchte, und so ging es allen schlecht.

In der Arbeit mit Familien sind mir folgende Bereiche aufgefallen, in denen immer wieder Probleme auftreten:

Sprachliche und nichtsprachliche Verständigung (Kommunikation)
Kontaktverhalten
Auseinandersetzungen, Differenzen
Familiengeschichte und Familienmythen
Familienregeln
Umgang mit der älteren Generation
Grenzziehung zwischen den Familienmitgliedern, den Generationen gegenüber der Außenwelt
Zuschreibungen von Eigenschaften an Familienmitglieder
Verhalten in Streßsituationen.

Es ist selbstverständlich für jede Familie möglich, in allen diesen Bereichen etwas dazuzulernen und damit ihr gemeinsames Leben erfreulicher zu gestalten. In den nachfolgenden Kapiteln komme ich noch ausführlich darauf zu sprechen, wie Sie das tun können.

Lassen Sie mich noch einmal wiederholen:
Eine Familie kann und muß wie jedes Individuum dazulernen. Täte sie es nicht laufend, wäre sie lebensunfähig.
Im Laufe der Zeit, die eine Familie miteinander verbringt, werden immer neue Anforderungen an ihre Flexibilität und Anpassungsfähigkeit gestellt. Sind Babys noch ein 24-Stunden-Job für ihre Mutter, ändert sich das schneller, als den meisten Müttern lieb ist. Kindergarten, Schulbesuch, Freunde beschäftigen das Kind mehr und mehr außer Haus. Wenn die Kinder schließlich ausziehen und ihre eigene Familie gründen, bleibt das Elternpaar wie am Anfang der Ehe allein zurück.
Um realitätsgerecht handeln zu können, muß eine Familie ihr System den veränderten Gegebenheiten anpassen. Die Fähigkeiten, die sie dazu braucht, hat sie: Familien sind lernfähig. Sie können Verhaltensweisen, die nicht mehr den gewünschten Erfolg bringen, zugunsten von neuen Strategien verlassen.
Ich möchte den Familien, die zu mir kommen, vor allem klarmachen, daß

sie unter einer Vielzahl von Möglichkeiten wählen können. Nichts gegen das, was sie bisher getan haben, um ihr Leben in den Griff zu bekommen! Es war in der Vergangenheit zweifellos von Wert. Inzwischen können Verhaltensweisen überholt sein, aber es fehlt der Mut, Neues zu probieren. So lebte eine Familie, die ich gut kannte, nach der einschränkenden Regel, daß es in der Kleinstadt, in die sie umgesiedelt waren, keine neuen Freunde für sie geben durfte. Der Versuch, neue Freunde zu gewinnen, wäre nach ihren Regeln ein Treuebruch gegenüber den alten gewesen. Der Umzug, umständehalber nötig geworden, hatte die Familie in eine Umgebung versetzt, die in scharfem Kontrast zum bisher geführten Leben stand. Ein guter und verläßlicher Freundeskreis war in großer, räumlicher Entfernung zurückgeblieben. Die Treue und Loyalität der Familie jenen Menschen gegenüber, die vorher ihr Leben begleitet hatten, hinderte sie daran tragfähige neue Beziehungen anzuknüpfen. So wurde ihr Einleben und Heimischwerden am neuen Ort lange verzögert. Das Fehlen naher Freunde im Alltagsleben bedeutete ständigen Schmerz und emotionale Einschränkung.
So war die ungewöhnliche Fähigkeit dieser Familie, treu und verläßlich zu ihren Freunden zu stehen, die in Krisenzeiten dem Überleben gedient hatte, plötzlich zu einer Blockade im Fluß ihres Lebens geworden. Um sich weiterentwickeln zu können, mußte sie sich ehrlich eingestehen, daß sich ihre Lebenswirklichkeit geändert hatte. Dann war es kein Problem mehr, alle ihre hervorragenden Talente zur Bewältigung dieser Wirklichkeit zu verwenden. Dabei mußte die Familie keineswegs auf die Treue zu ihren alten Freunden verzichten! Sie brauchte sich nur die Erlaubnis zu geben, treu und verläßlich auch neuen Menschen gegenüber zu sein.
Der enge Zusammenhalt und der gleichzeitige Abschluß gegenüber Neuem und nach außen können einer Familie in schwierigen Zeiten über die Runden helfen. Im normalen Alltagsleben ist es jedoch besser, wenn die außerfamiliäre Realität nicht ausgeschlossen wird.
In unserem Beispiel lernte die Familie, sich in den neuen Lebensumständen einzurichten und schließlich auch, sich mit den Menschen dort anzufreunden.

6. Wie und was lernen Kinder wirklich?

Eltern senden ständig Botschaften an ihre Kinder. Sie sprechen mit ihnen, gestikulieren, versuchen auf alle mögliche Weisen auf das Verhalten ihrer Kinder Einfluß zu nehmen. Manche dieser Botschaften senden sie bewußt aus, z.B. den Auftrag, das Kinderzimmer aufzuräumen. Dabei wissen nur wenige Eltern, daß ihre gesprochenen Worte, die der bewußten Kontrolle unterliegen, begleitet sind von verschiedenen Botschaften, die unbewußt bleiben. Manchmal unterstützen diese unbewußten Elemente die bewußte Aussage, manchmal stehen sie im Gegensatz dazu, manchmal fügen sie eine neue Aussage hinzu.

Was vermittelt die Mutter in folgendem Beispiel ihrem Kind? Mit angewidertem Gesichtsausdruck blickt sie ins Kinderzimmer und sagt zu ihrem Sohn: „Diesen Schweinestall sehe ich mir heute zum letztenmal an! Du bist ein altes Erdferkel! Räum sofort auf, sonst setzt es was!"
Bewußt sagt sie: Ich möchte, daß das Zimmer aufgeräumt wird.
Ich will die Unordnung nicht länger dulden.
Ich drohe mit Bestrafung.
Unbewußt demütigt sie ihr Kind, indem sie es mit einem Erdferkel und sein Zimmer mit einem Schweinestall gleichsetzt.
Sie deutet an, daß ihr graust.
Sie gibt dem Kind unbewußt zu erkennen, daß nicht nur seine Handlungen, sondern das Kind selbst für sie unannehmbar sind.
Außerdem zeigt sie ihm durch ihr Verhalten, daß es erlaubt ist, andere Menschen zu demütigen, Schimpfworte zu gebrauchen und sie zu bedrohen - dies alles dann, wenn andere sich nicht so verhalten, wie man es will.
Wenn ich dieser Mutter die Frage stelle, was sie von ihrem Kind in dieser Situation wollte, wird sie folgende Antwort geben: Ich wünsche mir, daß das Kinderzimmer aufgeräumt und in Ordnung gehalten wird. Ich möchte meinem Kind beibringen, wie wichtig Ordnung ist.
Und was erreicht sie tatsächlich mit ihrer Schimpfkanonade?
Je nach Temperament und Situation des Kindes sind folgende Reaktionen denkbar:
Das Zimmer wird aufgeräumt, am nächsten Tag herrscht dieselbe Unordnung wie immer.
Das Kind ist in seinem Selbstwertgefühl verletzt, fürchtet sich vor der Drohung und beginnt zu weinen.
Das Kind ist gekränkt, wird wütend, wendet sich von seiner Mutter ab und sagt: Du bist eine böse Mama, laß mich in Ruhe.
Um seinen Selbstwert zu schützen, gibt das Kind vor, daß die Äußerung der Mutter nicht ernst zu nehmen ist. Es lacht, hüpft herum und singt: Erdferkel, ha, ha, ich bin ein Erdferkel, ha, ha, und wohne in einem Schweinestall.
Ist das Kind schon älter, beginnt es vielleicht eine Debatte mit seiner Mutter, etwa in dem Sinn: Ordnung ist doch nur etwas für Blöde, wer ordentlich ist, ist nur zu faul zum Suchen.
Da der Mutter völlig unklar ist, welche Botschaften sie tatsächlich weiter-

gegeben hat, wird sie angesichts der Reaktionen ihres Kindes überrascht und frustriert sein. Ihr Ärger steigt in dem Maße, wie sie ihren Wunsch nicht erfüllt bekommt. Sie hat das Gefühl, ausgenutzt und absichtlich gekränkt zu werden. Ihr Zorn richtet sich gegen das Kind, vielleicht auch gegen ihren Mann, der eben heimkommt, oder gegen Außenstehende, etwa die Schwiegereltern. Zu ihrem Mann sagt sie möglicherweise im letzteren Falle: In meiner Familie waren die Kinder immer höflich zu ihren Eltern, aber bei euch! Da der Ehemann den Hintergrund nicht kennt, auf dem diese Äußerung zustande kam, wird er diesen Satz als Frontalangriff gegen sich und seine Familie werten und vermutlich ebenfalls ungemütlich reagieren.
In dem nun folgenden Familienkrach wollen wir die Familie sich selbst überlassen und weiter nachsehen, wie und was Kinder tatsächlich lernen.

Unser Beispiel sollte aufzeigen, daß ständig zwischen Eltern und Kindern bewußte und unbewußte Botschaften ausgetauscht werden. Aber noch etwas passiert: Kinder lernen am Vorbild.
Wie erschrocken wird wohl die Mutter sein, wenn der Sohn demnächst seine kleine Schwester mit ähnlichen Worten zusammenstaucht? Wo er das wohl herhat, wird sie sich fragen.
Da Eltern von lebensnotwendiger Wichtigkeit für ihre Kinder sind, ist auch ihr Vorbild wichtiger als das irgendwelcher anderer Bezugspersonen. Nachgemacht wird nicht das, *was* die Eltern ihren Kindern sagen, sondern *wie* sie es sagen und vor allem, wie sie ihre Werte und Normen leben. Kinder sind scharfe Beobachter. Sie hören, daß sie nicht lügen sollen und beobachten, wie sich ihre Mutter am Telefon verleugnen läßt. Sie sollen den gesunden Salat essen und sehen, wie der Vater ihn stehenläßt. Sie sollen höflich zu alten Menschen sein und nehmen wahr, daß der Vater beim Autofahren „der alte Depp" sagt. Die Eltern sagen, daß Rauchen schädlich ist, und verbieten es dem Halbwüchsigen, dabei rauchen sie selbst.
Eltern lehren also ihren Kindern ihre Wertvorstellungen nicht dadurch, daß sie ihnen darüber Predigten halten, sondern indem sie entsprechend leben. Besteht eine Diskrepanz zwischen bewußtem Wert und unbewußtem anderem Verhalten, werden sich die Kinder nach dem Verhalten richten. Befehle, Drohungen, Demütigungen, Ausspielen der Machtposition gegenüber den Kindern bringt ebensolches Verhalten hervor. In den meisten Fällen ist den Eltern nicht bewußt, was sie tatsächlich mit ihrem Verhalten aussagen. Sie sind enttäuscht von den Reaktionen ihrer Kinder. In ihrer Verzweiflung und Hilflosigkeit werden solche unerwünschten Antworten gerne dem Charakter des Kindes oder der Vererbung zugeschrieben und damit einzementiert. Wird einem Kind oft genug gesagt, daß es von Natur aus schlecht ist, wird es dieser Vorschreibung nachkommen.

Was können Eltern tun, damit ihre Kinder das lernen, was sie wollen? Nehmen wir wieder die Ordnung. Der Sohn erlebt immer wieder, wie die Mutter aufräumt. Er weiß, daß die Dinge einen bestimmten Platz haben. Ordnung, das ist etwas, was meiner Mutter wichtig ist. Und dann steht die Mutter im unaufgeräumten Kinderzimmer. Daß diese Tatsache die Mutter ärgert, ist klar. Ärgerlich sagt sie: „Ich ärgere mich über diese Unordnung. Ich möchte, daß du dein Zimmer aufräumst!"
Doch wie schwer fällt uns allen, klar und ohne verletzende Worte das zu sagen, was in uns vorgeht.

Sprache und Ausdruck sind vieldeutig, „klare" Botschaften viel schwieriger, als Sie glauben. Um Unterschiede zwischen dem, was Sie wollen, und dem, was Sie ausdrücken, zu vermeiden, müssen Sie sich zunächst besser kennenlernen. Als ersten Schritt empfehle ich Ihnen, in den Spiegel zu sehen und sich zu fragen:
Bin ich mit mir und meinem Leben zufrieden?
Welche Ziele habe ich in meinem Leben, wann und wie werde ich sie verwirklichen?
Was kann ich an mir selbst annehmen und was nicht?
Was möchte ich an mir verändern?
Was erwarte ich von mir, meiner Familie, von anderen Menschen?
Wie erlebe ich es, wenn ich allein bin?
Welche Rolle spielen Freunde und Bekannte in meinem Leben?
Wie löse ich Konflikte mit meiner Familie, meinen Kindern, meinem Mann, anderen Erwachsenen?
Was brauche ich, um mich richtig gut zu fühlen, und habe ich dieses Gefühl in den letzten Wochen, Monaten, Jahren gehabt?
Was wünsche ich mir am meisten und wie erfülle ich mir diesen Wunsch?
Was gefällt mir an meinen Kindern, meiner Familie, und was möchte ich anders haben?
Wann habe ich das letztemal meine Wünsche in einem freundlichen Gespräch mit meiner Familie geäußert?
Was passiert, wenn ich sage, was ich anders haben möchte?
Alle diese Fragen können Ihnen helfen, sich selbst und Ihre Gefühle besser kennenzulernen und als wichtigen Teil von sich selbst anzunehmen. Je besser Sie sich selbst kennen und je mehr Sie Ihren eigenen Gefühlen vertrauen und lernen, sie auszudrücken, desto klarer werden Sie im Kontakt mit Ihren Kindern sein.
Ich empfehle Ihnen, sich bei der Beantwortung der Fragen Zeit zu lassen. Setzen Sie sich an einen ruhigen, behaglichen Ort und schreiben Sie die Antworten auf. Sie können sie so in einem Jahr noch einmal ansehen und die Antworten vergleichen. Sie werden feststellen, daß die liebevolle

Beschäftigung mit sich selbst bereits tiefgreifende Veränderungen herbeigeführt hat. Sie kommen in Kontakt mit sich selbst, mit Ihren Fähigkeiten, Träumen und Bedürfnissen. Sie spüren Ihre Lebenskraft, die Ihnen ermöglicht, Ihre eigenen Lösungen zu suchen und zu finden.
Sollten Sie feststellen, daß es Ihnen sehr schwer fällt, sich anzunehmen, und Sie das Gefühl haben, daß Ihr Leben ein einziges Desaster ist, bedenken Sie bitte, daß Sie selbst Ihr härtester Kritiker sind. Niemand wird Sie je so scharf beurteilen, wie Sie selbst das tun. Überlegen Sie sich auch: Wäre eine Freundin in meiner Verfassung und erzählte mir ihre tiefsten Befürchtungen über sich und ihr Leben, wie würde ich dann ihr gegenüber empfinden? Was würde ich ihr sagen?
Wenn Sie ehrlich den Kontakt zu sich selbst suchen und dabei das Gefühl haben, allein nicht weiterzukommen, überlegen Sie, wer Ihnen dabei helfen könnte. Es sollte ein Mensch sein, dem Sie vertrauen können und der zuhören kann.
Wichtig ist nur: Tun Sie es!

B. Was die Familie braucht, um zu gedeihen

1. Die Grundbedürfnisse

Damit eine Familie gedeihen kann, ist es nötig, daß bestimmte Bedürfnisse ihrer Mitglieder, die ich im folgenden „Grundbedürfnisse“ nennen will, frei geäußert und befriedigt werden. Um die Grundbedürfnisse befriedigen zu können, muß sich eine Familie unbedingt nach außen öffnen und ihren Mitgliedern die Erlaubnis geben, sich in der Welt umzusehen.

Was Familien brauchen, um zu gedeihen, hat, neben Eltern und Erziehern, schon immer die Wissenschaft interessiert, die sich mit menschlichem Verhalten beschäftigt, nämlich die Psychologie. Sie weist zur Zeit drei Hauptströmungen auf: die psychoanalytische, die behavioristische und die humanistische. Der Begriff „Grundbedürfnisse“ stammt von einem der Vertreter der humanistischen Richtung, nämlich von Abraham Maslow. Ehe ich näher auf ihn und seine Ideen eingehe, möchte ich kurz die anderen beiden Strömungen erläutern, die wesentlich das Menschenbild in unserem Jahrhundert mitbestimmt haben.

Jeder kennt den Begründer der Psychoanalyse, Sigmund Freud. Auch seine Begriffe wie Verdrängung, Komplex, Konflikt und Neurose sind sprachliches Allgemeingut geworden. In der Wiener Gesellschaft der Jahrhundertwende war vieles verboten, was uns heute selbstverständlich scheint, vor allem die Wahrnehmung sexueller Wünsche und Bedürfnisse war ein Tabu. Freud machte mit seiner Theorie klar, daß hinter den eingestandenen Beweggründen der Menschen noch eine andere, „dunkle“ Nachtseite am Werk ist, die es gilt, bewußt zu machen.

Die zweite Strömung der Psychologie ist der Behaviorismus, der vom Amerika der Jahrhundertwende hervorgebracht wurde. Sein Schwergewicht liegt auf der Verhaltensebene. Menschliches Verhalten wird als erlernt angesehen und somit auch als veränderbar. In diesem Ansatz weht ein frischer Wind, der optimistische Geist des Landes der unbegrenzten Möglichkeiten.

Um 1960 entwickelte sich die humanistische Richtung, die sich nicht nur darauf, was eine Person ist, konzentriert, sondern auch darauf, was aus ihr werden kann. Auch diese Strömung ist ein Kind ihrer Zeit. Sie tauchte auf, als immer mehr Menschen zu zweifeln begannen, ob das Streben nach Gewinn und Reichtum das wahre Ziel im Leben sei. Fragen nach Lebensqualität und Lebenserfüllung wurden aus der wachsenden Verunsicherung geboren, die sich unter den Menschen breitmachte. Das unbeschränkte Wirtschaftswachstum zeigte seine negativen Folgen für die Umwelt, die Jugend begann sich von den Werten der Eltern abzuwenden und suchte eigene Wege zum Glück. Neue Lebensformen wurden ausprobiert, Gewalt sollte der Liebe weichen. Wer erinnert sich nicht an den wohl bekanntesten Slogan aus der Zeit der Blumenkinder: „Make love, not war" – Macht Liebe, nicht Krieg.

Nach Ansicht der Humanisten strebt der Mensch danach, sich selbst zu verwirklichen. Die Entfaltung der Talente und Fähigkeiten folgt einem inneren biologischen Druck. Das Individuum zeigt eine angeborene Tendenz zu Wachstum und Entwicklung seines Selbst.

Abraham Maslow hat verschiedene Bedürfnissysteme aufgestellt, die menschlichem Verhalten zugrunde liegen. Er hat diese Bedürfnisse hierarchisch geordnet, so daß die „höheren" Bedürfnisse auf den „niedrigeren" aufbauen. Es handelt sich um fünf Grundbedürfnisse, die er als physiologisches, Sicherheits-, Liebes-, Selbstachtungs- und Selbstverwirklichungsbedürfnis bezeichnet.

Die Maslowsche Bedürfnishierarchie

1. Physiologische Bedürfnisse

Diese Bedürfnisse nehmen Sie wahr, wenn Sie Hunger oder Durst verspüren, sich erschöpft oder krank fühlen, Schlafmangel haben oder keine Behausung, wo Sie sich zurückziehen können.

Gelingt es Ihnen, diese Bedürfnisse zu befriedigen, fühlen Sie sich entspannt, körperlich wohl, behaglich und lustvoll.

Ein Beispiel: das Gefühl der Zufriedenheit nach einem guten Essen.

2. Sicherheitsbedürfnisse

Sie verspüren beim Auftreten dieser Bedürfnisse Unsicherheit, Sehnsucht, ein Gefühl des Verlorenseins, Angst. Unter Umständen treten Zwangsdenken und Zwangshandlungen auf.

Werden Ihre Sicherheitsbedürfnisse befriedigt, fühlen Sie sich sicher, erfüllt, ausgeglichen, gelassen und ruhig.

Ein Beispiel: das beruhigende Wissen um einen sicheren Arbeitsplatz.

3. Liebesbedürfnisse

Diese Bedürfnisse machen sich bemerkbar durch ein Gefühl der Befangenheit, Einsamkeit, ein Gefühl der Leere, Unvollständigkeit, das Gefühl, ungemocht zu sein.

Befriedigte Liebesbedürfnisse äußern sich in einem Gefühl der Zusammengehörigkeit, der Wärme, der Ganzheit, in einem neuen Kraft- und Lebensgefühl.

Beispiel: die Erfahrung völliger Annahme in einer Liebesbeziehung.

4. Selbstachtungsbedürfnisse
Ein Mangelzustand zeigt sich an in einem Gefühl der Inkompetenz, in Negativismus, in Minderwertigkeitsgefühlen.
Wird das Bedürfnis nach Selbstachtung befriedigt, fühle ich Selbstvertrauen, Selbstachtung, das Gefühl, über mich hinauswachsen zu können. Beispiel: eine Auszeichnung für eine Leistung erhalten.

5. Selbstverwirklichungsbedürfnisse
Ein Mangel macht sich bemerkbar in Entfremdung, Gefühlen der Sinnlosigkeit, beschränkten Aktivitäten und Langeweile.
Aktive Selbstverwirklichung zeigt sich in gesunder Neugier, in Kreativität, in Grenzerfahrungen und lustvoller Arbeit.

Nach Maslows Theorie sind die niedrigeren, physiologischen Bedürfnisse die stärkeren. Es müssen also erst die niedrigeren Bedürfnisse befriedigt werden, ehe die höheren zum Zug kommen. Ein Mensch, der sehr hungrig ist, bemüht sich im allgemeinen erst um eine Mahlzeit, ehe er ein Gedicht schreibt, oder ein Buch liest. „Erst kommt das Fressen, dann die Moral."
Zwischen den oben genannten Bedürfnissen gibt es noch weitere Unterscheidungen:

1. Die höheren Bedürfnisse sind in der evolutionären Entwicklung der Menschheit später aufgetreten. Alle Lebewesen brauchen Nahrung und Wasser, aber nur der Mensch hat das Bedürfnis nach Selbstverwirklichung, Erkenntnis und Verstehen, zumindest soweit wir das bisher einschätzen können. Je höher ein Bedürfnis daher ist, desto charakteristischer ist es für den Menschen.

2. Höhere Bedürfnisse treten in der Entwicklung des Individuums später auf. Das Bedürfnis nach Selbstverwirklichung z.B. kann unter Umständen erst in der Lebensmitte auftreten, während das Kleinkind hauptsächlich physiologische und Sicherheitsbedürfnisse hat.

3. Höhere Bedürfnisse sind weniger wichtig für das bloße Überleben; ihre Befriedigung kann daher länger aufgeschoben werden. Die Nichtbefriedigung eines höheren Bedürfnisses ruft keine so starke, sofortige Notfall- oder Krisenreaktion hervor wie die Nichtbefriedigung eines niedrigeren Bedürfnisses.

4. Die höheren Bedürfnisse sind zwar weniger überlebenswichtig; nichtsdestoweniger tragen auch sie zum Überleben und Wachstum bei. Die Befriedigung höherer Bedürfnisse führt zu besserer Gesundheit, einem

längeren Leben und einer allgemein verbesserten biologischen Leistungsfähigkeit. Aus diesem Grund werden sie auch Wachstumsbedürfnisse genannt.

5. Die Befriedigung höherer Bedürfnisse ist nicht nur biologisch, sondern auch psychologisch zuträglich und gewinnbringend, weil sie zu größerem Glück, Gemütsruhe und einem reicheren Innenleben führt.

6. Die Befriedigung höherer Bedürfnisse erfordert mehr Voraussetzungen und ist komplexer als die Befriedigung niedrigerer Bedürfnisse. Das Streben nach Selbstverwirklichung setzt z.B. voraus, daß alle anderen Bedürfnisse zuerst befriedigt wurden, und beinhaltet kompliziertere und raffiniertere Verhaltensweisen und Ziele als – sagen wir – die Nahrungssuche.

7. Die Befriedigung höherer Bedürfnisse erfordert günstigere Umweltbedingungen (sozialer, ökonomischer und politischer Natur) als die Befriedigung niedrigerer Bedürfnisse. Zum Beispiel ist für die Befriedigung des Selbstverwirklichungsbedürfnisses eine größere Meinungs- und Handlungsfreiheit erforderlich als für die Befriedigung des Sicherheitsbedürfnisses.

Wenn wir uns überlegen, was ein Mensch alles braucht, um zu gedeihen, scheint es zunächst einmal sehr viel zu sein, was da auf eine Familie zukommt. Kein Wunder, daß Konflikte zum Alltag gehören und jeder von uns sich immer wieder mal mißverstanden und frustriert fühlt! Auf jeder Stufe der Bedürfnishierarchie kann die Funktion einer Familie, die Bedürfnisse ihrer Mitglieder wahrzunehmen, gestört sein.
Schauen wir nochmals die Bedürfnishierarchie an und beginnen wir auf der untersten Stufe. Eine Familie sollte in der Lage sein, zumindest für die physiologischen Bedürfnisse ihrer Mitglieder zu sorgen: für Essen, Trinken und eine geschützte Unterkunft. Versagt eine Familie schon auf dieser Ebene, ist das Leben und die Gesundheit aller, vor allem aber der jüngsten Mitglieder bedroht. Allerdings ist zu hoffen, daß ein solcher Zustand anderen Menschen auffällt und damit Hilfe möglich wird. Trotzdem kommt es auch in unserer Wohlstandsgesellschaft immer wieder vor, daß Kleinkinder in völlig verwahrlosten Wohnungen mangels Betreuung verhungern. Im normalen Familienalltag zeigen sich die Bedürfnisse dieser Ebene weniger dramatisch. Jeder weiß, daß es Hunger, Durst und Müdigkeit gibt. Allerdings äußern sich auch diese Bedürfnisse nicht immer so, daß sie klar verstanden werden. Jede Mutter kennt folgende Situation: Die Kinder sind plötzlich unruhig, aggressiv, quengelig – kurz: nicht zum Aushalten. Die einfache Lösung des Rätsels: sie haben Hunger, aber im Eifer des Spiels

keine Zeit, um etwas zu essen. Glauben Sie nicht, daß nur Kinder so reagieren! Ich kenne Erwachsene, denen es ebenso geht.
Familien brauchen auch ein gewisses Maß an Sicherheit, um in Ruhe leben zu können. Unsicherheit am Arbeitsplatz, Arbeitslosigkeit, Verlust der Wohnung oder anderer gewohnter Lebensnotwendigkeiten bringen viele Probleme und unter Umständen Verhaltensauffälligkeiten der betroffenen Familienmitglieder mit sich. Schon ein Umzug beeinträchtigt die gewohnte Sicherheit. Bedenken Sie auch, daß Kleinkinder mehr Sicherheit brauchen als erwachsene Personen. Ein Säugling braucht z.B. für sein Gedeihen die Sicherheit, daß immer dieselbe Bezugsperson erscheint, ihn berührt, mit ihm spricht und schmust. Wechseln die Pflegepersonen ständig, wie es früher in Heimen der Fall war, ist nicht nur das seelische, sondern ebensosehr das körperliche Gedeihen des Kindes in Frage gestellt.
Mit der Befriedigung der niederen Bedürfnisse und der damit verbundenen Reduzierung der Spannung ist es aber nicht getan. Ich erinnere mich an eine Mutter, die, als ihre Kinder klein waren, ihre Liebe zu ihrer Familie in erster Linie durch die Bereitung des Lieblingsessens zeigte. In der Beziehung zu ihren heranwachsenden Kindern beschränkte sie sich auch später darauf, ihnen ihre Leibgerichte vorzusetzen. Dies wurde zwar durchaus geschätzt, aber es war zuwenig. Sie beraubte auf diese Weise sich und die Kinder der Freude, an deren Leben teilzunehmen. Wie viele neue Impulse hätte sie von ihren großen Kindern empfangen können, hätte sie ihnen einmal zugehört, statt ständig in der Küche zu stehen!
Was mußte diese Mutter lernen, damit alle Bedürfnisse in dieser Familie eine Chance bekamen?
Sie erfuhr in gemeinsamen Gesprächen mit ihrer Familie, daß sie viele andere Möglichkeiten hatte, ihre Liebe auszudrücken. Ein gutes Essen zu kochen war eine davon. Eine andere, ihren heranwachsenden Kindern aufmerksam zuzuhören, wenn sie etwas von sich erzählen wollten. So zeigte sie ihnen, daß sie ihre Angelegenheiten ernst nahm. Indem sie lernte zuzuhören, ohne gleich mit guten Ratschlägen bei der Hand zu sein, kam sie den Wachstumsbedürfnissen der Jugendlichen entgegen: sie erfuhren aus dieser Haltung ihrer Mutter, daß sie sie für fähig hielt, ihre Probleme selbst zu bewältigen, und daß sie das an ihnen schätzte. Sie vermittelte ihnen außerdem dadurch, daß sie mit ihnen endlich ihrem Alter entsprechend umging, eine weitere, wichtige Information: neue Entwicklungen gehören zum Leben und sind in Ordnung. Auf diese Weise erhielten ihre Kinder von ihr die Erlaubnis, sich selbst zu verwirklichen.

Menschen haben das Bedürfnis zu wachsen, ganz zu sein, ihren Horizont zu erweitern, den Wunsch nach Gerechtigkeit, Vollkommenheit und

Schönheit. All das muß in einer Familie Platz haben. Solche Wünsche sollten in der Familie wahrgenommen werden. Sie gibt die Erlaubnis, ihrer Verwirklichung, wie und wo auch immer, nachzustreben. Werden hingegen schon die Wünsche tabuisiert, besteht die Ansicht: „Hier bei uns hast du alles, was du brauchst", so wird die Erfüllung wichtiger Bedürfnisse blockiert, und das Leben in dieser Familie tritt auf der Stelle.
Stellen Sie sich einmal vor, daß die Welt und das Leben sich wie ein Blumenstrauß vor uns ausbreitet. Unsere Erfahrung hat uns vielleicht gelehrt, die eine oder andere Blume nicht mehr zu begehren. Dies können und dürfen wir aber nicht von einem Heranwachsenden verlangen. Er hat das Recht, seine eigenen Wege zu gehen, seien es auch in unseren Augen Irrwege. Jeder von uns erlebt Einzigartiges, wenn er sich auf seinen Lebensweg macht. Die Fülle dieser Erlebnisse schafft auch eine einzigartige Wirklichkeit, die wir nie zur Gänze nachvollziehen können. Alle Freuden, aber auch alle Schmerzen des Wachstumsprozesses erleben zu dürfen, ist das Recht eines jeden Menschen, ebenso wie sein Recht auf seine eigenen Lösungen und Bewältigungsmethoden. Starre Regeln, oft vom Urgroßvater auf den Enkel vererbt, helfen der Familie nicht beim Gedeihen. Sie legen ein eisernes Korsett um einen lebendigen Organismus und ersticken die Entwicklung.
Eine Familie kann nur dann gedeihen, wenn die Grundbedürfnisse der Familienmitglieder beachtet werden. Dies ist die Voraussetzung zu einem erfüllten und glücklichen Familienleben. Eine solche Familie wird Leben, Hoffnung und Freude ausstrahlen. Das Gefühl, in der eigenen Familie so geliebt zu werden, wie man ist, schafft das sogenannte „Urvertrauen". Einem solchen Menschen fällt es leicht, sich selbst und andere zu akzeptieren und wertzuschätzen.
Wenn Sie wollen, können Sie Ihre eigene Erfahrung auf diesem Gebiet überprüfen, indem Sie folgende Fragen für sich beantworten:

Woran habe ich bei mir zu Hause erfahren, daß ich geliebt werde?
Wie zeige ich meiner jetzigen Familie, daß ich sie liebe und wertschätze?

Viele Menschen erleben in der Kindheit Liebe nicht als ein Geschenk, das ihnen ohne Bedingungen gemacht wird, sondern eher als eine Art Handel. „Ich mag dich nur, wenn du das für mich tust." „Wenn du so bist, mag ich dich nicht." So wird die Ablehnung einzelner Handlungen des Kindes mit seiner ganzen Person verknüpft. Besonders schlimm wirkt es sich aus, wenn ein Kind mit dem Weggehen der Eltern, mit Liebesentzug oder gar mit dem möglichen Tod der Eltern bedroht wird.
So erlebt das Kind, daß es, um geliebt und angenommen zu werden, bestimmte Bedingungen erfüllen muß. Das Bestehen von Bedingungen der

Wertschätzung führt zu einem Gefühl der Angst und verhindert die Selbstverwirklichung. Das Kind ist tief verunsichert, weil es nicht genau weiß, was es verändern soll. Es gewinnt die Überzeugung, daß mit ihm als Person etwas nicht stimmt. Das Selbstwertgefühl eines solchen Menschen ist auch später in hohem Maße von den Reaktionen seiner Umgebung abhängig. Kritik wird nicht als Hilfe gesehen, die eigenen Handlungen zu überprüfen und gegebenenfalls neue Wege zu beschreiten, sondern als Vernichtung der ganzen Person. Auch die ihm entgegengebrachte Liebe wird nie genug sein, da er ja so schwer dafür arbeiten mußte.
Da Eltern normalerweise ihre Kinder lieben, handelt es sich um ein tragisches Mißverständnis, wenn sie dies ihren Kindern nicht entsprechend zu verstehen geben. Oft glauben sie, man dürfe die Kinder nicht verwöhnen. In den meisten Fällen geben sie einfach die Art von Liebe weiter, die sie selbst erfahren haben, und wissen nicht, wie sie es anders machen könnten. So entstehen die meisten Schwierigkeiten in Familien nicht durch böse Absicht, sondern durch mangelndes Wissen und zuwenig Einfühlungsvermögen.
Hier sei klar gesagt: Offen und ehrlich gezeigte Liebe, die nicht an Bedingungen geknüpft ist, ist ein wundervolles Geschenk. Sie erfüllt die tiefsten Bedürfnisse und ist der beste Wegbegleiter für die Entwicklung. Scheuen Sie sich also nicht, Liebe, die Sie empfinden, auszudrücken. Gerade im Alltag des Familienlebens ist gegenseitig gezeigte Liebe das beste Mittel, alle gedeihen zu lassen.

Und hier sind wir bei jener Frage angelangt, die alle Verliebten, die Wissenschaftler, Psychotherapeuten und letztlich alle Menschen beschäftigt: Wie merke ich, daß ich geliebt werde? Wie zeige ich, daß ich liebe? Was ist Liebe?
Um Gefühle eines anderen Menschen wahrnehmen zu können, oder ihm meine zu zeigen, muß ich in Kontakt mit ihm sein. Kontakt mit anderen Menschen ist aber überhaupt eine notwendige Voraussetzung, um zu leben und zu gedeihen. Das gilt sowohl für den einzelnen als auch für die Familie.

2. Das Lebenselixier Kontakt

Ohren, um zu hören,
Augen, um zu sehen,
Nase, um zu riechen,
Hände, um zu tasten,
Haut, um zu fühlen,
Mund, um zu schmecken,
Sinne, um die Sinnhaftigkeit zu erleben
deines Daseins in dieser Welt.

So viele Botschaften werden ausgesandt
an Ohren, die nicht hören,
an Nasen, die nicht riechen,
an Hände, die nicht tasten,
an Haut, die nicht fühlt,
an Münder, die nicht schmecken,
an Sinne ohne Sinnhaftigkeit
für dein Dasein in dieser Welt.

Du kannst nicht hören, es erreicht dich ein Wortsalat.
Du kannst nicht riechen, es stinkt dir.
Du kannst nicht tasten, deine Hände sind eisig.
Du kannst nicht fühlen, deine Haut ist tot.
Du kannst nicht schmecken, dir ekelt.
Du bist sinnlos
für dein Dasein in dieser Welt.

Mit sich und anderen in Kontakt zu kommen ist eine lebenslange Aufgabe. Sie ist nie beendet und beginnt jeden Tag neu. Begegnungen ermöglichen Menschen, zu sehen, zu hören, zu fühlen, zu riechen oder zu schmecken, was jetzt und in diesem Augenblick Wirklichkeit ist. Statt die einmalige Chance, etwas Neues zu erleben, zu nützen, können wir aber auch längst Vergangenem nachweinen. So verlieren wir uns in einer Traumwelt, die mit dem „Hier und Jetzt" nichts zu tun hat.

Glauben Sie mir: Es gibt viele Möglichkeiten, sich zu begegnen und noch mehr, sich zu verfehlen.

Wer hat noch nicht erlebt, daß er irgend etwas gesagt hat und die Reaktion des Gegenübers völlig anders ausfiel, als er erwartete? Du erwartest Gelächter auf einen Witz, der andere ist beleidigt. Du erwartest, daß dein Zorn ernst genommen wird, aber dein Partner argumentiert mit dir. Du sagst etwas Wichtiges, aber der andere hat dich nicht gehört.

Was passiert, wenn wir Kontakt aufnehmen wollen, und was können wir tun, um einander wirklich nahe zu sein?
Warum ist diese Frage so wichtig?
Anderen nahe zu sein, von ihnen verstanden und wertgeschätzt zu werden, gehört zu den Grundbedürfnissen, ist lebensnotwendig für den Menschen ebenso wie für alle Primaten und höheren Säugetiere. Das Letztere beweisen viele Tierexperimente. Kleine Affen, die von einer kalten Drahtmutter Milch trinken konnten, flüchteten bei allen Aufregungen und Störungen zu ihrer anderen, mit Stoff und Fellen warm und kuschelig bekleideten, künstlichen Ersatzmutter. Das kalte Drahtgerippe konnte nur ihr Nahrungsbedürfnis, nicht aber ihr Bedürfnis nach Nähe und Angenommenwerden befriedigen.
Die Schimpansenforscherin Jane Goodall beschreibt in ihrem Buch *Wilde Schimpansen,* welche Bedeutung der Kontakt zu den anderen Herdenmitgliedern für das Wohlergehen der Tiere hat. So schleppt sich ein von der Kinderlähmung schwer gezeichneter Schimpanse unter Aufbietung aller Kräfte mit seinen gelähmten Beinen immer wieder zu seinen Kumpanen, die ihn ebenso regelmäßig wieder verjagen, weil er ihnen in seiner jetzigen Gestalt unheimlich ist.
Beim Menschen ist es nicht viel anders.
Bekannt geworden ist jene grausame Untersuchung, die ein deutscher Kaiser an Kleinkindern vornehmen ließ, um die Herkunft der menschlichen Sprache zu erforschen. Den Betreuerinnen der Kinder war bei hoher Strafe untersagt, mit den Kleinen zu reden, sie zu berühren oder mit ihnen zu spielen, außer um die notwendigste Pflege durchzuführen. Dieses scheußliche Experiment lehrte den Kaiser nicht, wie Sprache erlernt wird: alle seine Testobjekte starben, noch ehe sie Sprache erlernen konnten.
Die Moral dieser traurigen Geschichte ist, daß Menschen sich ohne nahen Kontakt zu anderen nicht entwickeln können.
Das Leben sorgt im allgemeinen dafür, daß die Grundausstattung, mit der wir Kontakt aufnehmen, vorhanden ist. Wir haben unsere Sinnesorgane Augen, Ohren, Nase, Geschmackssinn, Tastsinn, wir haben Worte, um zu sprechen, Gesten, um uns auszudrücken, Gedanken, die wir mit anderen teilen können. Wir haben Füße, auf denen wir zu anderen hingehen können, Hände, die wir nach jemandem ausstrecken können. Wir können uns beliebig bewegen und andere Menschen so auf uns aufmerksam machen.
Alle diese Fähigkeiten sind uns eigen. Es liegt in unserer Hand, wie wir sie einsetzen.

Wie nehmen wir überhaupt Kontakt auf? Haben Sie darüber schon einmal nachgedacht?

Im Idealfall sind alle unsere Sinnesorgane, unsere Gesten und unsere Wortsprache bei der Kontaktaufnahme beteiligt. Kurz gesagt: Wir sehen den anderen, hören ihn, können ihn riechen und berühren, wir gestikulieren und verwenden Worte, um uns verständlich zu machen.
Unsere Sinnesorgane sind unser Tor zur Welt. Leider gibt es viele Tabus, die uns daran hindern, diese Organe voll zu verwenden, um mit anderen in Kontakt zu kommen.
Dabei werden in unserer Kultur Unterschiede zwischen den Sinnen gemacht: während der Gesichts- und Gehörsinn bei uns mit Einschränkungen verwendet werden darf, ist der Hautsinn schwer in den Hintergrund gedrängt. Unsere Gesellschaft hat weitgehende Berührungsverbote eingerichtet. Dasselbe gilt für den Geruchs- und noch mehr für den Geschmackssinn. Sie stellen trotzdem bei jeder Begegnung für sich im geheimen fest: „Ich kann den Kerl nicht riechen!" oder auch: „Der/die riecht gut." Sie sollten das, was Ihnen Ihr Geruchssinn über einen anderen Menschen meldet, ernst nehmen. Er entscheidet am meisten darüber, wie nahe Sie jemanden an sich heranlassen. Wie Ihnen jemand schmeckt, werden Sie im Normalfall nicht erfahren. Dazu ist eine besondere Form von nahem Kontakt nötig, die Liebe.

Ich möchte Ihnen jetzt ein bißchen darüber erzählen, was Sie tatsächlich mit Ihren Sinnesorganen machen, aber auch, was Sie machen *könnten,* wenn Sie sich dies einfach erlauben.
Nehmen wir zuerst unsere *Fähigkeit zu sehen.*
Nur wenige Menschen erlauben sich zu sehen, was sich ihren Augen darbietet. Ein direkter Blick ins Gesicht oder in die Augen des Gegenübers schafft Nähe, wird aber leicht mit Zudringlichkeit und Aggression verwechselt. Ärzte, Seelsorger, Psychotherapeuten und Verliebte dürfen länger und direkter hinschen, als dies sonst üblich ist. Die Phantasie füllt die Lücken zwischen dem, was ist, und dem, was ich mir aus den verschiedensten Gründen nicht erlaube zu sehen. Was glauben Sie, wie viele Ehepaare es gibt, die sich noch nie wirklich angesehen haben! Wenn sie miteinander sprechen, hat jeder ein Phantasiebild vor Augen. So hindern sie sich selbst daran, Kontakt zu dem Menschen aufzunehmen, der ihnen *jetzt* gegenübersitzt. Auch Eltern sind oft in einem Bild befangen, das ihr Kind in einer anderen Zeit zeigt. Für viele Mütter bleiben ihre Kinder immer klein. Das ist schade. Denn so wird die Chance versäumt, einen altersgemäßen Umgang zu pflegen, der für beide Teile befriedigender ist als das Kleben an der Vergangenheit. Wenn Sie interessiert an echtem Kontakt sind, – es lohnt sich! – dann sehen Sie genau hin! Nehmen Sie alle Einzelheiten Ihres Gegenübers durch Ihre Augen auf. Sie werden staunen, wieviel Liebens- und Sehenswertes Sie dabei entdecken.

Ähnliche Tabus wie für das Sehen gelten in unserer Kultur für das *Berühren.* Dabei weiß jeder, wieviel Kraft eine liebevolle Umarmung geben kann. Durch unsere Hände strömt eine heilmachende Energie, wenn sie in Kontakt mit anderen Menschen kommen.
Verwirrung und Angst entstehen, wenn sich ein Mensch nach Berührung sehnt und sich dies gleichzeitig verbietet, oder wenn er keine Gelegenheit dazu findet. Ich bin überzeugt, daß z.B. die Verwirrtheit, die wir oft bei älteren Leuten antreffen, auch eine Folge fehlender Berührung und Zärtlichkeit ist. Viele Krankheiten haben meiner Meinung nach ihre Wurzel in diesem weit verbreiteten „Hauthunger".
Persönlich bin ich davon überzeugt, daß bösartige Wucherungen neben anderen Ursachen auch dann entstehen, wenn Menschen eine besondere Begabung gerade für diesen Hautsinn oder „kinästhetischen Kanal" haben. Entsprechend sind sie auf Berührungen mehr angewiesen als andere. Gleichzeitig haben sie aber erlernt, Berührungen zu meiden oder sich dergleichen nur in bestimmten Situationen, z.B. bei der Sexualität, zu erlauben. Die Gründe dafür liegen in der persönlichen Kindheits- und Lebensgeschichte. Dieser ständige, aber nicht bewußte Konflikt schädigt meiner Meinung nach nachhaltig das Immunsystem, das zur Abwehr von Krebszellen bereitsteht.
In meiner therapeutischen Arbeit lege ich viel Wert auf Berührung. Immer wieder erlebe ich, wie heilsam Berührungen und naher körperlicher Kontakt sind. Es erschüttert mich tief, wieviel Qual damit verbunden ist, wenn der natürliche Impuls, anderen körperlich nahe zu sein, unterdrückt werden muß. Leider erfuhren viele Menschen in ihrer Geschichte, daß Berührungen nur dazu dienten, ihre persönlichen Grenzen zu überschreiten und sie dadurch zu erniedrigen. Dies geschieht z.B. dann, wenn Berührung mit einer bestimmten Absicht, sei sie sexuell oder strafend, verbunden ist. So haben sie Angst davor, berührt zu werden, und hungern gleichzeitig danach. Für Menschen mit solchen Erfahrungen ist es wichtig, erleben zu können, daß sich berühren einfach nur eine Möglichkeit unter anderen ist, sich nahe zu sein.
Die Fähigkeit und der Wunsch, anderen körperlich nahe zu sein, kann aber auch anders blockiert werden. Oft zieht sich eine solche Störung durch die Generationen. Was die Großmutter schon der Mutter nicht geben konnte, weil sie es selbst nicht vermochte, kann diese auch nicht an ihr Kind vermitteln. So erkläre ich mir die „Vererblichkeit" von Kontaktstörungen und damit zusammenhängenden Erkrankungen, etwa Asthma und Allergien. Vererbt wird, so nehme ich an, die besondere Fähigkeit, durch die Haut, mit dem Körper viel empfinden zu können, mit anderen Menschen gleichsam mitzuschwingen. Gleichzeitig wird die zerstörerische Regel weitergegeben, daß Körperkontakt verboten ist.

Wie aber wird dieses Verbot an ein Kind weitergegeben, werden Sie mich fragen? Eindringlicher als Worte, das wissen wir schon aus unseren früheren Beispielen, wirkt das nonverbale Verhalten der Mutter und anderer Bezugspersonen auf das Kind.
So könnte z.B. ein Berührungstabu entstehen: In der Entwicklung des Kindes gibt es eine Phase, wo Babys das Gesicht der Mutter berühren und erforschen. Es ist wichtig, daß die Mutter dies zuläßt. Seine Mutter bedeutet für das Kleinkind die Welt, und es strengt alle seine Kräfte an, diese Welt zu erforschen. Ist die Mutter ungeduldig und entzieht sich, weil ihr das Kind zu nahe kommt, blockiert sie den freien Gebrauch und die ungestörte Entwicklung der Sinnesorgane ihres Kindes. Später wird es bei der Kontaktaufnahme gehemmt sein und möglicherweise das Gefühl haben, etwas Verbotenes zu tun.
Dies ist nur ein Beispiel dafür, wie ein Kind etwas lernen kann, was sich schädlich auswirkt. Diese Schädigung passiert immer gegen die Absicht der Eltern. Es ist also sinnlos und ungerecht, nach dem Schuldigen zu suchen. Die Mutter hat in unserem oben geschilderten Fall selbst genauso unter ihrer Unfähigkeit zu leiden wie ihr Kind, auch wenn ihr dies vielleicht nicht bewußt ist.
Wenn eine Familie, aus welchen Gründen auch immer, zu mir in die Sprechstunde kommt, achte ich auf verborgene Zeichen von Berührungsangst. Ist eine solche Scheu vorhanden, ist es mir wichtig, sie der Familie behutsam bewußt zu machen und abzubauen. Nur wenn dies gelingt, ist naher Kontakt zwischen den Familienmitgliedern möglich. Nur wenn sich Menschen ohne Angst nahe sein können, werden sie sich auch gegenseitig verstehen.

Unsere *Ohren* sind ebenfalls ein wichtiges Kontaktorgan. Im Gegensatz zu unseren Augen sind sie immer offen, wir können sie nicht schließen. Trotzdem nehmen wir nur Ausschnitte von dem wahr, was durch unsere Ohren dringt. Wir filtern die gehörte Information nach vielen Gesichtspunkten.
Entscheidend für das, was wir hören, ist, ob wir auch bereit sind, jemandem zuzuhören. Was gehört wird, hat oft mehr mit uns selbst als mit den Worten unseres Gegenübers zu tun. Bestimmte Worte, der Klang einer Stimme, der Unterton bei dem Gesagten rufen sofort angenehme oder unangenehme Gefühle, Bilder und Gedanken in uns hervor.
Die Fähigkeit, mit dem Kanal „Ohr“ Kontakt aufzunehmen, ist unterschiedlich ausgeprägt. Viele müssen einen anderen Menschen sehen, um ihn auch hören und verstehen zu können. Sie haben Schwierigkeiten beim Telefonieren, wenn sie nur aus den gesprochenen Worten und dem Klang der Stimme erraten müssen, was gemeint ist. Ein anderer wieder schließt

die Augen, um mit voller Aufmerksamkeit bei dem zu sein, der spricht. Nur so kann er in vollem Umfang die Bedeutung des Gesagten aufnehmen.
Wenn jemand wegsieht, während Sie mit ihm sprechen, heißt das nicht immer, daß er Sie nicht hört. Es heißt oft gerade das Gegenteil! Es bedeutet auch nicht unbedingt, daß es den anderen nicht interessiert, was Sie sagen. Wenn Sie sich darüber ärgern oder wenn Sie ein solches Verhalten verwirrt, vermuten Sie nicht, was dahinterstecken könnte! Finden Sie die Lösung nicht durch Rätselraten, sondern fragen Sie! Sicherheit können Sie nur bekommen, wenn sie im Zweifelsfall nachfragen, ob der andere zuhört und vor allem auch zuhören will.
Sich gegenseitig aufmerksam zuzuhören ist unumgänglich für guten Kontakt. Dabei gilt es, genau hinzuhören und nachzufragen, wenn etwas unklar ist. Die Frage: „Meinst du das so?“ „Habe ich dich richtig gehört?“ oder: „Habe ich dich richtig verstanden?“ zeigt dem Partner, daß ich mich wirklich bemühe, ihn zu verstehen. Mißverständnisse können auf diese Weise sofort ausgeräumt werden, bevor sie Schaden anrichten.
Denken Sie daran, daß Worte nur scheinbar für alle das gleiche heißen. Die mit ihnen verknüpften Gefühle sind von Mensch zu Mensch unterschiedlich. Das gilt auch für die Bedeutung, die den einzelnen Worten zugemessen werden. Außerdem kennt jeder Mensch unterschiedliche Reizwörter, die eine bestimmte Stimmung in ihm hervorrufen können. Versuchen Sie zu hören, welche Reizwörter es in Ihrer Familie gibt! Achten Sie darauf, was passiert, wenn Sie diese Worte verwenden.
Reagiert der andere auf das, was Sie gesagt haben, plötzlich völlig unerwartet, fragen Sie ihn, was er gehört hat und was in ihm vorgeht. So lassen sich sinnlose Streitereien vermeiden.

Während Sehen, Berühren und Hören vor allem unserem Kontakt mit anderen dienen, ist der Atem eine Möglichkeit, mit uns selbst in Kontakt zu kommen. Wenn Sie Ihre Aufmerksamkeit Ihrem Atem zuwenden, fühlen Sie sich selbst. Ihr Atem bildet eine Brücke von innen nach außen. Wenn Sie Ihren Atem spüren, leben Sie. Spüren Sie dieses Leben in sich so oft, wie Sie möchten! Machen Sie sich dabei bewußt: Es ist Ihr Leben, und Sie entscheiden, ob es durch nahe, befriedigende Kontakte oder durch Einsamkeit geprägt sein soll.
Mit jedem Atemzug können Sie etwas verändern, Kontakte knüpfen, etwas Neues versuchen, auf jemanden zugehen, die Farben der Welt durch Ihre Augen aufnehmen. Mit jedem neuen Atemzug können Sie einen neuen Schritt wagen und zurücklassen, was nicht mehr zu Ihnen paßt. Geben Sie diesem ermutigenden Gedanken Raum in Ihrem Inneren. Es ist niemals zu spät, etwas zu verändern, solange Sie atmen!

Der richtige Gebrauch unserer Sinnesorgane ist eine Voraussetzung für guten Kontakt. Falscher oder fehlerhafter Gebrauch dieser natürlichen Gaben verhindert, daß sich Menschen und Familien näherkommen.

Störungen und Mißverständnisse sind bei der Kontaktaufnahme häufig. Schuld daran kann neben ungenügendem Gebrauch unserer Sinne auch die ungeschickte Form der Annäherung sein.
Ich vermute, auch Sie haben es schon einmal oder öfter so gemacht, wie der Familienvater in unserem nächsten Beispiel:
Vater kommt zur Türe herein. Er hat sich auf den Feierabend und die Begegnung mit seiner Familie gefreut. Auf der Schwelle stolpert er über ein Spielzeug, sonst läßt sich niemand blicken. Sein Sohn, der Besitzer des Spielzeuges, sitzt vor dem Fernseher, seine Frau ist nicht zu Hause. Der Vater, der sich sein Heimkommen und die Begrüßung anders vorgestellt hatte, ist enttäuscht. Aus der Enttäuschung wird Ärger, und er brüllt nach oben: „Räum in Zukunft dein Spielzeug weg, bevor ich heimkomme!"
Glauben Sie, daß der Vater an diesem Abend zu dem innigen Kontakt kam, den er sich eigentlich wünschte? Überlegen Sie, wie es in dieser Familie weiterging. Was hätte der Vater anders machen können?
Was, glauben Sie, hat die Ehefrau erlebt, als sie an diesem Abend nach Hause kam?
Ähnliche verfehlte und glücklose Annäherungen kommen in den besten Familien täglich vor, möglicherweise auch bei Ihnen. Beobachten Sie sich einmal selbst!
Nun zu dem, was der Vater aus unserem Beispiel falsch gemacht hat. Zunächst einmal hat er sich seine Gefühle nicht klargemacht und seine Enttäuschung nur flüchtig wahrgenommen, bevor ihn der Ärger überwältigte. Das passiert häufig. Ich rate Ihnen daher, immer unter Ihrem Ärger nachzusehen, welche Gefühle sich darunter verbergen. Wenn Sie das wissen, wächst Ihre Chance, das anzustreben und zu bekommen, was Sie wirklich wollen.
Der Mann in unserem Beispiel war enttäuscht, weil seine Erwartungen sich nicht erfüllten. Hätte er sich die Zeit genommen, etwas bei diesem Gefühl zu verweilen, hätte er neue Lösungen für diese neue Situation überlegen können. So hätte er z.B. zu seinem Sohn hingehen, ihn begrüßen und ihn dann bitten können, künftig sein Spielzeug wegzuräumen. So wäre er mit seinem Sohn in Kontakt gekommen. Eine andere Möglichkeit wäre gewesen, die unerwartet zur Verfügung stehende Zeit für sich selbst zu nutzen und sich etwas Gutes zu tun, etwa ein entspannendes Bad zu nehmen. Auf diese Weise wäre er mit sich selbst in Kontakt gekommen.
Neben diesen beiden Möglichkeiten, sich zu verhalten, gibt es noch unendlich viele andere Lösungen. Sehr bewährt hat sich ein Leitsatz, den

ich in solchen Fällen zu verwenden pflege: „Hier stehe ich, ich kann auch anders!"
Der zweite Fehler unseres heimkommenden Vater ist ebenso allgemein verbreitet wie das Verstecken von schmerzlichen Gefühlen unter Ärger: Er versuchte mit jemandem zu sprechen, der viel zu weit weg war, um ihn wirklich hören zu können. Außerdem verletzte er die oben aufgestellte Regel für erfolgreichen Kontakt: Überzeugen Sie sich, bevor Sie etwas sagen, ob Ihnen der andere auch zuhören will. Um das zu erfahren, müssen Sie ihm nahe genug sein.

Achten Sie auf den richtigen Abstand, wenn Sie mit jemandem in Kontakt treten wollen!
Ideal ist ein Abstand in Armbreite!

Das Wiener Kaffeehaus ist nicht umsonst für seine dort in Vergangenheit und Gegenwart geschlossenen Kontakte berühmt: das übliche Kaffeehaustischchen hat etwa den Durchmesser einer Armlänge, ist rund und bietet damit ideale Voraussetzungen, sich nahe zu sein, ohne die persönliche Distanz zu verletzen.
In diesem Zusammenhang ein Wörtchen zur persönlichen Distanz. Jeder kennt sie: Sie spüren nämlich deutlich, wenn sie überschritten wird. Dabei verkrampft sich Ihr Körper, und Sie fühlen sich sehr unbehaglich. Je nach Situation und Gegenüber variiert die persönliche Distanz. Besteht, wie etwa in einem Fahrstuhl oder einer überfüllten Straßenbahn, keine Möglichkeit, die persönliche Distanz zu wahren, wird jeder Kontakt abgewehrt. Achten Sie, wenn Sie sich jemandem nähern, auf diesen Punkt! Wenn Ihr Partner ständig zurückweicht, während Sie mit ihm sprechen, kommen Sie ihm wahrscheinlich näher, als ihm das lieb ist. Sie dürfen sich dann nicht wundern, wenn seine Reaktionen nur mehr durch Abwehr bestimmt sind. Wollen Sie diese Distanz absichtlich durchbrechen, gehen Sie mit Einfühlung vor und fragen gegebenenfalls nach, ob es dem anderen recht ist. So können Sie vermeiden, durch allzu stürmische Annäherung einen Menschen zu verletzen und zurückzustoßen, obwohl Sie die besten Absichten haben.
Ein weiterer Punkt, auf den Sie achten müssen, wenn Ihre Kontaktaufnahme erfolgreich verlaufen soll, ist der *Augenkontakt.*
Um sich in die Augen sehen zu können, müssen die Köpfe in gleicher Höhe sein. Bei Größenunterschieden zwischen Mann und Frau und bei Erwachsenen im Kontakt mit Kindern müssen diese Unterschiede ausgeglichen werden. Dies kann beispielsweise dadurch geschehen, daß sich beide setzen. Kontakt mit Kindern wird am besten dadurch hergestellt, daß sich der Erwachsene auf das Niveau des Kindes begibt, indem er sich auf

den Boden setzt oder hockt. Eine andere Möglichkeit besteht darin, das Kind so auf einen Sessel zu setzen, daß es sich in gleicher Höhe mit dem Gesicht des Erwachsenen befindet.
Während viele Erwachsene sich instinktiv Kindern in der oben beschriebenen Weise nähern, ist ein ähnliches Vorgehen bei Größenunterschieden zwischen Erwachsenen unüblich. Dabei ist es äußerst unangenehm und wird als herabsetzend empfunden, ständig den Hals nach oben recken zu müssen. Da „Kleinersein“ uns an die Zeiten erinnert, als wir noch Kinder waren, tauchen leicht Gefühle der Machtlosigkeit, der mangelnden Kompetenz und des Nicht-ernst-genommen-werdens auf. Der „große“ Partner kann zwar das Gefühl der Überlegenheit genießen, gerät aber dadurch in die Position dessen, der die Verantwortung allein trägt und für alles zuständig ist. Eine solche Aufgabenteilung ist für eine gute Beziehung zerstörerisch. Sollten also große Unterschiede in der Körpergröße bei einem Paar bestehen, zahlt es sich aus, diese entsprechend auszugleichen. Am besten unterhalten Sie sich in einem solchen Fall im Sitzen.
In Beziehungen, die nach dem hierarchischen Prinzip des „oben-unten“ geordnet sind, wie etwa in der Arbeitswelt bei autoritären Strukturen, werden diese Erkenntnisse oft bewußt eingesetzt, um Macht zu demonstrieren. Ein Beispiel: Der Chef läuft im Zimmer herum und hat seinem Mitarbeiter einen Sessel angewiesen. Es kommt zu deutlicher Irritation des Vorgesetzten, wenn der Mitarbeiter aufsteht und an der Seite des Chefs das Zimmer durchwandert. Ein beliebtes Spiel ist auch, über die Schulter einer sitzenden Mitarbeiterin auf deren Arbeit zu sehen und sie dadurch zu verunsichern. Gleichzeitig zum bestehenden Größenunterschied wird meist auch die persönliche Distanz verletzt, und zwar einseitig.
Solche Machtspielchen haben in einer Familie, die um guten Kontakt bemüht ist, nichts verloren. Blickt ständig einer von oben auf den anderen herab, fühlt sich leicht der eine überlegen, der andere unterlegen.
Ich empfehle Ihnen folgenden Versuch (die Übungen stammen aus dem Buch *Selbstwert und Kommunikation* von V. Satir), um das oben Gesagte selbst erfahren zu können: Suchen Sie sich einen Mitspieler aus Ihrem Familienkreis und sprechen Sie mit ihm auf folgende Weise:

1. Mit Augenkontakt auf gleicher Höhe und in Armeslänge Abstand.
2. Mit dem Rücken zueinander, während Sie sich berühren.
3. Mit dem Rücken zueinander in drei Meter Abstand.
4. Einer in der Küche im Erdgeschoß, einer im ersten Stock.
5. Einer steht, der andere hockt am Boden zu seinen Füßen und blickt zu ihm auf.

Sie erfahren so am eigenen Leib, wie sehr die körperliche Position und die Distanz zum Gesprächspartner Ihre Fähigkeit, den anderen wahrzunehmen, beeinflussen.
Sie lernen aus diesen Übungen unter anderem, wie, wann und wo Sie etwas so sagen können, daß Sie auch gehört und vor allem verstanden werden. Es zahlt sich aus, beim Herstellen von Kontakt darauf zu achten, in welchem Rahmen er stattfinden soll. Wenn Sie ein Essen für Ihren Chef geben, denken Sie bestimmt daran, wie sehr eine hübsche Umgebung, ein sorgfältig gedeckter Tisch, ein bequemer Sessel die Stimmung heben. Wenn Sie wissen wollen, ob er Wein oder Bier zum Essen trinken will, werden Sie ihn bei dieser Frage ansehen und in seiner Nähe sein. Es würde Ihnen nicht einfallen, aus dem Keller herauf zu brüllen oder ihn zu beschimpfen oder gar zu prügeln, wenn er sich anders verhält, als Sie erwartet haben.
In der Familie, vor allem gegenüber Kindern, wird hingegen ein solcher unfreundlicher Umgangsstil häufiger gepflogen, als man glauben möchte. (Leider auch von Menschen, die Fremden gegenüber, die Ihnen nichts bedeuten, freundlich und zuvorkommend sind.)
Wer erfolgreich sein will, weiß im allgemeinen, daß dazu guter Kontakt zu den einflußreichen Leuten notwendig ist. Ein erfolgreiches Familienleben sollte jedem mindestens ebensoviel Mühe wert sein wie seine Karriere. Was sollten Sie also alles beachten, um nahen und tragfähigen Kontakt herstellen zu können?
Verwenden Sie Ihre Sinnesorgane in der richtigen Weise. Wagen Sie es, der Wirklichkeit ins Auge zu sehen. Geben Sie sich die Erlaubnis, die Welt und alles, was sich in ihr befindet, so lange und so genau anzusehen, wie Sie wollen. Ihre Augen sehen das, was jetzt ist! Lassen Sie sich Ihren Blick nicht durch Bilder aus der Vergangenheit trüben, sondern legen Sie statt dessen ein innerliches Museum der Erinnerung an. Dort legen Sie alles ab, was einmal in der Vergangenheit wichtig war und Sie noch nicht wegwerfen wollen. Sehen Sie sich diese Erinnerungen an, wenn Sie unbedingt wollen, aber schließen Sie dann wieder die Tür!
Rufen Sie sich ins Bewußtsein, welch heilsame Kraft einer Berührung innewohnt. Ihre Hände sind empfindsame Kontaktorgane, die Sie mit der Kraft und dem Leben in sich selbst und in anderen Menschen in Verbindung bringen können. Lassen Sie keinen Tag vergehen, ohne jemanden liebevoll zu berühren oder sich berühren zu lassen. Dies ist die beste Vorsorgemedizin, die Sie betreiben können.
Bedenken Sie, daß das, was Sie hören, nicht immer das ist, was der andere sagen wollte. Vergewissern Sie sich auch, ob es richtig gehört wurde, was Sie sagen wollten. In keinem Bereich menschlicher Kontakte gibt es so viele Mißverständnisse wie bei der Auslegung von Worten. Achten Sie

auch auf Ihren körperlichen Ausdruck, wenn Sie etwas sagen! Ein freundliches Lächeln, während Sie wütende Worte sagen, verwirrt Ihr Gegenüber und richtet Schaden an. Gute Hilfsmittel, um sich selbst besser kennenzulernen, sind ein Tonband und eine Videokamera. Wenn Sie das Gefühl haben, daß Sie oft mißverstanden werden, sollten Sie gefühlsbetonte Diskussionen in der Familie auf Tonband aufnehmen und anschließend in Ruhe abhören. Sie können so den Ton, der die Musik macht, kontrollieren.

Fragen Sie Ihre Lieben, wenn Mißverständnisse auftreten, was sie gehört haben. Übernehmen Sie die Verantwortung für das, was Sie, wenn auch vielleicht unbewußt, ausgedrückt haben. So bietet sich Ihnen die Chance, sich besser kennenzulernen und mehr zu Ihren Gefühlen zu stehen. Die Reaktionen Ihrer Familie bieten Ihnen gewissermaßen einen Spiegel für das, was vorgeht. Es ändert nichts an den Tatsachen, wenn Sie diesen Spiegel zuhängen.

Gönnen Sie sich immer wieder eine *Atempause*. Nehmen Sie mit Ihrem Atem Kontakt auf und spüren Sie das Leben und die Kraft, die in Ihnen wohnen. Spüren Sie, wie Sie durch Ihren Atem mit der Welt verbunden sind. Sie gibt Ihnen die Luft, die Sie zum Leben brauchen. Ihr Atemrhythmus zeigt Ihnen an, welche Gefühle in Ihrem Inneren gerade im Vordergrund stehen. Unterdrücken Sie sie nicht, entlassen Sie sie in einem tiefen Seufzer. So gewinnen Sie Energie.

Widmen Sie den Menschen, mit denen Sie einen nahen Kontakt anstreben, Zeit und etwas Mühe! Führen Sie wichtige Gespräche nicht zwischen Tür und Angel. Vergewissern Sie sich zunächst, ob der andere auch gesprächsbereit ist. Sagen Sie, daß Sie jetzt etwas mit ihm besprechen möchten und fragen Sie ihn, ob er einen Augenblick Zeit hat. Sorgen Sie dafür, daß Sie beim Gespräch Augenkontakt haben, daß Sie etwa in Armeslänge voneinander entfernt sind und daß die gegenseitige Aufmerksamkeit durch nichts abgelenkt wird. Wenn irgend möglich, berühren Sie sich dabei, z.B. an den Händen. So kann Energie von einem zum anderen fließen, ihr Einfühlungs- und Aufnahmevermögen wird gesteigert. Besonders wichtig ist es, Kinder zu berühren, wenn Sie ihnen etwas Wichtiges sagen wollen. Nur so haben Sie die Gewähr, daß Sie von ihnen wahrgenommen werden.

Wirklicher Kontakt findet dann statt, wenn sich zwei Menschen so begegnen, daß sie sich ohne Vorurteile gegenseitig wahrnehmen. Zur gleichen Zeit ist jeder von ihnen in Kontakt mit seinem Inneren, mit seinen Gefühlen, Wünschen, Hoffnungen und Träumen. Jeder ist sich bewußt, daß es in seiner eigenen Verantwortung liegt, wieviel von seinem Inneren er mit dem anderen teilen will. Machtspielchen verhindern nahen Kontakt und binden viel Energie und Kraft, die für den Rückzug gebraucht wird. Ver-

wechseln Sie das Leben nicht mit einem Kartenspiel, wo der Ober den Unter sticht. In einer menschlichen Begegnung verlieren alle Beteiligten, wenn kein wirklicher Kontakt zwischen ihnen stattgefunden hat.
Solange Sie atmen, haben Sie die Möglichkeit, Ihre Kontakte zu verbessern und etwas Neues dazuzulernen. Sie brauchen nur etwas Mut dazu, die alten, ausgetretenen Wege zu verlassen und in kleinen Schritten Ihr Kontaktverhalten zu verändern.
Nehmen Sie sich mit einem tiefen Atemzug diesen Mut! Sie und Ihre Familie sind diesen Einsatz wert.

3. Unterschiedlichkeit und Gemeinsamkeit

Erinnern Sie sich, wie es damals war, als Ihre Familie ihren Anfang genommen hat. Nein, das war nicht bei der Geburt Ihres ersten Kindes. Es war jener Augenblick, in dem Sie sich in Ihren späteren Lebenspartner verliebten.
Damals legten Sie beide das Fundament Ihrer künftigen Familie. Dieses Fundament ist die Liebe, die Sie füreinander als Paar empfinden.
Wenn ein Ehepaar miteinander Probleme hat, erinnere ich die beiden immer an die erste Zeit des Kennenlernens. Ich frage Sie: „Was fanden Sie damals an ihm/ihr schön?“ Meist stellt sich zum Erstaunen beider heraus, daß damals am Partner gerade das anziehend war, was heute das Problem zu sein scheint.
Ein ruhiger Mann lernt beispielsweise eine temperamentvolle Frau kennen. Ihre Freude am Leben, die Leidenschaft, mit der sie ihm begegnet, findet er hinreißend. Wenn sie zusammen ausgehen, folgen ihnen neidische Blicke. Sie gehen in dieser ersten Zeit viel miteinander aus. „Ich werde die Bücher später lesen, zu denen ich jetzt keine Zeit habe“, denkt sich der Mann, wenn er spätabends ins Bett fällt. „Sie wird schon ruhiger werden, wenn wir einmal verheiratet sind.“ Die Frau genießt es, jemanden an ihrer Seite zu haben, der so gut zuhören kann. Sie findet es anziehend, daß er sich – im Gegensatz zu ihr – auch alleine in seine Bücher vergraben und dabei wohl fühlen kann. Die Ruhe, die er ausstrahlt, tut ihr gut.
Nun sind sie ein paar Jahre verheiratet und denken an Scheidung. Die Frau beklagt sich bitterlich, daß ihr Mann keinen Elan hat. Das Leben mit ihm hat sie sich ganz anders vorgestellt. Die Ruhe und Zurückgezogenheit ihres Mannes, die sie anfangs im Gegensatz zu ihrem eigenen unruhigen Lebensstil so wohltuend erlebt hat, langweilt sie jetzt zu Tode. „Immer hat er ein Buch vor der Nase, sogar beim Frühstück, und wenn ich etwas zu ihm sage, hört er mich gar nicht. Wenn ich wütend werde und mit ihm streite, geht er einfach in sein Zimmer und liest. Da bin ich schon ein paarmal aus-

gerastet und habe Geschirr auf dem Boden zertrümmert. Dann sieht er mich an, als ob ich nicht mehr ganz normal wäre, so mitleidig, das bringt mich noch mehr auf die Palme. Ich halte es zu Hause nur noch aus, wenn ich Besuch habe, dann rührt sich wenigstens etwas."

Der Mann meint, er müsse sich von seiner Frau trennen, weil er den ewigen Wirbel, der um sie ist, nicht länger aushalten kann. „Jede Kleinigkeit bauscht sie auf! Wenn der Toast beim Frühstück anbrennt, gibt es ein Geschrei wie bei einem Erdbeben! Nie ist hier Ruhe, ewig sitzen ihre Freundinnen und Freunde bis in die Nacht bei uns herum. Hier ist das reinste Tollhaus. Sogar in der Nacht bimmelt das Telefon, weil meine Frau so unmögliche Freunde hat. So habe ich mir mein Zuhause nicht vorgestellt. Lieber möchte ich heute als morgen ausziehen, um endlich meine Ruhe zu haben."

Dieses Paar hat die schmerzliche Erfahrung gemacht, daß es für ein erfolgreiches Zusammenleben nicht genügt, ineinander verliebt zu sein. Aber es war noch nicht zu spät. Zwar lag die Zuneigung, die sie füreinander empfanden, tief begraben unter dicken Schichten von jahrelangem Ärger. Es galt also zunächst, diese abzutragen.

Es gibt verschiedene Möglichkeiten, auf die Tatsache zu reagieren, daß Menschen in manchem gleich, aber auch in vielem verschieden sind. Ich kann die Tatsache leugnen. Das tun wir alle gerne im Zustand der Verliebtheit. Ich kann die Verschiedenheit als ein Problem sehen, das es zu ändern gilt, und daran glauben, daß die Liebe das bewirken wird. Ich kann Verschiedenheit aber auch als Geschenk, als Reichtum, als Erweiterung meiner Welt ansehen und sie als solche schätzen.

Was brauche ich dazu, um diesen Weg wählen zu können, der Voraussetzung für eine zufriedene Partnerschaft und ein erfülltes Leben ist?

Gehen wir zu unserem Beispiel zurück. Unser unglückliches Paar hatte es offenbar nicht geschafft, für sein Zusammenleben Regeln auszuarbeiten, mit denen beide zufrieden sein konnten. Beide hatten in ihren Ursprungsfamilien nicht gelernt, Bedürfnisse und Wünsche offen anzumelden. Ihre Fähigkeit im Rätselraten hingegen war sehr gut ausgeprägt. Statt zu sagen, wenn sie etwas wollten, erwarteten sie vom Partner, daß er ihre Wünsche von selbst erraten würde. Ab und zu geschah dies auch. Öfter jedoch wurden Wünsche nicht erraten, blieben Forderungen, die nie ausgesprochen wurden, unerfüllt.

Ihrem unterschiedlichen Temperament entsprechend waren die Reaktionen von Mann und Frau auf solche Enttäuschungen verschieden. Er verkroch sich immer mehr in seine Welt der Bücher in der Hoffnung, dort in Ruhe gelassen zu werden. Sie entwickelte immer mehr Hektik und „Action". Kam es zu einem offenen Streit, kämpfte jeder mit seinen Waffen. Er gab vor, nicht betroffen zu sein und nichts zu hören. Sie gestand ihre Hilf-

losigkeit und Verzweiflung nicht ein und zeigte nur ihren Ärger, den dafür heftig. Dann zog sich ihr Mann noch mehr zurück und die Spirale der Entfremdung drehte sich weiter.
Unglücklich und verzweifelt, wie die beiden sich verständlicherweise in dieser Situation fühlten, waren sie sich schon lange nicht mehr nahe genug gekommen, um sich wirklich zu sehen und zu hören. Jeder hatte sich ein Phantasiebild vom anderen gemacht, das mehr einem Zerrbild als der Wirklichkeit glich.
Es galt also, die beiden wieder miteinander in Kontakt zu bringen. Nur so konnten sie einander wieder liebenswert finden. Dann lernten sie, sich dem anderen mitzuteilen und zu sagen, was ihnen wichtig war. Als nächstes handelten sie Regeln aus, wie sie in dem gemeinsamen Zuhause miteinander leben wollten. Das waren freilich keine ehernen Gesetze, die sich nicht verändern durften. Sie paßten für diesen Zeitpunkt ihres Lebens. Wenn sie nicht mehr paßten, konnten sie verändert und der neuen Situation angepaßt werden. So einigten sie sich darüber, daß Übernachtungsgäste nur dann eingeladen wurden, wenn beide Partner einverstanden waren. Zu bestimmten Zeiten wollte das Ehepaar Zeit füreinander reservieren. Lesen beim Frühstück war o.k., aber nur am Sonntag. Unter der Woche war diese Zeit wichtig, um sich miteinander über den Tag abzusprechen. Wie jedes Paar fanden sie eine Vielzahl von Regeln, manche erst nach langem Hin und Her und verschiedenen neuen Versionen. Diese Regeln berücksichtigten die Tatsache, daß zwei Menschen mit unterschiedlicher Geschichte, unterschiedlichen Bedürfnissen, Temperamenten, Wünschen und Träumen ein Leben miteinander teilen wollten.
Auf diese Weise konnte das, was an ihnen verschieden war, aus einer Quelle des Ärgers und der Störung zu einer Bereicherung werden. Jeder hatte nun an den besonderen Fähigkeiten des anderen Anteil. In dem Maße, wie sie sich vom Partner angenommen fühlten, stieg auch ihr Selbstwert. Sie hatten wieder das Gefühl, einander nahe zu sein. Zufrieden teilten sie das, was beide gemeinsam hatten, mit Interesse sahen sie den anderen in seiner Unterschiedlichkeit.

Ich habe dieses Beispiel deshalb gewählt, weil es stellvertretend beschreibt, was in vielen Ehen und Familien vor sich geht. Paare verlieben sich ineinander, weil sie unterschiedlich sind, und lassen sich scheiden, weil sie nicht gleich sind. Sie haben nicht gelernt, eine Balance zwischen diesen beiden Polen herzustellen. Wird das, was am anderen anders ist, als Makel statt als Chance ausgelegt, sind Nähe und Zusammenleben auf Dauer unmöglich. Für ein zufriedenes Leben miteinander braucht eine Familie Regeln und Normen für das Zusammensein und Wertschätzung ihrer unterschiedlichen Fähigkeiten und Persönlichkeitseigenschaften.

Und noch eines, lieber Leser: Halten Sie sich immer vor Augen, daß Sie selbst es sind, der die Bewertung dieser Eigenschaften vornimmt. Es liegt an dem von Ihnen gewählten Blickwinkel, ob die Tatsache, daß Menschen verschieden sind, ein Glück oder eine Falle wird. Sollte es Ihnen schwerfallen, Verschiedenheit als Glück zu sehen, werfen Sie einen Blick in die Natur. Jedes Blatt unterscheidet sich vom anderen, jede Blume, sogar jeder Stein. Ist es nicht das, was uns immer wieder über das Wunder der Schöpfung staunen läßt? Auch der Mensch ist ein solches einzigartiges, unverwechselbares Wunder, fähig zur Liebe und liebenswert.
Versuchen Sie einfach, sich und Ihre Familie mit solchen Augen zu sehen. Sie sind liebenswert!

C. Aus eigener Kraft aus der Krise

1. Auseinandersetzung als Entwicklungschance

Nichts wird in unserer heutigen Gesellschaft so sehr verleugnet und verdrängt wie die Aggression. Und das, obwohl sie uns ununterbrochen in unserem Alltag begegnet! Es ist erstaunlich, daß die Menschen es trotzdem schaffen, vor dieser Urgewalt die Augen zu schließen und so zu tun, als gäbe es sie nicht.
Trotz der Versuche, Aggression in den Untergrund zu drängen, taucht sie wie der berühmte *Dritte Mann* immer wieder auf.
Aggressionen können sich offen oder versteckt in Worten oder Handlungen ausdrücken. Wir begegnen ihr in offener Form auf der Straße, wenn Autos wie Waffen verwendet werden, um sich rücksichtslos freie Fahrt zu verschaffen. Wir begegnen ihr in der Familie, wenn der Dreijährige tobt und schreit, weil ihm etwas verwehrt wurde. Filme im Kino, Fernsehen oder Video sind voll Gewalt. Versuche einer Konfliktlösung durch Schläge kommen in Familien aller gesellschaftlichen Schichten vor. Kinder werden immer noch in unvorstellbarem Ausmaß geprügelt. Die Frauenhäuser sind voll von Opfern offener Gewalt.
In versteckter Form begegnen wir der Aggression im Sarkasmus, in der verletzenden Äußerung, im Weghören, wenn uns jemand etwas sagen will. Aggression tarnt sich mit vielen Gewändern. Wer von versteckter Aggression getroffen wird, kann sich nur schwer wehren. Eine Gemeinheit, die mit lächelndem Gesicht serviert wird, setzt das Gegenüber schachmatt. Zur Aggression gehört auch, wenn wir etwas „leider" vergessen, was wir fest versprochen haben. Auch hier versuchen wir, den Groll zu verheimlichen, der dann aufkommt, wenn ich nicht wage, nein zu sagen. Ich erspare es mir so, für mein Verhalten die Verantwortung zu übernehmen, und schiebe dem anderen den Schwarzen Peter zu. Beispiele dieser Art gibt es ungezählte. Der Betroffene ärgert sich, findet aber keinen Adressaten für seinen Frust.
Die Aggression, die wir alle in uns tragen, hat aber nicht nur ein negatives Gesicht. Zunächst einmal ist sie weder gut noch schlecht, sondern einfach eine starke Kraft, die uns vorwärtstreibt. Der Mensch entscheidet, welche Richtung sie nehmen soll. Wir können sie dazu verwenden, unseren Lebenszielen näher zu kommen. Wir verdanken ihr mehr „Drive" für unsere täglichen Aufgaben, wenn wir sie richtig einsetzen. Nehmen Sie das Beispiel der Hausfrau, die immer dann, wenn sie sich ärgert, Großputz macht. So verhilft ihr die Aggression zu einem aufgeräumten Haus. Wer einen

Ofen zum Einheizen hat, kann seinen Zorn dazu verwenden, Holz zu hakken. Sie spüren dabei sehr gut, daß Aggression Energie ist!
Auch für das Familienleben ist Aggression eine wichtige Kraft. Sie wartet nur darauf, richtig eingesetzt zu werden: „Nichts hält eine Familie so gut zusammen wie ein Gewitter", weiß Hägar der Schreckliche. Verdrängen und verstecken Sie nicht die Differenzen, die im Zusammenleben einer Familie auftreten. Sehen Sie Auseinandersetzungen als Zeichen einer lebendigen Entwicklung! Lernen Sie lieber richtig zu streiten, statt unterschiedliche Auffassungen, Wünsche und Träume aus Angst abzuwürgen! Ich habe viele Familien kennengelernt, die stolz darauf sind, daß bei ihnen immer alles so harmonisch verläuft. Ein lauter Streit, ein vor Wut brüllendes Kind, ein zerschmetterter Teller kommen bei ihnen nicht vor. Leider bezahlen sie diese Harmonie teuer. Wenn ich bei einer solchen Familie zu Besuch bin, spüre ich die Spannungen im Untergrund. Ehen, in denen wenig oder gar nicht gestritten wird, sind oft trostlos, langweilig und unbefriedigend. In jeder gleichberechtigten Partnerschaft müssen täglich viele Dinge ausgehandelt werden. Das setzt einen guten Streitstil voraus, den man lernen kann.
Verliebte sind in der ersten Zeit freigebig bereit, ihre eigenen Interessen für den Partner hintanzustellen. Sie scheinen das Ziel anzustreben, möglichst in allem gleich zu werden. Eine solche Selbstverleugnung kann niemand auf Dauer aushalten. Irgendwann wird der Wunsch nach Verschmelzung wieder abgelöst durch das Bedürfnis, ein eigenständiges Wesen zu sein. Die Seiten, in denen sich die Partner unterscheiden, drängen ans Licht. Spätestens jetzt ist der Moment gekommen, der Realität ins Auge zu blikken. Menschen, selbst Liebespaare, sind nun mal keine siamesischen Zwillinge, bei denen der eine immer dorthin will oder muß wie der andere. Nein, ganz im Gegenteil, der eine will dies, der andere das. Diese triviale Weisheit gilt in erhöhtem Maß für Familien mit Kindern, denn Kinder wollen vieles anders haben und brauchen es auch anders als Erwachsene. So prallen die Interessen aufeinander. Und das wollen Sie mit einem sanften Lächeln lösen?
Machen Sie sich lieber klar, daß Aggression und Streit, Gefühle der Rivalität, des Neides und des Hasses ab und zu bei jedem Menschen auftreten. Auch ein sehr böser und verletzender Streit bedeutet nicht, daß die Ehe schlecht, die Familie gestört ist. Wichtig ist, sich die oben beschriebenen Regungen einzugestehen und sie auch den anderen Familienmitgliedern zuzugestehen.
Ebenso wichtig ist es, richtig streiten zu lernen. Leider lernen es die meisten Menschen nicht in ihren Ursprungsfamilien. Üblicherweise wird Streit zwischen Eltern bei uns in zwei ungünstigen Varianten geführt: In der einen wird die Auseinandersetzung vor den Kindern versteckt. Die

Eltern streiten im Schlafzimmer, wenn sie die Kinder schlafend wähnen. Machen Sie sich aber nichts vor: die Kinder kriegen es trotzdem mit, wenn der Haussegen schief hängt. Sie wissen aber nicht warum und glauben oft, daß sie selbst die Schuld daran haben. Eine solche für die Kinder schädliche Meinung wird noch von jenen Eltern geschürt, die vorgeben, nur wegen der Kinder zu streiten.
Eine zweite häufige Variante ist ein Streit in Form einer Schlacht vor den Kindern. In der Hitze des Gefechts verletzen sich die Kontrahenten verbal und manchmal auch tätlich nach besten Kräften. Eine solche Form der Auseinandersetzung ist ebenso schädlich für das Familienklima, vor allem wenn sie zur täglichen oder wöchentlichen Norm wird.
Kinder lernen im ersten Fall, daß Aggression etwas Schlechtes ist, da sie von den Eltern ja verborgen gehalten wird. Unterschiedliche Meinungen, Wünsche und Bedürfnisse müssen ebenfalls schlecht sein, da sie nicht offen geäußert werden dürfen. Auseinandersetzungen sind verboten. Eltern, die ihren eigenen Aggressionstrieb nicht annehmen können, haben auch bei ihren Kindern Schwierigkeiten mit an sich ganz natürlichen Äußerungen von Trotz, Widerstand, lautem Geschrei, geschwisterlichem Streit und ähnlichem. Pikanterweise zeigen sie dann ihre doppelbödige Haltung bei den Strafen, die sie für solche kindliche Vergehen verhängen: sie fallen oft viel saftiger aus, als dem Anlaß entsprechen würde. So finden sie ein Ventil für ihre eigenen versteckten Aggressionen.

Wenn Sie meine bisherigen Ausführungen aufmerksam gelesen haben, wissen Sie jetzt genau, was Kinder bei solchen Eltern noch lernen, außer daß Aggression etwas Schlechtes ist. Richtig: Sie lernen außerdem, sich anderen gegenüber aggressiv zu verhalten, und zwar so, daß sie nicht gleich dabei erwischt werden.
Im zweiten Fall lernen Kinder zwar offene Aggression als routinemäßig wiederkehrende Eruption kennen. Sie erfahren dadurch, daß man wütend sein und dies auch zeigen darf. Da aber die Auseinandersetzung in destruktiver und verletzender Form stattfindet, lernen sie auch durch die Vorbildwirkung, daß es erlaubt ist, sich beim Streiten mit Worten oder auch tätlich zu verletzen, den anderen in seinen Gefühlen zu mißachten und Gewalt in Worten und Handlungen anzuwenden.
Solches Lernen hilft den Heranwachsenden nicht, mit Konflikten gut umzugehen, wenn sie einmal selbst eine Familie gründen. Die Wahrscheinlichkeit ist groß, daß sie später ebenfalls in diesen destruktiven Bahnen bleiben. Möglicherweise wird jemand, der ständigem, verletzendem Streit ausgesetzt war, mit dem Willen, es selbst besser zu machen, später jedem Streit aus dem Weg gehen. Genausogut kann er aber den Weg seiner Eltern einschlagen und Konflikte mit Gewalt lösen. So hat sich herausgestellt,

daß Eltern, die in ihrer Kindheit geschlagen wurden, ebenfalls dazu neigen, ihren Nachwuchs zu verprügeln. Um ihren eigenen Selbstwert zu schützen, rechtfertigen sie dieses Vorgehen vor sich selbst mit der Äußerung: „Mir hat es auch nicht geschadet“ oder: „Ich werde die Schläge schon gebraucht haben.“
Anders handeln Eltern, die als Kinder nicht geschlagen wurden. Sie verwenden solche schädlichen Methoden bei der Erziehung ihrer eigenen Kinder nicht und phantasieren auch keinen Nutzen hinein.
Ebenso ungünstig wie Konfliktlösung mit Gewalt wirkt sich Harmoniestreben um jeden Preis aus. Menschen, die ihre Konflikte ständig verleugnen, laufen Gefahr, körperlich krank zu werden. Magen- und Darmerkrankungen deuten darauf hin, daß zuviel geschluckt wird. Zorn und Ärger sind eine unpassende Nahrung für den Verdauungstrakt. Möglicherweise bleibt ihnen auch die Luft weg vor aufgestauter Aggression. Kopfschmerzen können als Folge entstehen, wenn Probleme und Konflikte ausschließlich über das Hirn gelöst werden sollen.

Weder Ausbrüche offener Gewalt noch Verdrängen der Aggression sind also der richtige Weg zum glücklichen Zusammenleben. Dazu ist es nötig zu lernen, Aggression als Teil des Lebens anzunehmen, sie als Motor für das, was ich erreichen will, zu nützen und konstruktive Formen der Auseinandersetzung zu lernen.
Die meisten Familien haben, wie ich vorhin erläutert habe, leider nicht gelernt, ihre Aggressionen und Auseinandersetzungen zum gegenseitigen Wohl einzusetzen. Trotzdem müssen sie ihr schädliches Verhalten nicht in alle Ewigkeit fortsetzen. Heute noch könnten Sie damit beginnen, es anders und besser zu machen.

Damit Sie wissen, wie das geht, will ich Ihnen zeigen, wie konstruktives Streiten aussieht:

1. Ärgeräußerungen sollen so erfolgen, daß der andere nicht verletzt wird. Das geschieht am besten dadurch, daß Sie es vermeiden, anzuklagen und zu beschuldigen und statt dessen Ihre Gefühlsäußerungen mit dem Wörtchen „ich“ einleiten.
Zum Beispiel: „Ich ärgere mich, wenn ich heimkomme und schon auf der Schwelle über das Spielzeug falle“ statt: „Bist du denn nicht in der Lage, die Kinder so im Zaum zu halten, daß sie nicht überall ihr Spielzeug verstreuen?“

2. Achten Sie besonders auf die Einleitungssätze, mit denen Sie eine Auseinandersetzung beginnen! Hier entscheidet sich, ob der andere bereit ist,

weiter zuzuhören oder gleich abschaltet, um innerlich seine Verteidigungsrede vorzubereiten. Raten Sie mal, wie es in unserem obigen Beispiel nach Satz zwei weitergeht? Die Wörtchen „immer“ und „nie“ tauchen gerne in unglücklichen Einleitungssätzen auf und setzen eine Kettenreaktion gegenseitiger Beschuldigung und Verteidigung in Gang.

3. Die Ärgerreaktionen sollen Sie vom inneren Druck entlasten. Wenn Sie Ihren Gefühlen offen Luft gemacht haben, bleiben Sie nicht an ihnen kleben und müssen sich später nicht in indirekter Weise am anderen rächen. Dies ist nur dann möglich, wenn Sie sich offen zu Ihrem Ärger bekennen und ihn Ihrer Familie zeigen. Damit Sie ernst genommen werden, ist es wichtig, daß Körperausdruck, Worte und Tonfall übereinstimmen.

4. Der Ausdruck von Ärger allein löst die Konflikte noch nicht. Er sollte Anstoß geben zu einem anschließenden Gespräch, bei dem Sie den Ursachen auf den Grund gehen und gemeinsam Lösungen suchen.

5. Es kann vorkommen, daß es für die ärgerauslösende Situation keine Lösung gibt. Dies ist dann der Fall, wenn mich etwas am anderen ärgert, was er nicht ändern kann. Das kann eine bestimmte Körperhaltung sein, die Art, wie sich jemand schneuzt, oder die Bewegung der Augäpfel beim Reden. In einem solchen Fall ist es besonders wichtig, die Verantwortung für den eigenen Ärger zu übernehmen, aber auch, ihn auszudrücken. Wird er nämlich lange aufgestaut, kann es zu eruptionsähnlichen Ausbrüchen kommen, die erst recht sehr verletzend sind. Besser ist es, wie in folgendem Beispiel, dem anderen zu sagen, wie es in einem aussieht: „Es regt mich furchtbar auf, wenn du beim Schneuzen so laut trompetest. Ich weiß, daß du nichts dafür kannst, aber ich komme gegen dieses Gefühl nicht an. Es ist mir selbst nicht recht, daß ich so drauf reagiere.“ Ist das Gefühl einmal angesprochen, fällt sehr viel Druck weg, und die verdrußstiftende Handlung kann lockerer und mit Humor gesehen werden.

6. Bei widersprüchlichen Gefühlen ist es wichtig, beide Seiten zu äußern. Die nicht ausgesprochene Seite wird sonst entweder fehlen oder sich unliebsam bemerkbar machen.
Nehmen wir nochmals unser Beispiel von vorhin: Unausgedrückt blieb die Freude, heimzukommen, der Wunsch, von der Familie mit Aufmerksamkeit empfangen zu werden. Gerade diese Gefühle könnten aber in sehr positiver Weise das Familienklima verbessern, würden sie ausgedrückt. So fehlen sie als nährende Bausteine der Beziehung.
Zwiespältige Gefühle sind häufig. Es ist durchaus möglich, daß jemand folgendes empfindet: Ich liebe meine Frau, aber wenn sie die Zahnpastatube

offen läßt, geht sie mir auf die Nerven. Drückt dieser Mann den zweiten Teil seiner Gefühle nicht aus, könnte folgendes passieren:
Er ist gerade heimgekommen, begrüßt seine Frau liebevoll, geht dann ins Badezimmer und sieht dort die offene Tube. Ärger wallt in ihm auf, aber er ist entschlossen, sich „wegen einer solchen Kleinigkeit" nichts anmerken zu lassen. Seine Frau kommt ebenfalls ins Bad, weil sie ihm etwas erzählen will. Er sieht sie kaum an, wendet ihr den Rücken zu, murmelt etwas in sich hinein, was in seiner Frau das Gefühl erzeugt, daß er sie aus ihr unerfindlichen Gründen plötzlich ablehnt. Dadurch sehr verletzt, geht sie hinaus und ist den Rest des Abends kalt und abweisend zu ihm. Dies wiederum verstärkt sein Gefühl, daß seine Frau auf ihn und seine Wünsche keine Rücksicht nimmt. Schließlich kommt es zu einem stundenlangen Streit, in dem sie sich gegenseitig alle bisherigen Rücksichtslosigkeiten vorwerfen. Beide gehen mit dem Gefühl ins Bett, es wäre besser gewesen, nie geheiratet zu haben.
Warum war es diesem Mann, wie vielen von uns, nicht möglich, seiner Frau zu sagen, was ihn ärgert? Er nahm seinen Ärger nicht an, weil er durch eine Kleinigkeit, durch ein alltägliches Vorkommnis ausgelöst worden war. (Kennen Sie das von sich selbst?)
Möglicherweise hatte er gelernt, daß er sich nur bei wichtigen Anlässen ärgern durfte.
Vielleicht ist er auch dem Mythos erlegen, daß Liebe nicht fordert, nichts verlangt und niemals zwiespältig ist. Ärgerliche Gefühle wären dann ein Beweis dafür, daß er seine Frau nicht wirklich liebt, ein Vorwurf, den er zu Recht von sich weist.
Vielleicht wollte er auch wegen einer solchen Kleinigkeit sich und seiner Frau den Abend nicht verderben. Es gibt viele Gründe, seine Gefühle zu unterdrücken.
Allen gemeinsam ist ein Trugschluß: Gefühle lassen sich nicht wegschieben, sie sind da und machen sich um so deutlicher bemerkbar, je weniger wir von ihnen wissen wollen. Gefühle benehmen sich wie Kinder, die so lange lästig sind, bis ihnen endlich Aufmerksamkeit geschenkt wird.
Ärger, auch wenn er durch eine Kleinigkeit ausgelöst wurde, ist deshalb selbst keine Kleinigkeit! Es lohnt sich nicht, ihn hinunterzuschlucken. Oft steckt ein anderes Gefühl dahinter, das zu kennen für die ganze Familie wichtig wäre. Es kann nur herauskommen, wenn ich mir zuerst meinen Ärger eingestehe.

7. Wirkt eine Verhaltensweise des Partners im Streit sehr verletzend (etwa das Aufwärmen der Vergangenheit, das Aufzählen von Fehlern oder das Sammeln von Beweisen gegen den anderen), ist es besonders wichtig, das auch zu sagen. Führen Sie für einen solchen Fall ein Stichwort ein, das die-

se Verhaltensweise unterbricht, ohne daß Sie beleidigt davonlaufen müssen, weil Sie es nicht mehr aushalten. Wenn einer äußert, daß er verletzt ist, sollte das Grund genug sein, sich um dieses Gefühl zu kümmern.
Ein Paar, das bei mir in Behandlung war, bastelte für einen solchen Fall ein Schild, das sie immer in Reichweite hatten. Darauf stand in großen Buchstaben: Halt. Es signalisierte, daß eine Pause gebraucht wurde.
Zusätzlich führte ich folgende Regel ein, die sich im Konfliktfall bewährte: Jeder, der am Streit beteiligt war, sollte während der Pause die Augen schließen, Kontakt mit seinem Atem aufnehmen und so sich selbst wieder spüren. Eine solche Handlung setzt viel Kraft und Selbstvertrauen frei. So war es leichter, die Energie, die durch die Aggression freigesetzt wurde, dafür zu nützen, nach Lösungen zu suchen.

8. Nicht nur das, was gesagt wird, ist wichtig im Lauf eines Streites, sondern noch mehr, *wie* es gesagt wird!
Denken Sie daran, daß der Ton die Musik macht. Um den richtigen Ton zu finden, brauchen Sie möglicherweise ein bißchen Abstand zu Ihrem Ärger. Wenn Sie einfach nur Ihre Wut abreagieren wollen, empfehle ich Ihnen, mit einem Tennisschläger auf ein Sofa zu schlagen. Ihr Partner sollte Ihnen dazu zu schade sein!
Haben Sie sich auch im Zorn noch ein Fünkchen Humor bewahrt, schlage ich Ihnen eine spielerische Balgerei vor. So kommen Sie in nahen Kontakt mit Ihrem Streitpartner und können andere Ausdrucksmittel als die Sprache ausprobieren. Oft ist es sehr erleichternd, einmal die verbale Ebene zu verlassen!

9. Wenn bei Ihrem Streit mehr herauskommen soll als erneuter Zündstoff für die Zukunft, müssen Sie Regeln dafür aushandeln! Unsere oben beschriebene Methode, als schmerzhaft empfundene Verhaltensweisen zu stoppen, ist eine solche Regel. Sie können auch Streitzeiten und Streitstunden vereinbaren oder sich bei aktuellen Ärgernissen vorher vergewissern, ob der andere jetzt darüber reden will, bevor Sie losbrüllen. Sie können kritische Zeiten, die Sie schon kennen, wie etwa den frühen Morgen, den dritten Urlaubstag, den Besuch der Eltern oder Weihnachten dadurch entschärfen, daß Sie über Ihre Gereiztheit zu diesem Zeitpunkt reden. Sie können signalisieren, wann Sie Ruhe haben möchten oder wenn Sie sich zurückziehen wollen. Sie können sich gegenseitig auch im heißesten Streit immer noch daran erinnern, daß Sie eigentlich faires Streiten vorhatten, und anfangen, sich zuzuhören.

10. Fällt es Ihnen schwer, wie den meisten von uns, beim Streit zuzuhören, empfehle ich Ihnen folgende Vorgehensweise: vereinbaren Sie, jeweils

den Satz des anderen sinngemäß zu wiederholen. Sie dürfen erst dann fortfahren mit dem, was Sie sagen wollen, wenn Ihr Partner Ihnen signalisiert hat, daß er sich verstanden fühlt. Dies nennt sich „kontrollierter Dialog“ und ist enorm hilfreich, das übliche, zerstörerische Streitkonzept zu durchbrechen.
Ich möchte Ihnen an unserem obigen Beispiel mit der Zahnpastatube erläutern, wie sich ein solcher kontrollierter Dialog anhört:

Mann: Ich habe mich schon hundertmal über die offene Zahnpasta geärgert, heute platzt mir der Kragen!
Frau: Es ärgert dich, wenn die Zahnpasta offen ist.
Mann: Richtig.
Frau: Mir ist es nicht so wichtig, daß die Tube zu ist, wie dir.
Mann: Für dich ist es nicht so wichtig wie für mich.
Frau: Richtig.
Mann: Ich kann es nun mal nicht leiden, wenn ich die bröcklige, harte Zahnpasta an meinen Zähnen habe.
Frau: Es stört dich vor allem, daß die Zahnpasta so austrocknet und sich dann nicht gut an deinen Zähnen anfühlt.
Mann: So ist es. Ich mache dir den Vorschlag, zwei Zahnpastas zu kaufen, eine für dich, eine für mich. Mit deiner kannst du tun, was du willst.
Frau: Du schlägst vor, daß jeder seine eigene Zahnpasta benutzt.
Mann: Ja.
Frau: Das finde ich eine gute Idee. Morgen kaufe ich sofort noch eine Zahnpasta.

So miteinander zu sprechen, mag Ihnen sehr fremd und ungewohnt sein. Entscheidend ist, daß Sie nicht wie ein Papagei das wiederholen, was Ihr Partner sagt, sondern sinngemäß seine Gedanken wiedergeben. Achten Sie darauf, keine Mammutsätze zu sprechen, damit sich Ihr Partner auch merken kann, was Sie wollten. Gehen Sie im Gespräch nicht weiter, bevor Sie sich wirklich verstanden fühlen!
Üben Sie diesen kontrollierten Dialog öfters im Gespräch miteinander, wenn Sie Lust dazu haben. Es fällt Ihnen dann leichter, sich im Streit daran zu erinnern.

11. Beziehen Sie Ihre Kinder in diesen Lernprozeß mit ein! Sagen Sie ihnen, daß Auseinandersetzungen zum Leben gehören, daß Menschen, auch wenn Sie sich gern haben, nicht immer gleicher Meinung sind. Erzählen Sie ihnen, daß Wut und Ärger starke Kräfte sind, die ihnen helfen, Veränderungen herbeizuführen. Üben Sie faires Streiten auch mit Ihren Kindern.

Wenn nicht gleich alles so geht, wie Sie möchten, gestehen Sie offen ein, daß Sie auch erst lernen und daß Fehler in jedem Lernprozeß auftreten. Wenn Sie eingestehen, daß Sie nicht alles können und wie jeder Mensch Fehler machen, lernen Ihre Kinder von Ihnen, daß auch sie nicht perfekt sein müssen. Sie lernen auch, daß man sich für etwas, was man falsch gemacht hat, oder wenn man jemanden verletzt hat, entschuldigen kann.

2. Der Wetterbericht

So wie der Himmel präsentiert sich auch das Familienklima immer wieder von einer anderen Seite. Für ein gelungenes Zusammensein muß jeder wissen, wie er mit dem anderen dran ist. Manchmal ergibt sich das von allein, manchmal braut sich bei einem Familienmitglied ein Gewitter zusammen. Damit Blitz und Donner nicht völlig überraschend einschlagen, hat es sich bewährt, fixe Zeiten einzuplanen, zu denen sich die ganze Familie trifft. Bei diesem Zusammensein hat jeder Gelegenheit, den anderen zu sagen, wie es ihm geht, was er sich wünscht, was er vorhat, etc.
Ich nenne das den Wetterbericht.
In einer Familie sind ständig Entscheidungen zu treffen, die konfliktträchtig sein können (Urlaubsplanung, Hausarbeitsverteilung, Unternehmungen am Wochenende, Fernsehkonsum, Lautstärke, Freunde etc.). Manche Entscheidungen haben Zeit, andere müssen sofort unter den anwesenden Familienmitgliedern ausgehandelt werden. Immer können Gefühle aufwallen und Freude, Ärger oder Unzufriedenheit bei den Betroffenen vorhanden sein.
Mit der Institution des „Wetterberichtes“ gibt es ein Ventil für diese Gefühle, das jedem in der Familie offensteht. So brauchen sich Gefühle nicht anstauen und schließlich wie in einem Dampfkessel zur Explosion führen. Damit sich bei einem solchen Familientreffen alle mit ihren Problemen angenommen und verstanden fühlen, sind Regeln bei der Gesprächsführung nötig. Die Familie kann bei jedem Treffen einen aus ihrem Kreis wählen, der die Aufgabe hat, auf die Durchführung dieser Regeln zu achten. So hat jeder die Möglichkeit, einmal als Gruppenleiter zu agieren. Wichtig ist, daß die Regeln taktvoll gehandhabt werden. Lassen Sie nicht zu, daß „eiserne Regeln“ entstehen!

Ich stelle Ihnen im folgenden Regeln vor, die sich bei der Gruppenarbeit bewährt haben. Sie stammen aus der *Themenzentrierten Interaktion* von Ruth Cohn.
Sie sollten diese Regeln auf ein großes Blatt Papier schreiben und an die Wand hängen. So sind sie beim Familiengespräch für alle sichtbar, und es fällt leichter, sie zu beachten.

1. *Vertritt dich selbst in deinen Aussagen; sprich per „ich“ und nicht per „man“ oder „wir“.*

Anfangs mag es Ihnen etwas ungewohnt vorkommen, Ihren Äußerungen das Wörtchen „ich“ voranzusetzen. Viele Menschen haben in Ihrer Kindheit gelernt, daß „man sich nicht in den Vordergrund spielen soll“, daß Sätze nicht mit „ich“ beginnen dürfen, daß man sich nicht selbst loben darf, daß es nicht wichtig ist, was ein Kind denkt usw.
Sollten Sie Probleme mit dieser Regel haben, schlage ich Ihnen folgende Übung vor: Schließen Sie mal die Augen, und erinnern Sie sich an Ihre Herkunftsfamilie. Versuchen Sie zu hören, was Ihre Eltern und andere wichtige Personen damals zu dem Thema „ich“ gesagt haben. So lernen Sie verstehen, wo Ihre Hemmungen herkommen, sich selbst und Ihre Meinung ernst zu nehmen. Versuchen und üben Sie „ich“ zu sagen, trotz der Widerstände, die sich in Ihnen regen mögen! Ihre Familie kann sich nur dann ehrlich mit Ihnen auseinandersetzen, wenn Sie ihr vermitteln, daß Sie es sind, der hinter einer Aussage steht. „Man“ oder „wir“ sind bequeme Verstecke für jemand, der die Verantwortung für sich selbst nicht übernimmt.
Wenn Sie sich wünschen, von der Familie bei einer bestimmten Ansicht unterstützt zu werden, fragen Sie jeden einzelnen, ob er Ihnen zustimmt und auf Ihrer Seite ist.

2. *Wenn du eine Frage stellst, sag, warum du fragst und was deine Frage für dich bedeutet!*

Diese Regel ist sehr wichtig. Eltern neigen dazu, ihre Kinder inquisitorisch auszufragen, und bekommen nur selten Antworten, die für sie befriedigend sind. So ist die Frage „Na, wie war's heute in der Schule?“ nur dazu geeignet, ein lapidares „Es geht!“ zur Antwort zu bekommen. Anders verhält es sich, wenn ich etwas von meinem Innenleben zeige, indem ich erkläre, warum ich eine Frage stelle und welche Hoffnungen, Wünsche und Gedanken ich damit verbinde. So zeige ich wirkliches Interesse am Leben des Gesprächspartners und fordere ihn ebenfalls zu offener Kommunikation auf.
Die oben gestellte Frage nach der Schule könnte in diesem Sinn so aussehen: „Ich habe mir heute den ganzen Vormittag Gedanken gemacht, wie es dir wohl in der Schule gehen wird. Ich habe mich erinnert, wie ich selbst in deinem Alter war und zur Schule ging. In meiner Klasse war ein Mädchen, das mir immer häßliche Worte in der Pause und auf dem Schulweg nachgerufen hat. Ich bin deshalb nicht gerne in die Schule gegangen, wie du dir vorstellen kannst. Damals konnte ich mit niemandem darüber re-

den. Ich möchte, daß du weißt, daß du mir alles erzählen kannst, was du in der Schule erlebst. Wenn du einmal Kummer hast, wünsche ich mir, daß du mit mir darüber redest.“

3. *Sei authentisch und selektiv in deinen Kommunikationen. Mache dir bewußt, was du denkst und fühlst, und wähle, was du sagst und tust!*

Dies heißt im Klartext, daß ich nur das äußern und tun soll, wovon ich selbst überzeugt bin. Leider nehmen viele Menschen das, was ihrer Meinung nach die Nachbarn denken, wichtiger als das, was sie selbst denken. Kinder, die unverbildet fühlen, erleben solche Begründungen als falsch und unpassend.
Es ist aber auch nicht sinnvoll, mit allem, was ich fühle und denke, ungefiltert herauszuplatzen. Ich überfordere damit die gegenseitige Verständnisfähigkeit und das Vertrauen zueinander.
Wenn ich mich hingegen an diese Regel halte, wachsen Vertrauen und Verständnis.

4. *Halte dich mit Interpretationen von anderen so weit wie möglich zurück! Sprich statt dessen deine persönlichen Reaktionen aus!*

Interpretationen können nützlich sein, wenn sie taktvoll und zeitlich richtig sind. Meist dienen sie aber nur dazu, die eigenen Gefühle zu verbergen.
Spielen Sie nicht den großen Psychoanalytiker in Ihrer Familie, der den Durchblick hat! Sie ernten im allgemeinen für diese Bemühungen nur eine Abfuhr. Sagen Sie lieber, was Sie selbst fühlen, als das zu äußern, was Ihrer Meinung nach im anderen vorgeht!

5. *Sei zurückhaltend mit Verallgemeinerungen!*

Verallgemeinerungen unterbrechen den Gruppenprozeß. Sie sind nur dann am Platz, wenn ein Thema ausführlich diskutiert wurde und der Gegenstand des Gespräches gewechselt werden soll.

6. *Wenn du etwas über das Benehmen oder den Charakter eines anderen sagst, sage auch, was es für dich bedeutet, daß er so ist, wie er ist!*

Wenn ich etwas über einen anderen sage, gebe ich meine persönliche Meinung wieder. Sie hat keine allgemeine Gültigkeit und sagt ebensoviel über mich wie über den anderen aus. Wenn ich klarlege, was es für mich heißt, jemanden auf bestimmte Weise wahrzunehmen, wird es möglich, ohne Verletzung darüber zu sprechen.

Ein Beispiel für die Nichtbeachtung dieser Regel sind jene Diskussionen, die sich um Haartracht oder Kleidung der Heranwachsenden drehen. Die Eltern haben durchaus das Recht, es zu sagen, wenn ihnen das Outfit des Nachwuchses nicht gefällt. Sie sollten ihre Meinung aber nicht als einzig gültige hinstellen, denn die Gruppe der Gleichaltrigen denkt darüber meist ganz anders. Wenn Eltern hingegen auch ihre eigenen Gefühle mitteilen, kommen sie sowohl mit sich selbst als auch mit ihrem Nachwuchs in einen wachstumsfördernden Dialog.

7. Seitengespräche sind wichtig und sollen vorrangig beachtet werden.

Wenn jemand etwas nicht laut sagen will, braucht er vielleicht nur die freundliche Aufforderung, sich und das, was er sich denkt, wichtig genug zu nchmen. Die Aufforderung, offen zu reden, ist kein Zwang, nur eine freundliche Einladung.
Es ist wichtig, daß jeder in einer Gruppe die Möglichkeit hat, daß ihm alle zuhören. Niemand kann gleichzeitig mehreren Redenden folgen. Gespräche sollen deshalb nicht gleichzeitig, sondern nacheinander erfolgen.

8. Wenn mehr als einer gleichzeitig sprechen will, verständigt euch in Stichworten über das, was ihr zu sprechen beabsichtigt.

So haben alle, die sprechen wollen, die Möglichkeit, ihre Anliegen kurz vorzubringen. Die Entscheidung, wer als erster sprechen soll, kann dann von der Familie meist leicht festgelegt werden. Sprechordnungen können auf unterschiedliche Weise entstehen:
a) durch das starke Bedürfnis eines der Teilnehmer,
b) durch das größere Interesse aller an einer bestimmten Äußerung,
c) durch Identität zweier Aussagen,
c) durch ergänzende Aussagen.
Wenn Sie so vorgehen, wird sich niemand übergangen fühlen, und die Vielfalt der Themen ist auf dem Tisch.
Es kann Ihnen auch nicht passieren, daß schüchterne Familienmitglieder vergessen werden und dominante immer noch dominanter werden.

Mit Hilfe dieser Regeln ist es im allgemeinen möglich, den Dialog in Ihrer Familie anzuregen. Versuchen Sie es einmal damit!

D. Probleme eingestehen – Haupthindernis auf dem Weg zur intakten Familie

1. Haben Probleme in der Familie einen Sinn?

Eine Familie, in der Schwierigkeiten auftreten, wird zunächst den Gedanken, daß diese Probleme auch noch einen Sinn für sie haben sollen, von sich weisen. Zu groß sind die mit diesen Problemen verbundenen seelischen wie auch körperlichen Schmerzen, als daß ihre lebensfördernde Funktion gleich erkannt werden könnte. Im Gegenteil, eine solche Familie wird viel eher das Gefühl haben, vom Schicksal verfolgt zu werden, nicht aber der Urheber der eigenen Bredouille zu sein. Ihr Ziel ist daher zunächst, die Probleme so schnell wie möglich wieder loszuwerden, ohne etwas am gewohnten Leben ändern zu müssen. Die Familie verhält sich in dieser Situation nicht anders als ein Mensch, der von schweren Kopfschmerzen geplagt wird. Ihn interessiert nicht, was ihm diese Kopfschmerzen vielleicht sagen könnten, er will sie lieber zum Teufel schicken.
Als Beispiel für diese verbreitete Haltung, mit der Menschen Hilfe in der familientherapeutischen Praxis suchen, soll folgende Klage dienen. Mit ihr eröffnete eine Mutter eine Familiensitzung:
„Warum passiert das gerade uns? Wir haben uns so um unsere Kinder bemüht. Mein Mann hat Tag und Nacht gearbeitet, damit sie es einmal besser haben. Jeden Nachmittag habe ich mich mit den Kindern hingesetzt, damit die Aufgaben ordentlich gemacht werden. Und jetzt – Sie können sich nicht vorstellen, welche Schwierigkeiten wir mit unserem Sohn haben! Würde ich ihn nicht jeden Morgen mehrmals aufwecken, käme er täglich zu spät in die Arbeit. Das geht doch nicht! Es war ja schwierig genug, für ihn eine Lehrstelle zu finden. Ich möchte nicht, daß er sie wieder verliert. Aber langsam kostet es mich meine ganze Kraft, wenn ich ihn immer wieder antreiben soll. Er will nicht einsehen, daß er etwas leisten muß, um im Leben voranzukommen. Mein Mann und ich streiten uns täglich wegen dem Jungen. Er wirft mir vor, daß ich zu weich bin. Aber im Grunde wissen wir beide nicht mehr, was wir tun sollen. Wir wissen nicht, warum wir soviel Pech mit unserem Kind haben.“

Die Familie Weiß ist eine Familie, von der es Tausende ähnliche gibt. Die Mutter hat vor der Geburt der Kinder als Verkäuferin gearbeitet. Die Arbeit hat ihr gefallen. Sie war traurig, als sie nach der Entbindung zu Hause bleiben mußte. Anfänglich hatte sie die Absicht, bald wieder in den Beruf zu gehen. Da sich aber sehr bald das zweite Kind anmeldete, kam es nicht dazu. Nachdem sie ein paar Jahre zu Hause gewesen war, traute sie sich nicht mehr zu, eine neue Arbeit zu finden. So sah sie ihre künftige Lebensaufgabe in der Betreuung ihrer Familie. Ihr Mann hingegen hatte einen beruflichen Aufstieg zum Abteilungsleiter in der Firma gemacht, in der er schon als Lehrling tätig gewesen war. Ihm war es ganz recht, daß seine Frau zu Hause blieb. Da er angestrengt arbeitete, kam er täglich spät nach Hause und hatte wenig Energie und Lust, im Haushalt mitzuhelfen. Mit der Zeit wurde diese Arbeitsteilung immer perfekter. Die Frau versorgte den Haushalt und die Kinder, der Mann brachte das dazu nötige Geld nach Hause. Am Wochenende fühlte er sich erschöpft und ruhebedürftig. Obwohl er seine Kinder gern hatte, war er oft durch ihre Anwesenheit überfordert. Am liebsten war es ihm, wenn er seine Ruhe hatte und niemand Ansprüche an ihn stellte.

Die beiden Söhne der Familie waren großgewachsene, ruhig wirkende Burschen. Der Jüngere war mit seinen 14 Jahren noch kindlich. Wenn er etwas sagte, schaute er zuerst zu seiner Mutter, ob es ihr auch recht sei. Er protestierte nicht, als sie ihm schnell über die Haare fuhr, um sie zu ordnen. Seine Leidenschaft war der örtliche Sportverein. Er spielte Tennis und verbrachte viel Zeit auf dem Tennisplatz. In der Schule war er unauffällig. Da er für schnelle Autos schwärmte, wollte er Automechaniker werden. Der Ältere hingegen, das Sorgenkind seiner Eltern, machte einen schläfrigen, wenig interessierten Eindruck. Auf die Frage, was er sich von dieser Sitzung erwarte, gab er zur Antwort: „Nichts." Er sei nur mitgekommen, weil seine Mutter das unbedingt gewollt habe.

Auch das Klagelied seiner Mutter machte keinen Eindruck auf ihn. Er schien diese und ähnliche Vorwürfe schon oft gehört zu haben und reagierte darauf mit innerlichem Rückzug.

Aufschlußreich war die Sitzordnung der Familie: Neben der Mutter saß der Jüngste, etwas auf die Seite gerückt der ältere Sohn und gegenüber den dreien hatte der Vater Platz genommen. Schon daran zeigte sich, wie weit der Vater bereits dem Familienleben „entrückt" war.

Nach der ersten Sitzung, die Informationen über das Leben dieser Familie brachte, folgte eine Reihe weiterer Gespräche. Schließlich wurde der Familie und mir klar, was ich Ihnen jetzt als Ergebnis und gleichzeitigen Abschluß dieses Falles schildere:

Das scheinbar die Familie zerrüttende Verhalten des Ältesten hatte durchaus Sinn für den Zusammenhalt der vier Personen. Die Eltern hatten sich in den vergangenen Jahren auseinandergelebt. Gemeinsame Interessen gab es außer den Kindern schon lange nicht mehr. Während der Vater für „seine" Firma lebte, besorgte seine Frau den Haushalt. Dabei begleitete sie das ständige Gefühl, ihr eigenes Leben versäumt zu haben. Besonders schlimm erlebte sie dieses Versäumnis an ihrem vierzigsten Geburtstag.

Seither quälten sie auch immer wiederkehrende Depressionen. An solchen Tagen konnte sie ihren Haushalt nur mit Mühe versorgen. Sie hatte Angst vor der Zukunft. Bald würden die Kinder groß sein und das Haus verlassen. Dann wäre sie ganz allein. Den Gedanken glaubte sie nicht ertragen zu können.
Während sie, wie sie meinte, alles tat, um die Kinder erwachsen werden zu lassen, arbeitete sie in Wahrheit dagegen. Sie behandelte ihre Söhne wie kleine Kinder, die z.B. den Gebrauch des Weckers noch nicht kennen. Sie übernahm Verantwortung bei der Ausbildung ihres Sohnes, die dieser selbst hätte tragen müssen. So konnte sie sich im tiefsten Inneren der Illusion hingeben, daß ihr Sohn sie auch weiterhin brauchen und bei ihr bleiben würde.
Über den Jüngeren hatte sie schon immer weniger Kontrolle ausgeübt. So hatte er es leichter, einen Bereich für sich zu suchen und selbständig zu bleiben.
In der Beziehung zwischen den Eltern füllte der problematische Sohn ebenfalls eine große Lücke: Er lieferte den Vorwand für Gespräche zwischen den beiden, er verband sie durch die gemeinsame Sorge, die sie für seine Zukunft trugen. So hielt sein schwieriges Verhalten die Familie zusammen.
Im Lauf der Therapie wurden diese Zusammenhänge für alle Familienmitglieder durchsichtig, und dadurch begann sich einiges zu verändern. Die Mutter entschied sich, einen eigenen Lebensinhalt unabhängig von der Familie zu suchen. Sie wollte wieder berufstätig sein, wußte aber noch nicht, in welchem Bereich. In ihren alten Beruf als Verkäuferin wollte sie nicht zurück. Mit neugewonnener Energie meldete sie sich zuerst zu einem Training an, bei dem sie ihr Selbstwertgefühl stärken wollte. Dort lernte sie Frauen kennen, die einen Frauennotruf gegründet hatten und dringend Mitarbeiterinnen suchten. Sie erklärte sich spontan bereit, einen Teil der Arbeit zu übernehmen.
Der Vater war anfangs erschreckt durch die neuen Aktivitäten seiner Frau. Er konnte sich nicht vorstellen, wie es dann mit der Familie weitergehen sollte. Andererseits gefiel es ihm gut, wie sich seine Frau verändert hatte. Zu Hause war es für ihn interessanter geworden, er begann sich mit seiner Frau an den Wochenenden erstmals auch über Probleme zu unterhalten, die er in seiner Firma hatte.
Das Problemkind, der älteste Sohn, war deutlich entlastet, seit seine Eltern wieder einen eigenständigen Weg zueinander ausprobierten. Seine Mutter hatte keine Zeit mehr, sich so intensiv um ihn zu kümmern, und ging oft schon vor ihm aus dem Haus. Anfangs verschlief er ein paarmal. Darauf bekam er einen „Anschiß“ von seinem Meister.
Es dauerte aber nicht lange, und er hatte gelernt, selbst die Verantwortung

für sich zu übernehmen. Seine Schläfrigkeit war wie weggeblasen. Da er nun nicht mehr an seiner Familie kleben mußte, damit diese nicht auseinanderfiel, hatte er endlich die Freiheit gewonnen, sich um seine eigenen Interessen zu kümmern.

Ich habe versucht, Ihnen mit diesem Beispiel zu zeigen, daß Probleme, die in einer Familie auftreten, nicht zufällig sind, sondern für diese Familie auch einen Sinn haben. Dieser Sinn ist für die Betroffenen meistens nicht unmittelbar einsichtig. Es bedarf einiger Arbeit, ihn aufzudecken.
Jede Familie hat neben dem Wunsch, alles beim gewohnten Alten zu lassen, auch das Bedürfnis nach Veränderung. Gefühle, Wünsche und Handlungen, die das Gleichgewicht in der Familie gefährden könnten, werden oft aus Angst vor den Folgen unterdrückt. Dadurch wird aber das ebenso wichtige Bedürfnis nach Weiterentwicklung blockiert.
Es gilt also zu erkennen, was eine Familie zusammenhält. Wenn dieser Zusammenhalt auf Kosten der Weiterentwicklung der Familie oder einzelner Mitglieder geht, wird er zur Blockade und muß beseitigt werden.
Unser Beispiel sollte Ihnen auch zeigen, welche Fülle an Konflikten hinter einer an sich trivialen Leistungsstörung eines Familienmitglieds verborgen sein kann. Wie nützlich war es für die oben geschilderte Familie, daß diese Konflikte endlich ans Licht des Tages kamen! Durch die Krise wurde Energie frei, die den Anstoß für eine Weiterentwicklung gab.

In unserem nächsten Beispiel ist hingegen noch keine Lösung in Sicht. Hier handelt es sich um eine Familie mit drei schulpflichtigen Kindern. Die Mutter ist tablettensüchtig. Sie schluckt wahllos und in großen Mengen Beruhigungs-, Aufputsch- und Schlaftabletten. Den größten Teil des Tages verbringt sie wie in Trance. Ihren häuslichen Aufgaben und der Erziehung der Kinder fühlt sie sich kaum gewachsen.
Hilfesuchend kommt sie in meine Praxis, weil sie sich keinen Rat mehr weiß. Über ihre Probleme erzählt sie folgendes: Sie ist mit einem Mann verheiratet, den sie schon als junges Mädchen kennengelernt hat. Nach dem Abitur wollte sie eigentlich studieren, aber ihr Mann drängte auf Heirat. Bald stellten sich Kinder ein. Die Frau hat noch nie allein gelebt, noch nie außer Haus gearbeitet. Ihr Mann ist überall als liebenswerter und charmanter Mensch bekannt. Zu Hause jedoch gibt er sich ganz anders. Seine Frau und seine Kinder kennen ihn nur mürrisch. Wenn ihm etwas gegen den Strich geht, brüllt und schreit er, statt seine Argumente in sachlicher Form vorzubringen.
Das Haushaltsgeld, das die Frau von ihm bekommt, muß sie auf Heller und Pfennig abrechnen. Trotzdem ist er ständig mit ihren Ausgaben unzufrieden.

Besonders schrecklich ist es für die Frau zu sehen, wie die Kinder den Vater fürchten. Die einzigen schönen Tage, die sie kennt, sind jene, an denen ihr Mann auswärts ist. Dann leben Frau und Kinder auf.
Sie hat sich schon oft überlegt, mit den Kindern wegzugehen. Aber sie traut sich nicht. Sie hat zuviel Angst vor ihrem Mann. Sie fürchtet, er würde sie dann umbringen.
Auch die finanzielle Seite ist ein Problem. Sie hat noch nie eigenes Geld verdient und weiß nicht, wie sie das jetzt anstellen soll.
Bei allen ihren Überlegungen kommt diese Frau zu keiner Lösung für ihre Probleme. Ihr einziger Ausweg sind daher die beruhigenden Produkte der pharmazeutischen Industrie. Nur wenn sie ihre Beruhigungstabletten eingenommen hat, kann sie ihren Mann und die Situation, in der sie sich mit ihrer Familie befindet, ertragen.
So dient auch in diesem Fall das Problem, das ein Familienmitglied hat, nämlich die mittlerweile ausgeprägte Tablettensucht der Ehefrau, dem Erhalt der Familie. Mit Hilfe ihrer Sucht kann sie kurzfristig den Auseinandersetzungen mit ihrem Mann aus dem Weg gehen. Einer längerfristigen Therapie fühlt sie sich nicht gewachsen. Sie hat zuviel Angst davor, ihren Schwierigkeiten ins Auge zu sehen.
Eine solche Lösung ist leider kein gutes Dauerrezept. Es ist abzusehen, daß diese irreale Welt eines Tages zerfallen muß. Dann bietet sich möglicherweise zusammen mit allen Schmerzen, die einen solchen Prozeß begleiten, eine Chance zur Veränderung.
Leider war in diesem Fall eine Familientherapie nicht möglich. Die Angst vor dem Verlust der Sicherheit war bei der Frau zu groß. Aber auch der Mann wollte den Status quo erhalten. Die Tablettensucht seiner Frau hatte für ihn ebenfalls einen Sinn, der nicht auf den ersten Blick zu erkennen war. Ich erfuhr etwas über die Zusammenhänge bei einem gemeinsamen Gespräch mit dem Ehepaar.
Der Mann, der selbst einer zerrütteten Familie entstammte, versuchte mit seinem Verhalten ein niedriges Selbstwertgefühl zu überdecken. Da er in der Familie alle mit seinem Brüllen „klein" machte, brauchte er sich seine eigene Angst vor Auseinandersetzungen mit Stärkeren nicht einzugestehen. Die Tablettensucht seiner Frau gab ihm zudem die Gewißheit, daß sie von ihm abhängig war. Er brauchte also nicht zu befürchten, von ihr verlassen zu werden, ein Gefühl, das er im tiefsten Inneren am meisten fürchtete. Er kannte diese für ihn sehr schmerzhafte Angst aus seiner Herkunftsfamilie, die ihn oft im Stich gelassen hatte.
Den Kindern dieses Paares bleibt zunächst die fragliche Geborgenheit in dieser Familie erhalten.

Vielleicht fragen Sie sich jetzt, warum ich diese Familie nicht bedrängte, sich zu einer Familientherapie zu entschließen.
Es gehört zu meinen Prinzipien, die Entscheidung eines einzelnen oder einer Familie für Stillstand oder Weiterentwicklung zu respektieren. Eine Entscheidung wird immer auf der Grundlage des derzeitigen Entwicklungsstandes aller Beteiligten getroffen. Ein Weitergehen, eine Entwicklung ist nur möglich, wenn die Entscheidung dafür von der ganzen Familie getragen wird.
Hinter den psychischen oder körperlichen Problemen in einer Familie verstecken sich, wie wir in unserem Beispiel gesehen haben, häufig Konflikte und Spannungen zwischen dem Ehepaar. Krankmachend daran ist, daß diese Meinungsverschiedenheiten nicht offen ausgehandelt, sondern verdrängt werden.
Warum tun Menschen etwas so Unsinniges, werden Sie mich jetzt fragen. Aggressionen werden dann unterdrückt, wenn jemand Angst davor hat, zurückgestoßen zu werden, wenn er sie äußert. Ein solches Verhalten wird in der Kindheit erlernt. Für ein Kind ist die Liebe von Vater und Mutter lebensnotwendig. Fallen sie aus irgendwelchen Gründen aus, bedarf es der Zuwendung anderer naher Bezugspersonen. Das Kind muß sich so verhalten, daß es diese wichtigen Personen nicht verliert. Ist nun in einer Familie die Äußerung von Gefühlen wie Zorn und Wut verboten, muß das Kind sie verleugnen. Später wird diese Angst vor Liebesverlust, wenn negative Gefühle auftauchen, in allen engen mitmenschlichen Situationen mobilisiert. Der nun Erwachsene lebt zwar in einer äußerlich veränderten Welt, in der er theoretisch viele Möglichkeiten hätte, Liebe und Zuwendung zu finden. Er ist nicht mehr wie ein Kind lebensnotwendig auf wenige Personen angewiesen. Innerlich aber ist er an der Vergangenheit klebengeblieben. Waren es früher die Eltern, von deren Zuwendung er abhängig war, ist es jetzt der Partner.
Da er glaubt, ohne seinen Partner nicht leben zu können, so wie er dies früher ohne seine Eltern tatsächlich nicht konnte, wagt er nicht das Risiko einer Zurückweisung, indem er seine von ihm als negativ bewerteten Gefühle zu erkennen gibt.
Dadurch entsteht eine enorme Abhängigkeit, die ständig neue Ärgergefühle und Ängste auslöst, die wiederum unterdrückt werden. Dieses Verhalten richtet in der Folge ein Zerstörungswerk im Körper an.

Ich möchte Ihnen jetzt anhand einer Atemstörung, dem Bronchialasthma, zeigen, wie kompliziert die Zusammenhänge zwischen unterdrückter Aggression, dem Wunsch nach Liebe und der Angst vor Zurückweisung bei dieser Krankheit sind. Sie werden sehen, wie schwer oder sogar unmöglich es für einen Menschen wird, offen zu äußern, was er will, wenn er sich ein-

mal in das Netz aus Sehnsucht nach Liebe, Angst vor Zurückweisung, Zwang zur Anpassung und unterdrückter Aggression verwickelt hat.
Beim Asthmatiker ist die Atmung gestört. Die Atmung ist der Bereich in uns, in dem der Austausch zwischen Innen und Außen deutlich wird. Die eingeatmete Luft kann beim Asthma nicht mehr hinaus und erzeugt in dem Betroffenen Todesangst, statt ihm Leben zu bringen.
In der Psychoanalyse wird der Erstickungsanfall eines Asthmatikers als unterdrückter Schrei nach der Mutter gedeutet. Warum muß dieser natürliche Schrei überhaupt unterdrückt werden? Das wird so erklärt: Das Kind hat die Erfahrung gemacht, daß die Mutter zwar auf seinen Schrei reagiert, aber nicht mit Zuwendung, so wie es sich das Kind eigentlich wünscht. Sie kommt zwar, gibt sich aber unwillig und strebt wieder fort. Das Kind macht die Erfahrung, daß es die Mutter nicht dazu veranlassen kann, ihm zu geben, was es braucht, nämlich Liebe und Zuwendung. Statt dessen zeigt sie sich gleichgültig oder bestraft das Kind für sein Rufen. In der Folge versagt sich das Kind aus Enttäuschung und Angst, nach der Mutter zu rufen. Die Sehnsucht nach Liebe aber bleibt in ihm unverändert bestehen. Das Kind gerät auf diese Weise in eine seelische Zwickmühle, in der ihm buchstäblich die Luft wegbleibt. Da die Mutter ja tatsächlich lebensnotwendig für das Kind ist, kann es der Situation auch nicht entfliehen. Aus Angst vor weiterem Liebesverlust muß das Kind auch die Wut, die es auf die Mutter hat, verdrängen.
Später wird dieses in der Kindheit erlernte Beziehungsmuster auf den Partner und andere nahestehende Menschen übertragen.
Die Asthmakrankheit zeigt deutlich das zugrunde liegende Beziehungsproblem: aus Angst, nicht zu bekommen, was er wirklich braucht, wagt der Asthmatiker nicht mehr, es zu fordern. Gleichzeitig fühlt sich der Betroffene extrem abhängig von seinen Bezugspersonen. Er hat die Hoffnung noch nicht ganz aufgegeben, doch noch zu bekommen, was er will. Sein Zorn darüber, daß er mit seinen Bedürfnissen im Stich gelassen wird, zeigt sich daran, daß er körperliche Nähe schlecht ertragen kann. Nähe bedeutet für ihn, daß er sich einem anderen ausliefern muß, den er nicht steuern kann und der auf ihn keine Rücksicht nimmt. Er hat Angst, in der Nähe unterzugehen. Seine tief verborgene Sehnsucht nach Nähe zeigt sich nur mehr im Asthmaanfall. Während er nach Luft ringt, gibt er das Signal, daß er notwendig Hilfe braucht. Gleichzeitig ist er hilflos, ausgeliefert und einsam. So zeigen sich im Asthmaanfall beide Seiten seines Beziehungsproblems: die Sehnsucht, das Richtige zu bekommen, das ihm ermöglicht zu leben, und gleichzeitig die Angst, buchstäblich an dem zu ersticken, was er tatsächlich bekommt. Durch den Erstickungsanfall zeigt er seiner Umgebung: Was ich bekomme, ist nicht das Richtige, ich ersticke daran.

Der Asthmatiker ist in einem schweren Konflikt gefangen. Er will Nähe und hat gleichzeitig Angst davor. Es fällt ihm schwer, etwas von anderen anzunehmen, weil er sich dann abhängig fühlt.
Der Sinn im Verhalten eines Asthmatikers liegt meines Erachtens darin, die beiden Seiten seiner Beziehungsprobleme sichtbar zu machen: den Wunsch nach Nähe und Geborgenheit und die Angst vor allzu großer Nähe. Während er nach Luft ringt, ist er hilflos, ausgeliefert, einsam und betreuungsbedürftig zugleich.
Wirksame psychologische Behandlungsmethoden wie z.B. das autogene Training zielen neben dem Erlernen von Entspannung darauf ab, die Persönlichkeit zu stärken und damit dem Patienten aus der tödlichen Umklammerung von Nähe und deren Abwehr einen Ausweg zu zeigen.
In der Familie psychosomatisch Erkrankter, wie sie z. B. eine Familie mit einem Asthmatiker darstellt, herrscht häufig die Regel, daß aufsteigende Gefühle unterdrückt werden müssen. Weder Liebe noch Zorn dürfen offen gezeigt werden. Eine solche Regel bedroht die Gesundheit aller, die von ihr betroffen sind. Die Erkrankung eines Familienmitglieds zeigt mit aller Deutlichkeit, daß die Lösung für ihre Probleme, die eine Familie gefunden hat, die Gesundheit und unter Umständen sogar das Leben eines oder aller Familienmitglieder gefährdet.
Auch wenn es dramatisch aussieht, bietet ein solches sichtbares Zeichen, wie es eine lebensbedrohende Krankheit ist, immer die Chance, bessere Lösungen zu suchen. Der Sinn von Problemen in einer Familie liegt also letztlich darin aufzuzeigen, daß etwas an ihrer gewohnten Lebensform nicht stimmt.
Die Familie kann zum Beispiel, ohne daß sie das weiß, von Regeln bestimmt werden, die längst überholt sind. So könnte z.B. der Tod eines Familienmitglieds für die Angehörigen so schmerzhaft sein, daß sie es nicht ertragen, über die damit verbundenen traurigen Gefühle zu sprechen. Später bleibt die Regel, daß solche Gefühle nicht geäußert werden dürfen, erhalten, obwohl der ursprüngliche Grund längst weggefallen ist. Wo aber eine Abfuhr von Gefühlen nach außen nicht erlaubt ist, stauen sich Ängste und Aggressionen, schwächen die Abwehrkraft und rufen körperliche und seelische Erkrankungen hervor.
Gelingt es einer Familie, die unbewußten Regeln, nach denen sie lebt, bewußt zu machen, werden neue, konstruktive Lösungen möglich. Aufbegehrende Jugendliche haben zum Glück oft weniger Ehrfurcht vor den heiligen Kühen der Familie als ihre Eltern. Daraus kann die Familie viel lernen. Die Bereiche, in denen sich Jugendliche verweigern, haben viel mit den Lebenslügen der Erwachsenen zu tun.

Wenn Sie in Ihrer eigenen Familie den Stillstand der Entwicklung verhindern wollen, rate ich Ihnen folgendes:
Nehmen Sie die Probleme, die in Ihrer Ehe auftauchen und die Ihnen Ihre Kinder bereiten, als Chance an! Seien Sie bereit, Ihren eigenen Anteil an der Sache zu sehen. Weder Sie noch Ihre Familie werden daran zerbrechen, im Gegenteil. Neues Leben entsteht nur dort, wo die Bereitschaft besteht, bis an die eigenen Grenzen zu gehen. Das Leben verlangt von Ihnen hundertprozentigen Einsatz, wenn es lustvoll und erfolgreich sein soll!
Gehen Sie ruhig von der Voraussetzung aus, daß alles, was an Problemen auf Sie zukommt, einen Sinn hat. Zeigen Sie sich offen für die Botschaften, die diese Probleme Ihnen im Hinblick auf Ihr Familienleben übermitteln. Denken Sie darüber nach, ob in Ihrer Familie möglicherweise etwas einer offenen Auseinandersetzung entgegensteht. Sprechen Sie darüber mit Ihrer Familie. Sie werden überraschende Entdeckungen machen.

2. Wie ist das Leben in Ihrer Familie?

Viele Familien werden vom Alltagstrott beherrscht. Morgens sitzen oder stehen sie am Frühstückstisch, sehen von ihrem Gegenüber nur die Zeitung, alle haben es eilig oder sind zu müde, um sich zu unterhalten. Selbst die Kinder, die normalerweise gut aufgelegt aufwachen, werden von der hektisch-muffligen Stimmung angesteckt. Ich kenne Familien, in denen die Mutter sich schon in aller Früh die Seele aus dem Leib brüllt. Die Kinder trödeln, und nichts geht weiter. Väter sitzen im Geschäftsanzug am Tisch, ängstlich bemüht, aus der Reichweite der Marmeladenfinger des Jüngsten zu bleiben. Schulkinder rasen herum und suchen in aller Eile Hefte und Bücher. Ein Morgen, der so beginnt, ist eine Heimsuchung für alle. Trotzdem scheinen viele Familien nicht in der Lage zu sein, den Tagesanfang erfreulicher zu gestalten. Kein Wunder, wenn jeder froh ist, dem Chaos entronnen zu sein und endlich im Büro, in der Schule oder sonstwo zu sitzen, wo Familie bis zum Abend nicht mehr vorkommt.
Abends ist die Stimmung nicht viel besser. Beim Essen wird über den harten Tag geredet, die Kinder sollen möglichst still oder am besten schon im Bett sein. Jeder sehnt sich im Innersten nach einem freundlichen Wort, einer liebevollen Geste. Statt dessen wird der Fernseher eingeschaltet, der in einer Familienserie das Glück vorspielt, das man sich einmal erwartet hat. Ich übertreibe? Freuen Sie sich, wenn es bei Ihnen nicht so ist!
Es gibt ja auch andere, glücklichere Familien: bei ihnen ist bei allem Trubel die Stimmung gut. Auch sie sind morgens müde, aber sie wissen, das geht wieder vorbei. Sie nehmen Rücksicht auf ihre Bedürfnisse und stehen lie-

ber eine halbe Stunde früher auf, als sich abzuhetzen. Sie wissen, daß ihre Lieben morgens empfindlich sind, daß jetzt nicht der Zeitpunkt ist, laute oder böse Worte an sie zu richten. Sie schaffen es irgendwie, sich gegenseitig in Ruhe zu lassen und nicht zu bedrängen.

Nehmen wir als Beispiel die Familie Frank: sie besteht aus Mutter, Vater und zwei Kindern. Die Tochter ist im Teenageralter, der Sohn noch in der Grundschule. Beide Elternteile arbeiten in ihren Berufen. Die Mutter ist ganztägig außer Haus, der Vater arbeitet freiberuflich zu Hause und versorgt zugleich Haushalt und Kinder. Das Klima in dieser Familie ist außerordentlich offen, warmherzig und aufnehmend. Gäste werden herzlich empfangen. Am Familienleben fällt besonders auf, daß für die unterschiedlichen Bedürfnisse aller Platz zu sein scheint. Sonntags schlafen die Eltern gern lange, und die Kinder machen sich ihr Frühstück ohne weiteres selbst. Dann entscheiden sie miteinander, was sie an diesem Tag tun wollen. Oft bleiben sie einfach zu Hause und gehen ihren vielfältigen Interessen nach. Sie haben viele Freunde und bekommen oft Besuch. Ihr gemeinsames Leben ist anregend und hat viel Platz für Spaß und Freude aneinander.

Wann immer die Mitglieder einer beliebigen Familie aufeinandertreffen, entsteht eine gewisse Atmosphäre, die letztlich dafür entscheidend ist, ob man gern in dieser Familie lebt oder nicht. Stellen Sie einmal sich selbst und Ihren Familienangehörigen die Frage, wie das Zusammenleben bei Ihnen ist.

Das Leben in einer Familie wird meist als etwas so Selbstverständliches hingenommen, daß nur in akuten Krisensituationen die Frage aufkommt, ob man überhaupt noch mit den anderen zusammenleben will. Dann ist meist die Situation schon entschieden, eine Trennung beschlossene Sache. Nehmen Sie sich also ruhig die Freiheit, sich darüber klar zu werden, ob Sie das, was Sie täglich tun, nämlich mit Ihrer Familie zusammenzusein, auch gern tun!

Wenn ihre Antwort „ja" lautet, haben Sie Grund sich zu freuen. Vergessen Sie nicht, Ihrer Familie mitzuteilen, daß Sie gerne mit ihr zusammen sind! Nehmen Sie diese Tatsache als ein Geschenk, nicht als eine Selbstverständlichkeit.

Sollte Ihre Antwort jedoch „nein" lauten, so haben Sie jetzt eine einmalige Chance. Überlegen Sie, was Sie daran hindert, gern mit Ihrer Familie zu leben. Schreiben Sie auf, was Sie stört. Es werden Punkte dabei sein, die Sie ändern können, es wird manches geben, was Sie noch nie gewagt haben, Ihrer Familie zu sagen. Vielleicht ist es etwas, das Sie täglich stört, und Sie sagen es nicht aus Angst, jemanden zu kränken. Erinnern Sie sich an das, was ich über Aggression geschrieben habe! Nichts ist auf Dauer zerstörerischer als unterdrückte, weggeschobene Aggression. Denken Sie auch über die Wünsche nach, die vielleicht unter Ihrem Zorn begraben liegen und die sich niemals erfüllen werden, wenn Sie endlich aussprechen, was Sie wollen.

Träumen Sie nun ruhig ein bißchen vor sich hin!

Was haben Sie sich vorgestellt, als Sie Ihre Familie gründeten? Wollten Sie Ihren Alltag mit Liebe erfüllen? Warum fangen Sie nicht gleich damit an, statt auf Ihren Partner zu warten?

Erinnern Sie sich, wie aufregend einmal alles war. Das erste Frühstück, die erste eigene Wohnung, das erste Abendessen zu zweit. Wissen Sie noch, wie sehr Sie sich auf Ihre Kinder gefreut haben, wie Sie es nicht erwarten konnten, daß sie auf die Welt kamen? Wie Sie dieses Wunder im Schlaf bestaunt und ungeduldig gewartet haben, bis es wieder wach wurde?

Alle diese Erinnerungen sind in Ihnen, sind Ihr Besitz für alle Zeiten. Sie wollten einmal genau diese Familie. Sorgen Sie dafür, daß die Gegenwart in Ihrer Familie wieder so erfreulich wird wie die Erinnerungen an die Vergangenheit.

Vor Jahren sah ich den Film „Die Emigranten" mit Liv Ullmann. In einer bewegenden Szene, kurz vor ihrem Tod, sagt sie zu ihrem Mann: „Wir waren doch immer die besten Freunde, nicht wahr?"

Können Sie auch von sich sagen, daß Sie in Ihrer Familie unter Freunden leben, denen Sie vertrauen, und umgekehrt? Haben Sie sich schon einmal gefragt, ob Sie Ihre Familie mögen und von ihr gemocht werden? Viele Menschen fragen sich so etwas niemals. „Die Familie, ach Gott, die gibt es einfach. Ob ich sie mag oder nicht, habe ich mir noch nie überlegt." Wie schade, denn die Zuneigung unserer vertrautesten Menschen ist schließlich nicht vom Himmel gefallen und durchaus wert, bewußt wahrgenommen zu werden.

Jetzt kommen wir zu etwas, was im täglichen Getriebe und den vielen Pflichten einer Familie oft zu kurz kommt: zum Spaß, den eine Familie miteinander haben kann.

Wann haben Sie zum letzten Mal so richtig herzhaft mit Ihrer Familie gelacht? Ist es anregend für Sie, mit Ihrer Familie zusammenzusein?

Leider vergessen viele Menschen, daß man dem Alltag nicht nur mit Ernst und Pflichtgefühl, sondern auch mit Spaß und Lachen begegnen kann. Wieviel Kraft können Sie aus einem herzlichen Lachen schöpfen! Wenn Ihre Kinder wieder mal wie Max und Moritz vorgegangen sind, lachen Sie doch gleich und nicht erst Jahre später. Ein lebendiges Familienleben hat viel Platz für Gelächter. Geben Sie ihm einen Platz! Kinder wissen, wie wichtig es ist, daß in einer Familie viel gelacht wird. Sollten Sie in Ihrer Familie nichts zu lachen haben, nehmen Sie diese Tatsache zum Anlaß,

Ihre Regeln und Normen zu überprüfen. Wenn Sie eine überaus pflichtbewußte Mutter sind, kann es Ihnen passieren, daß Sie vor lauter Arbeit zum Wohl Ihrer Kinder keine Zeit mehr haben, sich an ihnen zu erfreuen. Ändern Sie das! Nehmen Sie sich bewußt Zeit, um mit Ihren Kindern Spaß zu haben! Eine heitere, gutgelaunte Mutter ist für Kinder das beste Lebenselixier.
Auch abends können Sie noch jede Menge Spaß mit Ihrer Familie haben. Nützen Sie jede Gelegenheit, die Sie haben, um Ihrer Familie nahe zu sein. Beziehen Sie die Anregung für einen erfreulichen Abend lieber von Ihren Kindern als vom Fernsehapparat. Vielleicht wissen Sie nicht, wie wichtig Ihr Heimkommen für Ihre Familie ist? Möglicherweise sind Sie abends so ausgepumpt, daß Sie zunächst etwas Ruhe brauchen und sich dem Indianergeheul, mit dem Sie empfangen werden, nicht gewachsen fühlen. In so einem Fall kann Sie vielleicht ein kurzer Spaziergang, ein heißes Bad wieder aufmuntern, so daß Sie Ihren Abend genießen können. Wichtig ist, daß Sie fühlen, was Sie jetzt brauchen, und das auch Ihrer Familie mitteilen. Nur wer auf seine eigenen Bedürfnisse gut achtet, kann auch auf die seiner Familie eingehen. Wer sich immer nur gezwungen fühlt, gegen seine Wünsche etwas zu tun, wird dabei keinen Spaß haben. Wenn Ihnen das Weinen näher ist als das Lachen, sollten Sie Ihre Gefühle nicht verbergen. Wo sonst haben Sie die Möglichkeit, als ganzer Mensch mit allen Ihren Facetten geliebt zu werden, wenn nicht in Ihrer Familie!
Je mehr Sie die innerliche Freiheit gewinnen, nach außen zu zeigen, was Sie fühlen, um so ausgeglichener und fröhlicher werden Sie sein.
Vielleicht sind Sie jetzt sehr nachdenklich, nachdem Sie sich überlegt haben, in welcher Art von Familie Sie Ihr Leben verbringen. Möglicherweise sind Sie zu dem Schluß gekommen, daß viele Probleme Ihr Familienleben belasten. Es kann sein, daß Ihnen das zum erstenmal ganz klar wird. Verzagen Sie jetzt nicht! Zu erkennen, was ist, bedeutet den ersten Schritt, etwas zum Positiven hin zu verändern.
Stellen Sie sich vor, Sie sind ein Detektiv, der die Aufgabe hat, die Probleme in Ihrer Familie zu entlarven. Wenn Sie alle Irrwege und Sackgassen in Ihrem Verhalten kennen, können Sie sich dafür entscheiden, ob Sie auch in Zukunft so weitermachen wollen oder lieber etwas Neues ausprobieren.

3. Welchen Namen hat das Leid in der Familie?

Wenn eine Familie zu mir in Therapie kommt, hat sie bereits lang dauernde, schmerzliche Erfahrungen hinter sich. Sie steht mit ihren bisherigen Bewältigungsmethoden an. Auch „mehr von demselben" hilft nicht. Alle Ratschläge gutmeinender Verwandter und Bekannter wurden durchpro-

biert und verworfen. Nun führt die vage Hoffnung die Familie in die Therapiesitzung, daß ein Außenstehender das Steuer ihres Lebenskarrens herumreißen kann. Ihrer bisherigen Erfahrung gemäß erwartet sie einen guten Ratschlag, der alles wieder ins rechte Lot bringt. Die „Schuldigen" am Familiendrama sollen entlarvt, ihr Verhalten mit Hilfe der Autorität des Therapeuten verändert werden.
Um über das Leid, das alle gemeinsam tragen, reden zu können, bekommt es einen Namen. Dieser Name stellt eine Verdichtung seelischer und familiärer Prozesse dar. Denken Sie an einen Teich, in den jemand einen Stein wirft. Der Name, den die Familie für ihr Leid hat, wäre dem äußersten Kreis vergleichbar, den Sie sehen können. Von ihm ausgehend führt der Weg der Therapie die Familie über viele weitere Kreise allmählich in das Zentrum ihrer Problematik.
Folgende Namen sind für das familiäre Leid, diesen äußersten Kreis, gebräuchlich:

Körperliche, seelische und psychosomatische Krankheiten aller Art
Depressionen
Kopfschmerzen
Schlafstörungen
Bösartige Neubildungen (Krebs)
Selbstmordversuche oder Selbstmord
Unfälle
Gewalt und Mißhandlung
Drogensucht
Alkoholismus
Nahrungsverweigerung und schlechtes Gedeihen bei Kindern
Lügen und Stehlen
Psychosen
Anorexie
usw.

Diese verschiedenen sogenannten Symptome können vereinzelt oder zu mehreren auftreten. Vom Familientherapeuten werden Symptome wie die oben beschriebenen als eine Form der unangemessenen Anpassung an eine kranke Familiensituation betrachtet.

Das vielschichtige und das ganze Leben einer Familie berührende Leiden hat nun einen Namen bekommen. So wird es vordergründig für die Beteiligten leichter faßbar, verdeckt aber gleichzeitig das darunterliegende Geschehen. Der Zusammenhang der oben genannten Störungen mit dem tatsächlichen Geschehen in der Familie ist nicht mehr auf den ersten Blick ersichtlich.

Ich möchte im folgenden versuchen, gerade diesen Zusammenhang an Fallbeispielen aus meiner Praxis zu zeigen. Dabei habe ich Namen der Beteiligten und die Fallgeschichten so abgeändert, daß die Familien nicht mehr identifizierbar sind.
Vorher aber noch ein paar allgemeine Überlegungen:
Probleme, die eine Familie miteinander hat, werden auf unterschiedliche Weise nach außen sichtbar: Manchmal zeigen alle Familienmitglieder ein ähnliches Symptom. Die Familie Meister, deren Geschichte Sie später lesen werden, ist ein Beispiel dafür. Das gemeinsame Symptom dieser Familie ist besondere Anfälligkeit für Krankheiten aller Art.
Es gibt Familien, bei denen seit mehreren Generationen schwere Unfälle bei allen an der Tagesordnung sind. Depressionen, Psychosen, Selbstmorde, Gewalt treten in bestimmten Familien gehäuft auf. Zusammenhänge mit dem Familiensystem werden oft erst im Rahmen einer Familienrekonstruktion deutlich, wenn frühere Generationen in die Therapie einbezogen werden.
Ebensogut können nur einzelne Familienmitglieder auffällig sein. Sie werden in der Familientherapie „Sündenböcke“ oder „identifizierte Patienten“ genannt. Das heißt aber nicht, daß der Rest der Familie ohne problematische Verhaltensweisen ist. In einer Familie mit einem psychisch kranken oder auffälligen Mitglied sind in der Regel auch alle anderen mehr oder weniger stark gestört. So zeigen sie sich z.B. unfähig, ihre Gefühle auszudrücken, sind leistungsunfähig, leben nicht altersgemäß oder in symbiotischen Beziehungen. Da sie aber ein gewisses Maß an Anpassung zeigen, fallen sie bei oberflächlicher Betrachtung nicht weiter auf.
Von der Gesellschaft werden die verschiedenen Symptome und Verhaltensstörungen unterschiedlich bewertet. Gewisse Symptome gelten als normal, z.B. eine Infektion, andere gelten als abnorm, z.B. eine hysterische Blindheit. Eine solche Bewertung ist u.a. davon abhängig, gegen welche Normen der Betreffende mit seinem Symptom verstößt, ob er gesellschaftliche Tabus verletzt oder vielleicht nur karikaturhaft eine in dieser Kultur hochbewertete Eigenschaft übertreibt. So gilt ein Vater, der, wie in unserem nächsten Beispiel geschildert, zwanghaft und genau auf die Einhaltung der Zeit achtet, noch als normal. Der Sohn hingegen, der sich nicht um geregelte Arbeitszeit u.ä. kümmert, ist sehr auffällig und der „Sündenbock“ dieser Familie. In Wirklichkeit sind Vater und Sohn in ihrem Verhalten aufeinander bezogen. Der Schlendrian des Sohnes ist eine Trotz- und Verweigerungsreaktion auf den übermäßig kontrollierenden Vater. Dieser wiederum sieht immer mehr Notwendigkeit zur Kontrolle, je weniger sein Sohn sich so verhält, wie er es für richtig findet.
Wer ist hier krank?

Vater, Mutter und Sohn sitzen im Behandlungsraum. Der Vater ist ganz korrekter Beamter im Trachtenanzug mit einer Taschenuhr an der Kette. Ebendiese Uhr zückt er im Lauf der folgenden Sitzung jede Minute, liest die Zeit ab und schüttelt dabei sorgenvoll den Kopf. Dann folgt ein scharfer Blick auf seine Gattin und die Aufforderung, ihren Bericht zu raffen, um nicht noch mehr Zeit zu vergeuden. Seine Frau ist in ihren Reaktionen völlig auf ihren Mann eingespielt. Sie wirkt ebenso genau und korrekt wie er, erscheint außerdem auf mich unzugänglich und abweisend. Der Sohn hingegen ist schwer übergewichtig, schlampig gekleidet, räkelt sich im Stuhl und versucht offensichtlich mit allen seinen Handlungen, seine Eltern aus der Fassung zu bringen. Er erzählt von seiner geplanten Reise in den Süden, von den „Weibchen", mit denen er sich dort amüsieren werde und ähnlichem. Dieses Verhalten seines Sohnes veranlaßt den Vater dazu, immer ängstlicher und öfter auf die Uhr zu blicken. Die Mutter reagiert, soweit sich das von außen sagen läßt, nicht auf die Aussagen ihres Sohnes.
Der „identifizierte Patient" dieser als normal geltenden Familie war der junge Mann. Er lief unter der Diagnose „Schizophrenie" und befand sich gerade in einer Nachbetreuungsphase nach einem längeren Aufenthalt in einer psychiatrischen Klinik. Nachdem ich die ganze Familie gesehen hatte, fiel mir auf, daß der Junge mit allen Mitteln darum kämpfte, von seinen Eltern wahrgenommen zu werden und eine passende Reaktion auf sein Verhalten zu bekommen. Die Familie zeigt ein völlig unklares, widersprüchliches Kommunikationsmuster sowohl im sprachlichen als auch im nichtsprachlichen Bereich. Ich konnte jetzt das anfänglich auf mich sehr abweichend erscheinende Verhalten des Jungen im Rahmen seiner familiären Bedingungen viel besser verstehen. Sein Leben und seine Handlungen waren ein einziger Versuch, Klarheit darüber zu gewinnen, was eigentlich in seiner Familie los war. Besonders unklar war für ihn, welche Beziehung seine Eltern miteinander und zu ihm hatten. Das Elternpaar schien entschlossen, davon nichts preiszugeben.
Den Hintergrund für die sonderbaren, abstrus wirkenden Verhaltensweisen dieser Familie bildeten ein paar Familiengeheimnisse. Dazu gehörte unter anderem der Selbstmord des älteren Bruders des Patienten. Über die eheliche Beziehung der Eltern durfte ebenfalls nicht gesprochen werden. Dasselbe galt für die Beziehung der Eltern zu ihren Kindern und die damit verbundenen Gefühle.

Ein paar Worte zum Begriff des „Sündenbocks": Er spielt eine entscheidende Rolle für das familiäre Gleichgewicht. Praktisch alle Handlungen der Familie beziehen sich auf ihn. Vom Verhalten des „Sündenbocks" sind alle anderen abhängig. Der Betreffende gewinnt auf diese Weise Macht und Einfluß in der Familie. Er wird aber auch gleichzeitig von den anderen

ausgenutzt, da sie für die eigene Anpassung sein Versagen brauchen. In unserem Beispiel beschützt der Sündenbock seine Eltern davor, sich mit der schmerzlichen Wirklichkeit ihres Versagens als Partner auseinandersetzen zu müssen. Er liefert ihnen genug Stoff, so daß sie sich mit ihm beschäftigen können statt mit den eigenen Problemen. Besonders deutlich wird die eigentliche Funktion des Sündenbocks, wenn er ausfällt oder sein bisheriges Verhalten z.B. im Rahmen einer Therapie verändert. Nun kann es passieren, daß ein anderes Familienmitglied erkrankt und die Funktion des Sündenbocks übernimmt: so vermeidet die Familie die gefürchtete Veränderung.
In unserem obigen Beispiel war der erste „Sündenbock" der Bruder des nun erkrankten Patienten. Sein Selbstmord brachte das Familiengefüge ins Wanken. Da die eheliche Gemeinschaft de facto nicht bestand, war die Familie vom Zerfall bedroht. Nun übernahm der zweite Sohn die Rolle des „identifizierten Patienten". Das Spiel konnte von neuem beginnen.

Ich möchte Ihnen diesen Vorgang noch an einem zweiten Beispiel erklären. Nehmen wir eine Ehe, in der ein Partner trinkt. Symptom der gestörten ehelichen Beziehung ist in diesem Fall der Alkoholismus. Ein solches Symptom kann zum zentralen Inhalt der Ehe werden. Alle gemeinsamen Handlungen des Ehepaares beziehen sich dann nur noch auf die Trunksucht des einen. Der Grund für eine solche Entwicklung liegt in den persönlichen Konflikten und Schwierigkeiten beider Partner, die diese nicht lösen konnten. Das Selbstwertgefühl der beiden ist schwach ausgeprägt und leicht zu erschüttern, sie fühlen sich ängstlich und unsicher. Während der eine Partner seine Schwäche in seiner Alkoholsucht zeigt, gibt sich der andere stark. So gibt z.B. der Alkoholismus ihres Mannes der Ehefrau die Möglichkeit, ihre eigene Schwäche und Abhängigkeit zu verleugnen und in der Beziehung einseitig ihre starken Seiten zu zeigen. Eine solche Einseitigkeit in der Rollenverteilung - hier der schwache Alkoholiker, da die starke, alles auffangende Ehefrau - ist begreiflicherweise sehr labil. Die Überforderung und der Zusammenbruch des nach außen starken Partners sind nur eine Frage der Zeit.
Das labile eheliche Gleichgewicht einer solchen gegenseitigen Abhängigkeit kann aber auch durch eine Therapie gestört werden. Wenn der Mann lernt, seine Sucht zu beherrschen, gewinnt er ein Stück Unabhängigkeit zurück und ist nicht mehr wie früher vollständig auf die Stärke seiner Frau angewiesen. Unter Umständen fühlt er sich nun von ihr unterdrückt und wünscht sich mehr Freizügigkeit. Es müssen neue Regeln für die Beziehung ausgehandelt werden, was zum Problem werden kann, wenn die Partner nicht darauf vorbereitet sind. Wenn nun die Frau nicht lernt, ihre eigene Rolle in der Beziehung zu erkennen und ihre schwachen Seiten an-

zunehmen, ist die Gefahr groß, daß dasselbe Spiel wieder von vorne beginnt. Sie kann sich z.B. scheiden lassen und abermals einen Alkoholiker heiraten oder auch selbst zu trinken anfangen.
Kinder haben in einem solchen System keine Möglichkeit zur gesunden Entwicklung. Ihr Leben wird auf jeden Fall von dem pathologischen Beziehungsmuster der Eltern beeinträchtigt. So müssen sie ihr Verhalten z.B. danach einrichten, ob der Vater nüchtern oder betrunken ist. Je nachdem, ob der Vater betrunken ist oder nicht, ändern sich die in der Familie geltenden Regeln. Besonders schädlich wirkt sich aus, wenn die betroffenen Kinder ihre Angst, ihren Abscheu oder ihre Wut nicht frei äußern dürfen. Dies gilt vor allem dann, wenn die Eltern den Alkoholismus, und damit das Versagen der Familie, nach außen hin verheimlichen. Gerade dies aber wird, so lange es geht, in fast allen „Sucht"-Familien versucht.
Dazu möchte ich Ihnen das Schicksal einer jungen Frau schildern, deren Fähigkeit, ihr Leben nach ihren eigenen Wünschen und Hoffnungen zu gestalten, durch die kranke elterliche Beziehung schwer beeinträchtigt worden war. Der Vater war ein schwerer Trinker, die Mutter auf Grund einer Kinderlähmung nur beschränkt körperlich bewegungsfähig. Sie saß im Rollstuhl und war den Angriffen ihres Gatten besonders ausgesetzt, da sie ja nicht weglaufen konnte. Zwischen den Ehepartnern bestand ein enges, gegenseitiges Abhängigkeitsverhältnis. Den Versuch einer eigenen Existenz wagte die Frau nicht, sie traute sich einen normalen Existenzkampf nicht zu. Sie hatte keine abgeschlossene Ausbildung und war noch nie berufstätig gewesen. Ihr Selbstwertgefühl hing in hohem Maß von ihrer Rolle als Ehefrau und Mutter ab. Zumindest nach außen wollte sie, schon um den eigenen Selbstwert zu schützen, das Bild einer funktionierenden Familie aufrechterhalten. Der Mann zeigte sich in nüchternen Zeiten schwach und einsichtig, klammerte sich an seine Frau und flehte sie an, ihn nicht zu verlassen. In solchen Situationen entschädigten sie Gefühle der Stärke und Überlegenheit für die Phasen der Trunksucht, in denen sie selbst und ihre Tochter zu Opfern der Gewalttätigkeit des Mannes wurden. Das Mädchen war massiv in die eheliche Problematik einbezogen. Ihre Position als Prellbock zwischen den Eltern wurde dadurch aufgewertet, daß sie von der Mutter öfters als Beraterin in ihren Eheangelegenheiten herangezogen wurde.
Von dieser Familientragödie drang nichts nach außen. Einmal kam das Mädchen mit Bißwunden in die Schule. Sie erzählte den Klassenkameradinnen, daß der Hund sie angefallen habe, als sie ihn geneckt hatte. In Wirklichkeit hatte der Vater den eigenen Hund im Rausch auf sie gehetzt. Montags war sie immer müde und schlief öfters in der Schule ein. Niemand ahnte, daß der betrunkene Vater sie nächtelang nicht schlafen ließ und mit Prügeln traktierte. Sie erzählte nie von ihrem Zuhause. Die Angst

vor den Drohungen ihres Vaters war viel zu groß, als daß sie gewagt hätte, das Tabu des Schweigens zu durchbrechen. So wußte niemand etwas von den körperlichen und seelischen Qualen, die sie erdulden mußte. Schließlich mußte sie die Schule wegen ihrer schlechten Leistungen verlassen. Bei den Lehrern galt sie als faul und dumm.
Jahre später entschloß sie sich zu einer therapeutischen Behandlung. Der Vater war inzwischen gestorben. Nun erzählte sie mir von dem Martyrium, das sie erlitten hatte. Sie lebte noch immer im Elternhaus mit ihrer Mutter zusammen. Die Mutter war unverändert hilflos und jetzt von der Tochter abhängig. Ein Versuch der Tochter, dieser Abhängigkeit zu entfliehen und sich ein eigenes Leben mit einem Mann aufzubauen, scheiterte nach kurzer Zeit. Ihr schlechtes Gewissen der Mutter gegenüber war zu groß, sie konnte sie nicht allein lassen. So wurde das Leben dieser jungen Frau auch nach dem Tod des Vaters von der krankmachenden Beziehung zwischen ihren Eltern bestimmt. Das Gemisch aus Aggression und Zuneigung, das diese junge Frau für ihre Mutter empfand, die sie in der Kindheit vor den Angriffen des Vaters nicht wirksam in Schutz genommen hatte, lähmte jetzt ihre Fähigkeiten, ein eigenes, unabhängiges Leben zu führen.
Dieser tragische Fall zeigt uns deutlich, daß in einer Familie einer vom anderen abhängt. Was auch immer geschieht, stets sind alle Familienmitglieder davon betroffen und reagieren entsprechend ihren Fähigkeiten und Möglichkeiten. Ungelöste Konflikte zwischen den Eltern bergen die Gefahr, daß die Kinder in die eheliche Problematik verwickelt werden. Dies wirkt sich immer schädlich auf ihre Entwicklung aus.

Als nächstes stelle ich Ihnen die vorhin erwähnte Familie Meister vor. In dieser Familie reagieren alle in ähnlicher Weise auf Belastungen. Großeltern, Eltern und Kinder sind auffallend oft krank. Neben akuten Infekten aller Art werden sie auch von psychosomatischen Erkrankungen geplagt. Die Kommunikationsstörungen in dieser Familie und ihre Probleme mit verdrängter Aggression sind weit verbreitet. Ich schildere deshalb diesen Fall ausführlich und gehe auch etwas auf die Therapie ein: damit hoffe ich, Familien mit ähnlichen Problemen zu helfen, ohne Hemmung und Angst fachgemäße Beratung aufzusuchen.
Der Anstoß zur Therapie kam von Frau Meister. Ihre körperlichen Beschwerden hatten sich so verschlimmert, daß sie es nicht mehr aushielt, zumal die medizinischen Versuche, ihr mit Medikamenten und Spritzen zu helfen, gescheitert waren. Da die ganze Familie in hohem Maß miteinander verwickelt war und alle sehr anfällig für Infekte und Erkrankungen waren, schlug ich eine Familientherapie vor.
Auf den ersten Blick scheint die Familie Meister keine Konflikte zu haben. Probleme werden weder wahrgenommen noch gelöst, sie finden ihren

Ausdruck nur in den Erkrankungen ihrer Mitglieder. Die Familie ist bemüht, sich den Anschein besonderer Harmonie und Zusammengehörigkeit zu geben.
Von außen betrachtet, hat es die Familie geschafft. Sie wohnt in einem schönen, gepflegten Einfamilienhaus. Die Eltern sind beide Mitte dreißig. Sie sind seit ihrer Jugendzeit zusammen. Drei wohlgeratene Kinder vervollständigen das Bild einer Musterfamilie. Doch unter der Oberfläche brodelt es. Die unterirdischen Eruptionen kommen in Form von Krankheiten zum Ausbruch. Es vergeht kaum ein Tag, an dem nicht jemand von der Familie beim Arzt ist. Sämtliche Kinderkrankheiten, die im Ort auftreten, stellen sich zuerst bei der Familie Meister ein. Die Kinder leiden abwechselnd unter Scharlach, Masern, Windpocken, Halsentzündungen, Ohrenentzündungen, Erkältungen, Magen-Darm-Katarrhen. Die Mutter hat Herzbeschwerden, Atemnot, Schlafstörungen, rheumatische Beschwerden. Der Vater steckt sich bei jeder Erkältung seiner Kinder mit an. Auch die Großeltern sind ständig krank.
In dieser Familie ist Krankheit das Hauptthema. Alles andere muß dahinter zurückstehen. Viele Unternehmungen werden aus Angst, dabei wieder zu erkranken, erst gar nicht begonnen.
Die Hausapotheke in dieser Familie hatte stattliche Ausmaße – schließlich konnte man ja nie wissen! Müßig zu sagen, daß sich auch die gesamte Ernährung streng an die Prinzipien und Vorschriften einer gesunden Lebensweise hielt. Nach all diesen Anstrengungen zu schließen, hätte sich diese Familie einer strahlenden Gesundheit erfreuen müssen. Doch das Gegenteil war der Fall.
Was war nun faul an dem nach außen hin erfolgreichen und beneideten Familienleben der oben geschilderten Meisters?
Hier kam einiges zusammen, was schließlich zu der ungünstigen Problemlösung „Krankheit“ führte.
Beide Ehepartner hatten in ihrer Kindheit zuwenig Geborgenheit, Sicherheit und Liebe erfahren. Der Mann kannte zwar seine leibliche Mutter, war aber bei Verwandten aufgewachsen. Sein Vater war ihm unbekannt. Er wurde in der Familie niemals erwähnt. Fragen des Kindes nach ihm wurden so abgefertigt, daß er sich nicht mehr traute, nochmals zu fragen.
Sein Lebensschicksal war von Anfang an durch die Tatsache geprägt, daß er sich, unerwünscht von beiden Elternteilen, zum falschen Zeitpunkt eingestellt hatte.
Sein Erscheinen hatte die Mutter in schwere Konflikte gestürzt. Sie stammte aus einem streng religiösen Elternhaus, in dem sie wenig Verständnis für ihre Lage fand. Schließlich war die Familie bereit, das Kind aufzuziehen, wobei die Mutter nur eine Nebenrolle in der Erziehung spielen durfte.

Sie arbeitete außerhalb des kleinen Ortes, wo ihr Sohn und ihre Familie lebten, und kam nur an den Wochenenden nach Hause. Ihre Stellung in der Familie ihrem Sohn gegenüber war mehr die eines weiteren Geschwisters als die einer Mutter. Die Regeln für das Zusammenleben wurden von ihren Eltern, also den Großeltern des Kindes, gesetzt. Sie als Mutter hatte dabei kaum etwas mitzureden.
Viel Groll und unausgesprochener Zorn hatte sich aus jener Zeit in der Familie aufgestaut. Jeder versuchte, durch verstärkte Arbeitsleistung das vermeintliche Unrecht gutzumachen. Für den kleinen Jungen blieb nur wenig Zeit und noch weniger sichtbare Zuwendung über. Einzig, wenn er krank wurde, erfuhr er etwas mehr Betreuung und Fürsorge. Dementsprechend genoß er solche Zeiten sehr.
Die allen Familienmitgliedern gemeinsame Unfähigkeit, Gefühle wahrzunehmen und darüber zu sprechen, erzeugte ein gespanntes und unheilschwangeres Klima. Offener Streit war verpönt, Auseinandersetzungen fanden im Untergrund statt. So mußte jeder jederzeit auf einen Tiefschlag gefaßt sein. Unter diesem ständigen Druck kämpfte die ganze Familie mit nervösem Magen, Herzbeschwerden und allgemein labiler Gesundheit.
Der heranwachsende Jugendliche war bemüht, diesen Verhältnissen so rasch wie möglich zu entkommen. Schon in der Lehrzeit lebte er außer Haus. Da er gelernt hatte, ihm übertragene Arbeiten gewissenhaft, schnell und genau zu erledigen, war er beruflich erfolgreich. Auseinandersetzungen mit Kollegen und Vorgesetzten ging er auch am Arbeitsplatz aus dem Weg, soweit dies möglich war. Interessanterweise wählte er aber schließlich ein Berufsfeld, in dem Auseinandersetzungen zum Job gehörten. Damit hatte er unbewußt den Streit auf eine Ebene gehoben, wo er möglich war ohne Gefährdung seiner Persönlichkeit, und ohne ihm seine Ängste vor Konflikten mit ihm nahestehenden Personen bewußt zu machen. Gegenüber seinen Vorgesetzten und Kollegen trat er hingegen ängstlich und angepaßt auf, stets bemüht, ihnen keinen Anlaß zur Kritik zu bieten.
In seinem Privatleben hatte sich indessen auch einiges getan. Er hatte ein Mädchen kennengelernt, das geradezu ideal zu ihm zu passen schien. Sie waren bald zusammengezogen und konnten sich so die Miete für eine Wohnung sparen. Es war zwar etwas eng und bedrängend in dem kleinen Einzimmerappartement, aber schließlich war es ja nur der Anfang. Kleinere Probleme des Zusammenlebens versuchte er zu ignorieren, wie er es zu Hause gelernt hatte. Seine Freundin rauchte, und das störte ihn sehr. Aber es schien ihm nicht der Mühe wert, darüber einen Streit zu entfesseln. Statt dessen setzte er bei jeder Zigarette, die seine Freundin rauchte, eine leidende Miene auf. Da seine Freundin diese Miene auf seinen empfindlichen Magen schob, kochte sie ihm in solchen Fällen, ohne lange nachzufragen, einen Kamillentee.

Die gegenseitige Beziehung war von Anfang an durch große Abhängigkeit gekennzeichnet. Beide Partner hatten das Gefühl, nicht ohne einander leben zu können. Eine unausgesprochene Regel ihrer Gemeinschaft war, alles gemeinsam zu machen. Mußte ein Partner notgedrungen etwas allein tun, durfte ihm dies wenigstens keinen Spaß machen.

Die Frau brachte einiges in die Ehe mit, was dem Mann schmerzlich abging. Sie war in einer sogenannten „funktionierenden“ Familie aufgewachsen. Von vier Kindern war sie das älteste und das einzige Mädchen. Früh schon war sie für ihre Mutter eine Stütze in der Erziehung der nachfolgenden Kinder. Mit dem elterlichen Auftrag fiel es ihr leicht, auf ihre kleinen Brüder einen gewissen Druck auszuüben. Sie war es gewohnt, die Linie der Familie mitzubestimmen. Das brachte ihr als Gewinn Macht, die sie aber teuer durch Überforderung und Zurückstecken ihrer eigenen Interessen bezahlen mußte. Auch in dieser Familie war Krankheit ein wichtiges Thema. Zeigten die Kinder Probleme, wurde gleich der Schluß auf eine bald auftretende oder gerade überstandene Krankheit gezogen.

In der Ehe der Eltern der Frau überwogen Resignation und Nebeneinanderherleben. Konflikte wurden verdrängt und nicht ausgetragen. Vorhandene Differenzen schwelten im Untergrund. Streitigkeiten zwischen den Eltern kamen nur in Umleitung über die Kinder auf den Tisch des Hauses.

Immerhin wurde die Illusion eines glücklichen Familienlebens aufrechterhalten. So waren gemeinsame Spaziergänge am Sonntag für alle selbstverständlich, der Urlaub und alle Feiertage wurden gemeinsam verbracht, Frühstück und Abendessen waren ein gemeinsames Ritual.

Die Älteste lernte dabei sehr genau, die Regeln, die eine „richtige“ Familie zu befolgen hat, einzuhalten. Ängstlich war sie darauf bedacht, die geltenden Normen nicht zu verletzen. Ihr Selbstwertgefühl war nur schwach ausgeprägt. Zu früh war sie in ein unkindliches Verhalten hineingepreßt worden, um sich ungestört entwickeln zu können. So gründete sich ihre äußerlich vorgetragene Selbstsicherheit vor allem auf die Macht, die sie über andere ausüben konnte.

Als sie ihren späteren Mann kennenlernte, ergänzte sich seine Sehnsucht nach einer vollständigen und glücklichen Familie hervorragend mit ihrer Überzeugung, zu wissen, wie eine solche Familie auszusehen habe. Ihre Fähigkeit, zu führen, traf sich mit seinem Bedürfnis, sich an jemandem festzuhalten.

Er war stolz auf seine starke Frau, sie verschaffte ihm in gekonnter Weise alle Fürsorge, die er zu brauchen schien. Häusliche Dinge wurden mit Perfektion erledigt. Der Mann hatte endlich das Gefühl, in innerer und äußerer Ordnung zu leben. Die Frau fühlte sich aufgewertet, da sie für ihren Mann offensichtlich wichtig, ja geradezu unentbehrlich war.

Nach ein paar Jahren des Zusammenlebens, während deren beide Partner berufstätig waren, stellte sich das erste Kind, ein Mädchen, ein. Ihr Name war Lisa. Sie wuchs die ersten Jahre bei den mütterlichen Großeltern auf, da ihre Eltern das Geld aus der Arbeit der Mutter dringend brauchten. Die Wohnung war für die junge Familie zu klein geworden und der Bau eines eigenen Hauses geplant.
Nach der Geburt des zweiten Kindes, eines Buben namens Martin, blieb die Frau zu Hause. Sie vermißte ihren Beruf und die damit verbundenen Kontakte. Ihre ganze Energie floß nun in Kinder und Haushalt und den geplanten Hausbau. Lisa war jetzt aus dem großmütterlichen Haushalt zu den Eltern übergesiedelt, und die ungewohnte Situation machte ihr zu schaffen. Für Frau Meister war es ebenfalls schwer mit dem Neugeborenen und ihrer Ältesten, die jetzt besondere Zuwendung verlangte.
Schließlich stand das neue Haus, und die Familie konnte einziehen. Frau Meister war zu diesem Zeitpunkt abermals hochschwanger. Die Kinder, die Verantwortung für den Bau und schließlich eine schwierige Geburt beraubten sie ihrer Kraft. Das dritte Kind war wieder ein Sohn, sie nannten ihn Benjamin. Er erwies sich in den ersten Monaten als ein sehr schwieriges Baby, schrie viel, schlief wenig und schien ständig Bauchweh zu haben. Schließlich suchte Frau Meister völlig ausgepowert ihren Arzt auf, zu dem sie viel Vertrauen hatte. Sie konnte sich kaum auf den Beinen halten, es war ihr alles zuviel. Jetzt, wo sie so unter Druck stand, traten, wie schon bisher in Krisenzeiten, alle möglichen körperlichen Beschwerden auf. Sie litt unter nervösen Störungen, an Herzjagen und Schwindel. Ängste quälten sie und hinderten sie am Schlafen. Immer wiederkehrende Infektionen und ein juckender Hautausschlag schwächten sie stark.
In dieser prekären Situation sprangen die Eltern von Frau Meister helfend ein. Die Mutter übernahm den Haushalt, während der Vater zusammen mit seinem Schwiegersohn Außenarbeiten an dem noch unfertigen Haus erledigte.
Schließlich besserten sich die Beschwerden von Frau Meister. Allerdings verschwanden sie nicht völlig, sondern blieben quasi im Hinterhalt, um bei neuerlichen Belastungen wieder zu erscheinen.
Die Hilfe der Eltern war von Frau Meister dankbar angenommen worden. Zwar gab es Reibereien durch die unterschiedlichen Auffassungen über Haushalt und Kindererziehung zwischen Frau Meister und ihrer Mutter. Da keine der beiden eine offene Aussprache wagte, war die Stimmung zeitweise gespannt. Alle bemühten sich nun um so mehr nach Kräften, nach außen hin Einheit zu zeigen. Da dies mit der Zeit anstrengend wurde, waren alle froh, wieder ihr gewohntes Leben führen zu können.
Frau Meister stürzte sich nun wieder auf ihre Pflichten als Hausfrau und Mutter. Sie entwickelte einen ausgeprägten Perfektionstrieb. Das Haus

blitzte vor Sauberkeit und Ordnung. Mit einem ausgeklügelten Zeit- und Tagesprogramm wurde die anfallende Arbeit bis aufs letzte i-Tüpfelchen erledigt. Obwohl Herr Meister es vorgezogen hätte, weniger Ordnung und statt dessen mehr Zeit mit seiner Frau zu haben, fügte er sich ihren Vorstellungen im häuslichen Bereich. Seine eigenen Interessen verlegte er neuerdings in den Sportverein und verbrachte mehr und mehr seiner Freizeit auf dem Fußballplatz.
Dieses Verhalten verletzte eine der wichtigsten Eheregeln: nämlich alles gemeinsam zu machen. Bevor die Kinder da waren, hatte Frau Meister ihren Mann des öfteren zum Fußballspielen begleitet. Mit drei kleinen Kindern und dem anstrengenden Haushalt war das nicht mehr möglich. Da sie sich selbst kein eigenes Leben gönnte, empfand sie tiefen Groll gegenüber den Eigenmächtigkeiten ihres Partners. Sie spürte deutlich, daß er hier ein Terrain gefunden hatte, wo sie keine Macht über ihn hatte. Das verunsicherte sie. In der Folge traten die nach der Geburt des Jüngsten aufgetretenen Beschwerden wieder erneut und verstärkt auf.
Auch die Kinder reagierten auf die unterschwellig gespannte Atmosphäre im körperlichen Bereich. Sie wechselten sich ab mit fieberhaften Infekten, Pilzinfektionen, allergischen Hautreaktionen. So entstand erneute Belastung für die Mutter durch Arztbesuche und Krankenpflege.
Die eheliche Beziehung beschränkte sich nun weitgehend auf den Austausch der Krankheitsgeschichten. Die sexuelle Beziehung lag brach, da Frau Meister sich eine juckende Scheideninfektion zugezogen hatte, die erst abheilen mußte. Beide Partner waren darüber höchst unglücklich, da die von beiden als befriedigend erlebte Sexualität immer einen Pfeiler in ihrer Beziehung gebildet hatte. Eine offene Aussprache über diesen Punkt fiel ihnen aber äußerst schwer. Der Ehemann wollte seine Frau schonen und sie mit seinen unerfüllten Wünschen nicht noch mehr belasten. Die Frau hingegen empfand ihre Beschwerden als Makel. Sie hatte Angst, ihr Mann könnte sich in dieser Situation einer anderen zuwenden.
Trotzdem bemühte sich jeder, nach außen den Eindruck zu erwecken, als sei alles in bester Ordnung. Es war ein Versuch, Probleme aus der Welt zu schaffen, indem man vorgab, sie nicht zu haben.
Diese Verdrängungstaktik fand eine jähes Ende, als Frau Meister eines Nachts dermaßen von Herzjagen und Erstickungsanfällen heimgesucht wurde, daß sie dachte, ihr letztes Stündlein habe geschlagen. Da alle Behandlungsversuche von ärztlicher Seite nicht den gewünschten Erfolg brachten, entschloß sich die Familie auf Anraten des Arztes schließlich zu einer Familientherapie.
Hauptthema der ersten Sitzungen war, wie nicht anders zu erwarten, der gesundheitliche Zustand der einzelnen Familienmitglieder. Krankheit hatte für diese Familie die Bedeutung eines Feindes, der von außen in ihre

sonst harmonische und glückliche Welt einbrach und Probleme schuf. Unterschiedlichkeiten in den Wünschen und Auffassungen in der Familie wurden geleugnet und abgeschoben.
Da das Ehepaar wenig Erfahrung darin hatte, Körpergefühle wahrzunehmen und auf die Signale aus dem Körper zu achten, begann ich hier mit der therapeutischen Arbeit. Ich ließ die beiden Kontakt mit ihrem Körper aufnehmen. Anschließend sollten sie aussprechen, was er ihnen in der Sprache der Symptome sagen wollte. Sehr schnell gelangten wir auf diesem Weg zu Gefühlen von Zorn und Ohnmacht. Weder Herr noch Frau Meister hatten sich jemals gestattet, diese Gefühle offen auszudrücken.
Nun war der Weg zu einem veränderten, gesundheitsfördernden Verhalten frei. Mit verschiedenen Übungen lernten die beiden miteinander streiten. Sie lernten aber auch, über die Wünsche zu sprechen, die sie hatten, und die Unterschiedlichkeit dieser Wünsche anzuerkennen. Nun stellten sie erstaunt fest, daß beide den Wunsch nach mehr Zeit für sich allein und Unabhängigkeit vom Partner und der Familie hatten. Diese Erkenntnis wirkte anfangs wie ein Schock. Durfte man sich denn in einer glücklichen Familie so etwas wünschen?
Es war an der Zeit, sich die Regeln näher anzusehen, die in dieser Familie Gültigkeit hatten. Einige davon standen der Weiterentwicklung im Weg und wurden nach reiflicher Überlegung abgelegt. Dazu gehörte die Regel: Wir müssen alles gemeinsam tun. Diese Regel wurde folgendermaßen umgewandelt: Wenn ein Familienmitglied gemeinsam mit den anderen etwas unternehmen will, gibt es diesen Wunsch bekannt. Will jemand etwas für sich allein unternehmen, was die ganze Familie berührt, sagt er dies ebenfalls offen. Hier ging es vor allem um Sonn-, Feiertags- und Urlaubsunternehmungen.
Das offene Aussprechen von allem, was die Familie bewegte, wurde in den Sitzungen geübt. Für zu Hause wurden gemeinsame Zeiten vereinbart, zu denen sich die ganze Familie treffen wollte. Dadurch war die Gelegenheit geboten, miteinander über das zu reden, was anstand. Damit gesichert wurde, daß jeder den anderen wirklich verstand, führte ich anfangs für diese Sitzungen den kontrollierten Dialog ein. Dabei muß jeder die Worte des Gesprächspartners sinngemäß wiederholen, ehe er weitersprechen darf. Auch das übten wir zuerst in den Therapiestunden.
Da die Angst, Zorn und Wut zuzulassen, in dieser Familie außerordentlich groß war, übten wir auch unschädliche, körperliche Ausdrucksformen, um sich abzureagieren. Eltern und Kinder führten Polsterschlachten durch, wobei die Erwachsenen wegen ihrer körperlichen Überlegenheit auf einem Bein hüpfen mußten. Dieses Spiel war schnell bei allen sehr beliebt.

Die Eltern mußten auch lernen, ihre Gefühle so auszudrücken, daß die Körpersprache mit dem angesprochenen Gefühl übereinstimmte. Dies fiel ihnen vor allem dann schwer, wenn sie zornig waren. Immer wieder stahl sich ein verlegenes Lächeln auf ihr Gesicht, und der Körper zog sich entschuldigend zusammen. So gerieten ihre Kinder und andere Gesprächspartner in Verwirrung, was denn nun wirklich gemeint sei.
Mindestens so wichtig wie der Ausdruck von Ärger war es für die Familie zu lernen, wie man sich etwas Liebes sagt. Das, was sie aneinander mochten und wertschätzten, war immer wie eine Selbstverständlichkeit behandelt worden. Nun waren sie dabei, die Freude aneinander und am gemeinsamen Leben zu entdecken.
Langsam und fast unmerklich hatte sich die Atmosphäre im Hause Meister geändert. Äußerlich auffällig war, daß die sterile Ordnung, die früher etwas Abschreckendes gehabt hatte, einem großzügigeren und funktionellen System gewichen war. Die Mutter spielte jetzt viel mehr mit ihren Kindern, und ihre Freude an der gemeinsam verbrachten Zeit war ihr neuerdings wichtiger als der perfekte Haushalt. Der Vater verbrachte wieder mehr Zeit mit seiner Familie und hatte sichtlich Spaß daran. Der Fußballclub war in den Hintergrund getreten, statt dessen spielte er öfters mit seinen Kindern auf der Wiese Ball. Die Eheleute fühlten sich einander sehr nahe und waren darauf bedacht, immer wieder Zeit für sich allein zu haben. Sie hatten einen verläßlichen Babysitter gefunden und genossen es, miteinander auszugehen.
Auch zu ihrer Mutter hatte Frau Meister einen neuen Weg gefunden. Sie konnte ihr sagen, was sie von ihr wünschte und was sie nicht haben wollte. Da sie ihr jetzt körperlich näher sein konnte als früher, fiel ihr das viel leichter. Auch die Mutter genoß die neugewonnene Nähe zu ihrer ältesten Tochter. So konnten sie auch darüber sprechen, wie es früher gewesen war, und Frau Meister lernte manches verstehen, was ihr aus der Kindheit noch unverstanden geblieben war. Es gelang ihr, sich auch mit schmerzlichen Erinnerungen auszusöhnen und sie abzuschließen.
Die Krankheit hatte als anfangs bestimmendes Thema schon bald ihren Stellenwert verloren. Die nervösen Erscheinungen von Frau Meister hatten sich sehr gebessert. Trat gelegentlich noch Herzjagen oder Nervosität auf, so ging sie damit jetzt anders um als früher. Sie sah diese Symptome als Warnzeichen ihres Körpers an, daß etwas nicht stimmte. Sie übersetzte diese Symptome für sich in die Frage: „Was will ich eigentlich sagen?"
Auch die Kinder profitierten sehr von dem Neuen in ihrer Familie. Sie hatten ihre Außenkontakte erweitert, waren zum Spielen mehr außer Haus als früher, und es kamen auch mehr Freunde zu ihnen. Die Zahl der Infektionen ließ nach, und geringfügige Erkrankungen wurden im Gegensatz zu früher von der Mutter nicht mehr hochgespielt. Beachtung und Zuwen-

dung gab es jetzt auch, wenn nichts Besonderes los war. So konnten sie sich in Ruhe dem zuwenden, was für sie in ihrer jeweiligen Lebensphase wichtig war.
Im Leben der Familie Meister waren also entscheidende Bereiche anders geworden. Tapfer hatten sie sich durch die Unsicherheit, die ein solch entscheidender Wandel alter Gewohnheiten mit sich bringt, durchgekämpft. Sie hatten gelernt, ihre Aggressionen als wichtigen und lebendigen Teil ihrer Persönlichkeit anzunehmen und auszudrücken. Ihre eheliche Beziehung war lebendiger und erfreulicher geworden. Gemeinsam mit den Kindern hatten sie neue Regeln für ihr Zusammenleben entwickelt, die dem einzelnen Freiraum zur Entwicklung ließen.
Die Familie hatte Glück gehabt. Ohne den mutigen Schritt in die Familientherapie hätten sie sehr wahrscheinlich den hohen Preis chronischer Krankheit für ihre verdrängten Gefühle zahlen müssen. Bisher hatten ihre Erkrankungen dazu gedient, von ihren unterschwelligen Aggressionen abzulenken und auf dem Umweg über die Schwäche Liebe und Zuneigung zu erhalten. Jetzt hatte sich ihre Einstellung zu Krankheit geändert: sie sahen Krankheitserscheinungen als Signale ihres Selbsterhaltungstriebes, die der Körper in Krisenzeiten aussendet. Als Folge davon bemühten sie sich um eine Lösung, indem sie über ihre Probleme mit anderen sprachen. Da sie nicht mehr die Maske der perfekten Familie wahren mußten, wurde der Weg frei zu erkennen, daß niemand sie wegen ihrer Sorgen auslachen oder demütigen würde. Die Erkenntnis, daß Konflikte tägliches Brot auch in anderen Familien sind, erleichterte die Eltern ungemein. So konnten sie die krankmachende Regel ablegen, daß jeder mit jedem ständig einer Meinung zu sein hatte.

Es gibt keinen Zweifel daran, daß unterdrückte Aggressionen krank machen. Erinnern Sie sich an das, was ich im Kapitel „Auseinandersetzung als Entwicklungschance" geschrieben habe. Da ein falscher Umgang mit Konflikten so häufig krankhaften Prozessen in der Familie zugrunde liegt, noch ein paar zusätzliche Überlegungen dazu. Ein chronisch aggressiv geladener Mensch wendet seine Energie gegen sich selbst, statt sie zu einer Veränderung der ihn quälenden Umstände zu verwenden. Entsprechend wirkt er nach außen nervös, exaltiert, kurz angebunden. Wer mit ihm zu tun hat, hat den Eindruck, als stünde er immer kurz vor einem Gefühlsausbruch. All dies ist dem Betreffenden normalerweise nicht bewußt. Statt dessen spürt er die Verwüstung, die durch die falsch gepolte Energie in seinem Körper angerichtet wird. Die Verantwortung für seinen Zustand schiebt er weit von sich. Krankheiten scheinen gerade ihn „einfach so anzufliegen". Bleiben wir deshalb gleich bei den psychosomatischen Erkrankungen, von denen bisher schon die Rede war.

Neben der Depression scheint die Anfälligkeit für psychosomatische Leiden zu unserer Zeit zu gehören. Wir verstehen darunter Erkrankungen unterschiedlichster Art. Als Beispiele hier die bekanntesten: Asthma, Neurodermitis, Gastritis, Magen- und Zwölffingerdarmgeschwüre, Dickdarmentzündungen, Herz- und Kreislauferkrankungen, chronische Kopfschmerzen, Arthritis, gesteigerte Infektanfälligkeit und vieles mehr. Krankheiten, die früher als rein somatisch galten, werden heute verstärkt unter dem Gesichtspunkt der psychischen Komponente betrachtet. Dazu zählen Krebs, Diabetes, ebenso Nierenerkrankungen oder Probleme in der Schwangerschaft. Die Trennung von Krankheiten in somatische und psychosomatische ist künstlich und eigentlich hinfällig. Niemand wird heute mehr bezweifeln wollen, daß bei der Entwicklung und im Verlauf von Krankheiten die seelische Verfassung und die damit eng zusammenhängende Immunabwehr sowie das Verhalten des Patienten eine große Rolle spielen.

Sehen wir uns zuerst die seelischen Zusammenhänge bei Herz-Kreislauf-Erkrankungen und Herzinfarkt an.
Die körperlichen Risikofaktoren - wenig Bewegung, Übergewicht, erhöhter Blutdruck, erhöhte Blutfettwerte, Rauchen und der Konsum alkoholischer Getränke - sind bekannt. Aber auch die seelischen Hintergründe solch gesundheitsschädlichen Verhaltens müssen beachtet werden. Ich kann ohne weiteres annehmen, daß jemand, der sich so verhält, daß er die oben erwähnten Risikofaktoren ignoriert, mit sich selbst nicht gut in Kontakt ist. Er nimmt zu wenig oder keine Rücksicht auf seine Bedürfnisse. Dazu gehören vor allem die Bedürfnisse nach Geborgenheit, Wärme und Nähe, die nicht eingestanden werden dürfen. Diese Bedürfnisse werden gerne mit Schwäche assoziiert. Sich schwach zeigen, schwach sein ruft bei vielen Menschen Angst hervor. (Bei wie vielen, zeigt ja auch die negative Bedeutung, die der Schwäche in unserer Gesellschaft zugemessen wird.)
Diese Angst, schwach und damit ausgeliefert zu sein, entsteht in der frühen Kindheit. Die Angst geht auf die Erfahrung zurück, daß ich nur dann etwas gelte, wenn ich brav die geforderten Leistungen erbringe; wenn ich für das, was die Eltern von mir wollen, zur Verfügung stehe. Die braven, guten Kinder, die sich nicht trauen, mal aufzumucken, die nur in Anpassung ihre Daseinsberechtigung sehen, sind später besonders gefährdet, zu erkranken.
Der Weg zurück in diese Kindheitserfahrung ist schmerzlich. Wer es trotzdem wagt, hat die Chance einer Auseinandersetzung mit diesen Erfahrungen. Er kann sich mit ihnen aussöhnen und sie schließlich ablegen und etwas Neues ausprobieren.

Fragen Sie sich zunächst einmal: Wie habe ich Anerkennung in meiner Familie bekommen?
Entsprechende Fragen an meine Patienten, die mir durch ihr durchwegs geringes und leicht zu erschütterndes Selbstwertgefühl aufgefallen waren, ergaben immer die gleiche Antwort: „Durch Leistung."
So entwickeln diese Menschen das Gefühl, ständig ganz toll und stark sein zu müssen. Sie haben die Erfahrung gemacht, daß sie so, wie sie sind, nicht akzeptiert werden. Dies macht sie krank.
Nicht die Leistungsforderung an sich ist schädlich, auch wenn sie hoch gesteckt ist, sondern die Art und Weise, wie jemand damit umgeht. Handle ich aus einem guten Selbstwertgefühl heraus, wirken Anforderungen, die das Leben ja ständig mit sich bringt, anregend und lustvoll. Ich kann an sie herangehen wie ein Kind, das im Spiel mit Vergnügen schwierige Aufgaben löst. Aus der Bewältigung gerade schwieriger Aufgaben bezieht ein gesunder Mensch Selbstvertrauen. Aber auch ein Scheitern wirft ihn nicht um. Er hat viele Möglichkeiten, damit umzugehen. Er kann aus einer anderen Ecke nochmals neu beginnen. Er kann das geplatzte Projekt hinter sich lassen und etwas ganz Neues machen. Er kann sich Hilfe suchen. Er kann seine Frustration zeigen, seine Enttäuschung aussprechen. Sein Vorteil ist, daß er die Latte für seinen Erfolg hoch, aber nicht zu hoch gelegt hat, um sie erreichen zu können. Er erwartet auch nicht, gleich mit dem ersten Schritt sein Ziel zu erreichen, sondern kann sich Zeit lassen.
Ganz anders reagiert jemand, der früh gelernt hat, daß nicht er selbst, sondern nur Leistung und Anpassung zählen. Für ihn wird das Leben zur Schwerarbeit, Versagen bedeutet Liebesverlust, muß also auf alle Fälle vermieden werden. Phasen der Muße, der Entspannung kann er sich nur mit schlechtem Gewissen erlauben. So ist er tatsächlich ständig überfordert, kann aber weder aussteigen noch sich die nötige Ruhe gönnen. Ersatz für befriedigende Beziehungen mit anderen bieten die immer verfügbare Zigarette und Alkohol. Mit ihrer Hilfe kann er sich entspannen. Auch die kurzfristig lustvoll empfundene Freiheit und Unabhängigkeit in einem schnellen Auto dient als Ersatz für jene wirkliche Freiheit und Unabhängigkeit, die ein intaktes Selbstwertgefühl zur Grundlage haben.
Erreichte Ziele bessern die Selbstwertbilanz nur kurzfristig auf. Sie werden nach Erreichen entwertet und sofort durch neue, schwer oder kaum erreichbare Ziele ersetzt. So entsteht Dauerstreß. Der Betroffene beraubt sich außerdem einer wichtigen Quelle der Zufriedenheit, indem er sich nicht erlaubt, sich an dem zu erfreuen, was er schon geschafft hat.
Das so erzeugte Gefühl von Zeitdruck und innerer Getriebenheit begünstigt die Entstehung von Erkrankungen allgemein, besonders aber im Herz-Kreislauf-System. Dies gilt vor allem dann, wenn das Verbot dazukommt, Aggressionen und Ärger über andere auszudrücken. Getrieben-

heit, kombiniert mit gleichzeitiger Zurückhaltung, verschleißt den Körper. Dieser stellt zusätzliche Energie zur Verfügung, um kurzfristig eine höhere Leistung zu erzielen. Nur wenn bei der Lösung der Aufgabe diese überschüssige Energie verbraucht wird, kann der Körper wieder zu einem normalen Wert zurückkehren. Dieser Vorgang von Energiezufuhr und Energieabfuhr, von Anspannung und Entspannung, wiederholt sich normalerweise immer wieder.

Ein Beispiel soll Ihnen erläutern, was vor sich geht, wenn dieser Rhythmus gestört ist: Denken Sie an einen Sprinter kurz vor dem Start. Nun stellen Sie sich vor, dieser Sprinter müßte täglich viele Male an den Start, dürfte aber nie loslaufen und auch nicht seinen Ärger über den verschobenen Start zeigen. Ebenso wäre es ihm nicht erlaubt, aus dieser unerträglichen Situation zu flüchten. Krankheit oder Wahnsinn wären sehr wahrscheinlich sein Schicksal.

Unter vergleichbarem Druck steht nun jemand, der sich nie eine Lösung, ein Loslassen, ein Auslassen vergönnt. Gerade das Herz verkörpert den Rhythmus der Anspannung und des Loslassens am deutlichsten. Ist nun dieser Rhythmus gestört, wie wir es vorhin gesehen haben, wundert es uns nicht weiter, daß das Herz von der seelischen Fehleinstellung betroffen ist. So, wie der Körper eines ständig unter Hochspannung stehenden Menschen einmal versagen muß, um die nötige Entspannung und Ruhe zu finden, versagt auch das Herz. Der Herzinfarkt zwingt nun den Patienten, will er überleben, zu einer Veränderung seiner Lebensweise.

Die Erfahrung zeigt indes, daß selbst ein so einschneidendes und lebensbedrohendes Ereignis den Betroffenen erstaunlich oft nicht dazu bringt, althergebrachte Gewohnheiten zu verändern. Erst der seelische und familiäre Hintergrund der Patienten erklärt, warum so viele sich so verhalten, als hätten sie gar nicht den Wunsch zu überleben. Hier liegt der Schlüssel für die Erkrankung, aber auch für die Rückfälle. Sie sind nicht zu vermeiden, wenn der Patient nicht bereit ist, sich anders zu verhalten als bisher.

Wird das Krankheitsumfeld nicht beachtet, ist ein Rückfall wahrscheinlich. Die veränderte soziale Lage, in der sich ein Herzinfarktpatient nach seiner Erkrankung findet, kann in ihm erst recht die Furcht vor Schwäche mobilisieren. Er erlebt sich in seiner Arbeitsfähigkeit eingeschränkt, in seinen Möglichkeiten beschnitten. Seine Reaktion darauf ist verdoppelte Anstrengung, nach dem Motto: „Jetzt zeige ich allen, daß sie mit mir noch rechnen müssen!“

So erklärt sich, daß nur ein Teil der Herzinfarktpatienten es schafft, tatsächlich die lebensschädigenden Angewohnheiten aufzugeben. Die anderen machen weiter wie zuvor.

Durch eine rein medizinische Therapie ist ein solcher Umstieg kaum zu schaffen. Deshalb gehören in den Rehabilitationszentren längst psychotherapeutische Maßnahmen zum Programm. Durch autogenes Training soll der Patient lernen, sich selbst in seinen Bedürfnissen zu erfahren, anzunehmen und zu kontrollieren. Familientherapie kann darüber hinaus helfen, die einseitige Rollenübernahme der „Stärke“ zu verändern. Belastungen, die krankheitsauslösend wirken, können in der Familie gerechter aufgeteilt, das Aussprechen von Gefühlen geübt werden.

Unser nächstes Beispiel soll Ihnen zeigen, wie die persönlichen Eigenschaften, die eine Herz-Kreislauf-Erkrankung begünstigen, mit der Familie zusammenhängen.
Robert war als liebenswerter, ruhiger, beherrschter Mensch von Mitarbeitern und Freunden hochgeschätzt. Seine Lebensziele schien er schon früh abgesteckt zu haben. Er wollte beruflich erfolgreich sein und Karriere machen. Seine Studien an der Universität beendete er in der kürzesten dafür vorgesehenen Zeit. Von seinen Professoren erhielt er das beste Zeugnis: Er eckte nirgends an, war immer höflich und zuvorkommend, Aggressionen und Konflikte mit seiner Umwelt waren ein Fremdwort für ihn. Nach seinem Studienabschluß arbeitete er einige Jahre in einem Wirtschaftsbetrieb in mittlerer Position. Seine Loyalität der Firma gegenüber und sein ungeheurer Arbeitseinsatz sprachen sich bald herum und machten ihn zum Liebling seiner Vorgesetzten. Auch seine Mitarbeiter wußten diese Eigenschaften für sich zu nutzen. Ohne Klagen übernahm er auch ihre Aufgaben, wenn es sein mußte. So wurde manches auf ihn abgeschoben, was den anderen zu lästig oder zu unangenehm war. Gelegentlich verspürte er darüber Ärger, verdrängte ihn jedoch sofort erfolgreich. Manchmal meckerte er über Kleinigkeiten, dies wurde jedoch von seinen Mitarbeitern ignoriert, da keine Konsequenzen folgten.
Schließlich kam die Gelegenheit für ihn, auf die er schon lange gewartet hatte. Man bot ihm die Rolle als Geschäftsführer eines jungen, aufstrebenden Unternehmens an. In dieser Position war er für das Wohl und Wehe der jungen Firma verantwortlich. Diese Aufgabe brachte es mit sich, daß er täglich bis spät in die Nacht an der Arbeit war. Nun begann er, erstmals harte Getränke zu sich zu nehmen. Gutes Essen und dazu passende Weine waren schon lange seine beinah einzige Freude neben der Arbeit gewesen.
Schon seit der Studentenzeit kämpfte er mit seinem Gewicht. Einmal jährlich machte er eine radikale Abmagerungskur, wobei er sich nicht um medizinisch ausgewogene Diäten kümmerte. Er aß einfach den ganzen Tag nichts und nahm dann am Abend wahllos Fleisch, Käse oder ein belegtes Brot zu sich. Um den Hunger zu bekämpfen, rauchte er mehrere Päckchen Zigaretten pro Tag und trank literweise starken Kaffee.

Sein Verhältnis zu seiner Frau hatte sich ziemlich abgekühlt, seit er Geschäftsführer war. Sie sahen sich ja auch praktisch nie mehr, außer wenn er zum Schlafen nach Hause kam. Das endgültige Aus für die Ehe kam, als er ein Verhältnis mit einer jungen Sekretärin anfing. Als seine Frau von dieser Beziehung erfuhr, reichte sie die Scheidung ein.
Diese Handlung seiner Frau verblüffte ihn total. Es war ihm nicht im entferntesten in den Sinn gekommen, sich von ihr zu trennen. Er widersetzte sich der Scheidung so gut er konnte. Auf der anderen Seite bedrängte ihn seine Freundin, sie zu heiraten.
Zur selben Zeit, als es in seinem Privatleben überall kriselte, waren im Geschäft wichtige Entscheidungen fällig. Sein Stellvertreter hatte sich Unregelmäßigkeiten zuschulden kommen lassen, und er sah sich vor die Entscheidung gestellt, den Mann entschieden zurechtzuweisen oder gar zu entlassen.
In diesem Fall versagte seine Strategie der freundlichen Anpassung. Mitten in dem heiklen Gespräch mit dem Stellvertreter verspürte er einen schrecklichen Schmerz in der Brust, begann vor Atemnot zu keuchen und brach zusammen: Herzinfarkt.
Er überlebte. Während seiner Rehabilitationsphase nahm er an psychotherapeutischen Maßnahmen teil. Dabei wurde ihm bewußt, daß er einiges an seinem Leben verändern mußte, um eine Überlebenschance auf Dauer zu haben.
Gespräche über seine Kindheit ergaben folgendes: Er war das einzige Kind. Seine Eltern waren erst kurz verheiratet gewesen, als er auf die Welt kam. Der Vater war Werbemanager, die Mutter arbeitete im selben Betrieb als Fachkraft. Da beide Eltern auch nach seiner Geburt voll berufstätig waren, kam Robert zu seinen Großeltern. Als er ein Jahr alt war, starb sein Vater mit 40 Jahren an einem plötzlichen Herzinfarkt. Seine Mutter war von diesem traumatischen Ereignis so verstört, daß sie für ihren kleinen Sohn noch weniger Zuwendung aufbrachte als vorher. Immerhin verklärte sie ihren verstorbenen Mann und seine Leistungen vor dem Kind in den höchsten Tönen. Der Vater sei für ihn und für sie gestorben, so sehr habe er sich für beide abgerackert. Es stand für das Kind außer Zweifel, daß seine Mutter wünschte, ihn in die Fußstapfen des Vaters treten zu sehen. Anerkennung von ihrer Seite war ausschließlich an hohe Leistung gebunden. Ebenso wichtig war es der Mutter, daß der Sohn gute Manieren zeigte. Stärkere Gefühlsäußerungen waren hingegen nicht gern gesehen, sie wurden durch Höflichkeit ersetzt.
Seine Mutter heiratete nicht mehr. Die einzige engere Beziehung in ihrem Leben galt nach dem Tod ihres Mannes ihrem Sohn. Es fiel ihr schwer, als er aus der gemeinsamen Wohnung auszog und sich gegen Ende des Stu-

diums auf eigene Füße stellte. Aber auch über diese Gefühle wurde zwischen Mutter und Sohn nicht gesprochen.

Seine Frau spielte später eine ähnliche Rolle für ihn. Sie war im Hintergrund anwesend, für ihn nicht fortzudenken, aber das genügte ihm auch schon. Er kam nicht auf die Idee, mit ihr über seine Gedanken und Gefühle zu sprechen, und ebensowenig begriff er, daß ihr das vielleicht zu wenig sein könnte. Mit seiner Freundin verband ihn ein rein sexuelles Verhältnis. Deshalb konnte er auch die gekränkte Reaktion seiner Frau absolut nicht nachempfinden.

Robert hatte gewissermaßen in direkter Erbschaft nach seinem Vater einen Herzinfarkt erlitten. Ein unbewußter Wunsch, es dem Verehrten, den er nie kennengelernt hatte, gleichzutun, spielte dabei eine Rolle. Für die Entwicklung der lebensgefährlichen Krankheit waren aber seine in der Familie erlernten Streßbewältigungsmethoden ausschlaggebend. Dazu gehörten vor allem die Unfähigkeit, Ärger und Aggression Ausdruck zu geben, der Wunsch, es allen recht zu machen und damit Konflikte zu vermeiden, und sein Versuch, über Leistung Anerkennung und Liebe zu erhalten.

Als nächstes wollen wir uns eine Krankheit näher ansehen, die als Geißel der Menschheit gilt. Ich meine damit bösartige Neubildungen, den Krebs. Eine ganzheitliche Betrachtung dieser Krankheit läßt keinen Zweifel daran, daß das soziale Umfeld und das, was in der Familie an Lebensstrategien erlernt wurde, den Ausbruch und Verlauf dieser Krankheit begünstigen.

Vieles von dem, was ich über die Entstehung von Herz-Kreislauf-Krankheiten gesagt habe, gilt auch für das gefürchtete Krebsleiden. Nach Herz- und Kreislauferkrankungen liegt der Krebs heute an zweiter Stelle der Todesursachen. Nur vierzig Prozent der Erkrankten leben länger als fünf Jahre nach Erkennen der Krankheit und therapeutischer Behandlung. Trotzdem zahlt es sich aus, gegen diese Krankheit mit Mut und innerer Kraft zu kämpfen. Wer sich nach der Diagnose innerlich aufgibt, hat wesentlich schlechtere Heilungschancen als jemand, der sich der Krankheit mit starkem Lebenswillen widersetzt. Der zeitweilig auftretenden Angst, Verzweiflung und Hoffnungslosigkeit muß der Patient mit aller Kraft und allem Lebenswillen, die er aufbringen kann, entgegentreten, wenn er überleben will.

Die moderne psychosomatische Forschung steht, was die psychischen Anteile dieses Leidens betrifft, erst am Anfang. Dabei taucht die Vorstellung, daß diese Krankheit etwas mit dem Gemütsleben des Patienten zu tun hat, schon in der Antike auf. So behauptete Galenus, der Leibarzt des römischen Kaisers Marc Aurel, daß melancholische Frauen häufiger an Geschwülsten der Brust erkranken als solche mit einem lebhaften Temperament.

Auch in unserer Zeit betonen bedeutende Ärzte und Krebsforscher in ihren Veröffentlichungen, daß zwischen Krebs und emotionaler Verfassung ein Zusammenhang besteht. So hat O. Carl Simonton eine Methode entwickelt, die es dem Patienten ermöglicht, auf mentalem Weg auf seine Krankheit einzuwirken. In entspanntem Zustand visualisiert der Betroffene seine Krebszellen und mobilisiert seine Abwehrkräfte gegen sie. Er stellt sich z.B. eine Schlacht vor, in der die Abwehrkräfte gegen die eingedrungenen Krebszellen siegen.
Die besten gesundheitlichen Erfolge wiesen bei dieser Methode diejenigen Patienten auf, deren Einstellung zur Therapie am günstigsten war. Dabei war der Erfolg unabhängig von der Schwere der Erkrankung.
Doch noch einmal zurück zu den Vorläufern einer ganzheitlichen Betrachtung des Krebsleidens:
Im Jahre 1701 kam ein Buch heraus, in dem der englische Arzt D. Gendron das Wesen und die Ursachen der Krebserkrankung zu ergründen versucht. Er bringt mehrere Beispiele dafür, wie seelische Erschütterungen den Ausbruch der Krankheit begünstigen:
„Nach dem Tode ihrer Tochter wurde Mrs. Emerson von großer Betrübnis befallen und bemerkte, daß ihre Brust anschwoll, was ihr bald große Schmerzen bereitete. Schließlich brach ein unheilbarer Krebs aus, der in kurzer Zeit einen großen Teil ihrer Brust verzehrte. Stets hatte sie sich vollkommener Gesundheit erfreut."
„Die Frau des Schiffsmaats (der einige Zeit zuvor von den Franzosen ergriffen und inhaftiert worden war) litt so sehr darunter, daß ihre Brust anzuschwellen begann. Bald darauf brach ein verheerender Krebs aus, der so weit fortgeschritten war, daß ich ihr nicht mehr helfen konnte. Vorher hatte sie nie Beschwerden in der Brust gehabt."
1822 stellt T. H. Nunn in einer Untersuchung zum Brustkrebs fest, daß emotionale Faktoren das Wachstum von Tumoren beeinflussen.
1846 faßte ein weiterer berühmter Arzt seiner Zeit, Walter Hyle Walshe, in einem Buch das zusammen, was damals über Krebs bekannt war. Dieses Buch hat den Titel *The Nature and Treatment of Cancer,* auf deutsch: *Die Natur und Behandlung des Krebses.*
Er kommt zu dem Schluß, daß es gegen die vernünftige Einsicht wäre, den Einfluß des Geistes auf die Entstehung und den Verlauf der Krebskrankheit zu leugnen. Seelischer Schmerz, unerwartete Schicksalsschläge oder ein schwermütiges Temperament bilden die einflußreichste Ursache für Krebs.
Alle diese Ärzte sind sich darin einig, daß Sorge, vergebliche Hoffnungen, Depressionen, seelischer Schmerz, Erschöpfung und Entbehrungen zu den unmittelbar krebserzeugenden Ursachen gehören.
Interessant ist in diesem Zusammenhang, daß bei Schwachsinnigen Krebs

bemerkenswert selten auftritt, wie H. Snow in seiner ersten statistischen Untersuchung über die Zusammenhänge zwischen Gefühlszuständen und Krebserkrankung 1893 feststellt.
Die Krebsanfälligkeit ist auch unter Katatonikern, also Menschen, die sich völlig von der Außenwelt zurückgezogen haben und nicht auf sie reagieren, sehr gering. Anders sieht die Sache bei Paranoikern, also Menschen, die besonders empfindlich auf ihre Umgebung reagieren, aus. Sie haben eine viel höhere Wahrscheinlichkeit, an Krebs zu erkranken, als die übrige Bevölkerung.
Dies würde den Zusammenhang zwischen sozialem Streß, der Art seiner Verarbeitung und der Krankheitsanfälligkeit bestätigen.
In einer neueren Arbeit (Cramer et al., 1977) wird die Persönlichkeit von Krebspatienten folgendermaßen beschrieben: „... entgegenkommend, hilfs- und opferbereit, gewissenhaft und verantwortungsbewußt, gut angepaßt an Normen und Erwartungen der Gesellschaft, religiös auch im Sinne von sozialer Verpflichtung und autoritätsgläubig, Selbsteinschätzung körperlicher Stärke und emotional stabil (nach außen), geben keine Ängstlichkeit oder Phobien zu und verneinen jede Art von Streß. Sie sind unfähig, aggressive oder feindselige Gefühle zu empfinden. Hinter der Fassade von Freundlichkeit und sozial erwünschten Haltungen werden tief verdrängte Konflikte und innere Isolation mit Verfremdung nur schwer sichtbar."
Eine umfassende wissenschaftliche Krebstheorie stellte Wilhelm Reich, ein Schüler Sigmund Freuds, auf. Offenbar war er mit seinen Ideen den Erkenntnissen seiner Zeit weit voraus. So fand seine Theorie in der Schulmedizin nicht die Anerkennung, die ihr nach unseren heutigen Erkenntnissen zukommt. Er nahm vieles von dem Wissen vorweg, an das wir uns heute in der Krebsforschung wieder mühsam herantasten.
Seiner Annahme nach ist die Krebsgeschwulst nur ein Symptom der Krebserkrankung. Entsprechend kann eine lokale Behandlung der Krebsgeschwulst allein, sei es durch Operation oder Radiumbehandlung, keine dauerhafte Heilung der Grundkrankheit bewirken.
Aber lassen wir Reich selbst zu Wort kommen: „Daher trifft die lokale Behandlung der Krebsgeschwulst ... nicht die Krebserkrankung als solche, sondern nur eine ihrer sichtbaren Symptome. Auch der Krebstod ist nicht dem Vorhandensein eines oder mehrerer Geschwülste zuzuschreiben. Der Krebstod ist vielmehr der letzte sichtbare Ausdruck der biologischen Allgemeinerkrankung ‚Krebs', die auf Zerfall des Gesamtorganismus beruht. Über die Natur dieser biologischen Allgemeinerkrankung gibt die medizinische Literatur keine Auskunft. Die sogenannte ‚Krebsdisposition' deutet nur an, daß sich im Hintergrund der Krebsgeschwulst bisher unerforschte Prozesse tödlichen Charakters abspielen."
Reich ersetzt den Begriff „Krebsdisposition" durch „Karzinom-Biopathie".

Und hier folgt ein sehr interessanter Gedankengang, dem wir in der modernen Psychosomatik immer wieder begegnen. Es ist die Überlegung, daß ein Grundleiden verschiedene Symptome erzeugen kann. Reich nochmals wörtlich: „Unter Biopathien wollen wir alle Krankheitsprozesse zusammenfassen, die sich am autonomen Lebensapparat abspielen. Es gibt eine typische Grunderkrankung des autonomen Lebensapparates, die, einmal in Gang gesetzt, sich in verschiedenen symptomatischen Krankheitsbildern zu äußern vermag.
Die Biopathie kann in einem Karzinom resultieren, aber ebenso in einer Angina pectoris, einem Asthma, einer kardiovaskulären Hypertonie, einer Epilepsie, Katatonie, paranoiden Schizophrenie, Angstneurose, in multipler Sklerose, Chorea, chronischem Alkoholismus etc. Wir wissen noch gar nichts darüber, welche Umstände die Entwicklung einer Biopathie in der einen oder anderen Richtung bestimmen. Wichtig ist uns zunächst das Gemeinsame aller dieser Erkrankungen: Es ist eine Störung der natürlichen Pulsationsfunktion des lebenden Gesamtorganismus."
Reich erklärt diese Pulsationsstörung mit einer Störung des biosexuellen Erregungsablaufes. Eine solche Stauung kann nach seiner Meinung „als emotionelle Störung des seelischen Apparats, als Neurose oder Psychose in Erscheinung treten. Sie kann sich aber auch unmittelbar im Funktionieren der Organe auswirken und als Organerkrankung zum Vorschein kommen." Reich sagt klar, daß physikalisch-chemische Vorgänge ebenso zur Entstehung der Biopathie beitragen wie emotionelle. Für ihn ist der Knotenpunkt, in dem sich diese Vorgänge treffen, der biosexuelle Energieablauf.
„In der biosexuellen Emotion äußert sich die psychosomatische Einheitlichkeit des biologischen Gesamtsystems am klarsten."
Reich weist auch auf die Bedeutung der körpereigenen Abwehr, des Immunsystems, bei der Krebsentstehung hin. Sauerstoffarmes, übersäuertes, chronisch verkrampftes Gewebe bietet den Krebszellen eine Angriffsfläche. Hingegen widerstehen biologisch ordentlich funktionierende Organe solchen Reizen.

Bisher sind wir zwei wichtigen krebsauslösenden Faktoren begegnet, die sich im Körper chemisch nachweisen lassen. Beide hängen eng mit der psychischen und seelischen Verfassung des Patienten zusammen:
Erstens der gestörte Stoffwechsel, der zu Sauerstoffarmut und Übersäuerung im Gewebe führt. Ein solcher Sauerstoffmangel hängt eng mit behinderter und falscher Atmung zusammen.
Wir wissen aus einem früheren Kapitel, wie sehr gerade die Atmung eine Brücke zwischen der Umwelt und uns selbst schlägt. Angst, Streß, Depression behindern die freie Atmung.

Achten Sie einmal selbst darauf, in wie vielen Situationen Sie den Atem anhalten oder im oberen Bereich Ihres Brustkorbes festhalten!
In einer Depression ist diese Atemstörung chronisch, aber auch bei vielen anderen Störungen des psychischen Wohlbefindens.
Der zweite Faktor, der in diesem Zusammenhang eine wichtige Rolle spielt, ist das Immunsystem. Offenbar treten auch im gesunden Körper immer wieder Krebszellen auf. Sie werden aber normalerweise vom Immunsystem, das wir als eine Art Körperpolizei ansehen können, in Schach gehalten. Ist nun diese Körperpolizei aus inneren oder äußeren Gründen geschwächt, kann sie ihren Aufgaben bei der Bekämpfung dieser abnormen Zellen nicht mehr entsprechend nachkommen. So nehmen die Krebszellen bis zu einem Ausmaß zu, wo sie der Kontrolle des Immunsystems entgleiten.
Eine solche Schwächung des Immunsystems kann seine Ursache in einer Depression, in einem schwerwiegenden Verlusterlebnis und den darauf folgenden Phasen seelischer Erschöpfung und Verzweiflung haben. Untersuchungen aus alter und neuer Zeit zeigen, daß Krebspatienten häufig ein von Mißerfolgen und Enttäuschungen gezeichnetes Leben hinter sich haben. Viele verloren schon in der Kindheit die Mutter, übrigens ein entscheidender Faktor, der auch zur Entstehung von Depressionen beiträgt.
Ein bis zwei Jahre vor Ausbruch der Krankheit gab es bei vielen späteren Krebspatienten traumatische Erlebnisse, sie verloren einen ihnen nahestehenden Menschen oder waren durch Verlust ihrer beruflichen Position in ihrer Existenz bedroht. Nach einer Untersuchung von Anne-Marie Tausch handelt es sich bei den „Krebspatienten um eine Personengruppe, die durch persönliche Probleme, auch mitbedingt durch ihre Erkrankung, deutlich belastet sind ... – Vor den Gruppengesprächen gibt jeder Krebspatient im Durchschnitt sieben ihn stark belastende persönliche Probleme an."
Diese Ereignisse werden vor allem durch die Form ihrer Verarbeitung traumatisch. Hier ergibt sich ein Zusammenhang zwischen Depression und Krebserkrankung.
Wie wir bereits wissen, entsteht die Depression dann, wenn die zur Trauer gehörenden Gefühle verdrängt oder verleugnet werden. Ein solcher Mensch wirkt angepaßt, zeigt Haltung und läßt seinen Kummer nach außen nicht spürbar werden. Untersuchungen der Krebsspezialisten über deren Gefühlsleben ergaben, daß viele Krebskranke ihre Gefühle nur sehr schwer ausdrücken können. Sie leiden an einer inneren Leere, wie sie auch für die Depression typisch ist. Ihr Symptom, die hemmungslos wuchernde Krebszelle, stellt gleichsam ihre andere Seite dar: im Gegensatz zum kontrollierten Äußeren findet im Körper unkontrollierbares Wachstum statt.

Ein dritter Faktor, der zur Krebsentstehung beiträgt, sind Umwelteinflüsse in Form kanzerogener Stoffe. Sie stören die normale Funktion und lassen Zellen entarten. Inzwischen sind viele Stoffe als möglicherweise krebserzeugend bekannt geworden. Bekannt sind der Tabakrauch, Asbest, Röntgenstrahlung, Teer und anderes mehr. Einen Teil dieser Stoffe fügen sich Menschen sogar freiwillig zu, obwohl deren schädliche Wirkung bekannt ist.
Diese wenig ermutigende Einstellung zum Leben zeigt sich auch im großen, nämlich dort, wo wir in hohem Ausmaß unsere Umwelt mit krebserzeugenden Stoffen vergiften. Die Haltung, mit der die Verantwortung für die lebensschädigenden Vorgänge von vielen Menschen auf andere abgeschoben wird, ähnelt der Haltung, mit der sich ein Erkrankter weigert, die Verantwortung für die Vorgänge in seinem eigenen Körper zu übernehmen.
Dies hat nichts mit Begriffen wie Schuld und Sühne zu tun. Verantwortung übernehmen heißt für mich in diesem Zusammenhang, das, was in mir vorgeht, als einen wichtigen Teil meiner selbst zu akzeptieren und mich damit auseinanderzusetzen.
Ein erkrankter Mensch braucht auf jeden Fall verständnisvolle Hilfe und Unterstützung von seiner Umgebung. Die kann von Freunden, Nachbarn, der Familie oder Seelsorgern kommen. Reicht eine solche Hilfe nicht aus oder ist sie nicht verfügbar, ist es sinnvoll, einen Psychotherapeuten aufzusuchen. Er kann helfen, die Kraftreserven des Patienten zu mobilisieren, damit er aktiv an seinem Gesundwerden mitarbeiten kann.

Ich habe Ihnen an früherer Stelle ein paar meiner Gedanken zur Krebsentstehung vorgestellt. Rufen Sie sich in Erinnerung, welche Bedeutung ich dem Mangel an körperlicher Berührung und Zärtlichkeit bei dazu disponierten Menschen beigemessen habe. Zweifellos ist die Unfähigkeit, Gefühle und Wünsche innerhalb der Familie laut werden zu lassen und für ihre Erfüllung zu kämpfen, wesentlich bei der Entstehung von Krebs. Gehen wir nochmals in die frühe Kindheit zurück: Wie Sie in meiner Einleitung lesen konnten, lernt das Kleinkind sich selbst und seine Fähigkeiten im Spiegel der mütterlichen und im weiteren Sinn der familiären Antworten auf seine Existenz und seine Handlungen kennen und wertschätzen. Nur wenn ich gelernt habe, mich selbst wichtig zu nehmen, werde ich mich auch für mich selbst einsetzen. Gerade die körperliche Zuwendung, Streicheln und Schmusen, ist für die Entwicklung des Selbstwertes im frühen Alter besonders wichtig. Das Kind lernt über seinen Körper, wie es sich anfühlt, angenommen zu werden, und kann sich dann entsprechend selbst mit seinen Gefühlen annehmen.
In einem ungestörten Mutter-Kind-Verhältnis werden die Bedürfnisse bei-

der im zärtlichen Umgang miteinander befriedigt. Die beste Chance für die liebevolle Betreuung und Annahme eines Kindes bietet eine gute Partnerschaft der Eltern, in der Mann und Frau einen gleichwertigen Platz einnehmen und sich gegenseitig bei ihrer Erziehungsaufgabe unterstützen.
Diese eigentlich natürlichste aller Bedingungen ist in unseren Industriestaaten leider nicht die Norm. Während bei vielen Naturvölkern die werdende Mutter schon in der Schwangerschaft liebevoll umsorgt und alles Belastende möglichst von ihr ferngehalten wird, soll eine schwangere Frau bei uns möglichst bis zum letzten Augenblick vor ihrer gesetzlichen Schutzfrist problemlos funktionieren. Immer öfter hat sie keinen Mann an ihrer Seite, da sich der künftige Vater schon vor Geburt des Kindes anderen Lebenszielen zuwendet. Die moderne Kleinfamilie vermag nur in Ausnahmefällen Ersatz zu bieten, häufig befinden sich überhaupt keine Verwandten in der Nähe. So ist es für die Mutter schwer, sich ihrem Kind ungestört in vollem Ausmaß zuzuwenden.
Ausreichende Zuwendung ist aber im Kindesalter eine der wichtigsten Voraussetzungen für gesunde Entwicklung im körperlichen, seelischen und sozialen Bereich. Unser nächstes Beispiel zeigt Ihnen, wie sich ein Krebsleiden bei einem Mann entwickelte, der nach schwerer Vernachlässigung in der Kindheit jahrelang an schweren Depressionen litt.

Franz M. ist 50 Jahre alt, als er an einem Darmkrebs erkrankt. Ein Jahr vor Ausbruch der Erkrankung war er arbeitslos geworden und hatte keine Aussicht, in seinem Alter nochmals eine Anstellung zu finden. Sein Wesen ist düster und wirkt auf seine Bekannten abweisend. Er lebt nach der Scheidung von seiner Frau allein in einem Appartementhaus.
Etwa zehn Jahre, bevor sich die spätere Krebskrankheit bemerkbar machte, litt Herr M. bereits an schweren Depressionen. Seine Frau war neben dem Arzt die einzige, die von seinen seelischen Kämpfen wußte. Besonders nachts litt er unter Schlaflosigkeit, einem Gefühl der Atemnot und versuchte mehrmals, durch Selbstmord seinen unerträglichen seelischen Qualen ein Ende zu machen. Seiner Frau gelang es jedoch, ihn unter ungeheurem Einsatz ihrer eigenen Kräfte davon abzuhalten.
Von alldem drang nichts nach außen. An seinem Arbeitsplatz wirkte Herr M. wie immer. Zurückhaltend, aber angepaßt und arbeitsam.
Die Kindheit von Herrn M. war überschattet von schmerzlichen Erlebnissen. Er verlor seine Mutter, als er erst ein paar Monate alt war. Der Vater kümmerte sich nicht um ihn, so wuchs er bei einer entfernten Tante auf, die sich mehr schlecht als recht um ihn kümmerte. Sie hatte selbst keine eigenen Kinder und war alleinstehend. Ihre Vorstellungen von einem Kind bewegten sich vor allem in den Bahnen von sauber und anständig. Sie hatte weder Zeit noch Lust, sich mit dem Gefühlsleben des kleinen Jungen zu

befassen. Er bekam zu essen, wurde ordentlich gekleidet und ansonsten sich selbst überlassen. Andere Kinder sah die Tante nicht gerne im Haus, sie hätten die Ordnung stören können.
So wuchs Herr M. auf, ohne Zärtlichkeit, Zuneigung und Liebe kennenzulernen. Obwohl sein leiblicher Vater nicht weit von ihm entfernt lebte, machten weder er noch sein Sohn je den Versuch, sich kennenzulernen.
Herr M. verheiratet sich mit einer Frau, die etwas von der Mütterlichkeit ausstrahlt, die er immer vermißt hat. Aber auch sie hat nicht gelernt, über ihre Gefühle zu sprechen. Beide verbringen ihre ganze Freizeit mit Arbeit an dem Haus, das sie sich mit vielen Entbehrungen und Mühen selbst gebaut haben.
Die Ehe mit dem wortkargen Mann verlangt von der Frau eine große Fähigkeit zur Anpassung. Ihre seelische Kraft wird während der depressiven Phasen ihres Mannes sehr auf die Probe gestellt.
Sie spürt zwar, wie sehr sie ihr Mann braucht und in welchem Ausmaß er von ihr abhängig ist. Gerade dieses Übermaß an Erwartungen wird ihr aber mehr und mehr zur unerträglichen Last.
Als ihr Mann schließlich arbeitslos wird, den ganzen Tag zu Hause ist und nun versucht, dort das Regiment zu übernehmen, ist das Maß voll. Frau M. verläßt ihn und zieht zu ihrer Schwester.
Das unter soviel Mühen erworbene Haus wird verkauft, Herr M. zieht allein in ein kleines Appartement.
Nun ist das geschehen, was im Leben vieler Krebskranker eine wichtige Rolle spielt. Herr M. fühlt sich als absoluter Verlierer. Wenn er auf sein Leben zurückblickt, erscheint es ihm als eine Kette von Niederlagen, als eine Reihe unerträglicher Verluste.
Als die schon weit fortgeschrittene Krankheit bei ihm entdeckt wird, reagiert er mit absoluter Hoffnungslosigkeit. Er nimmt die Diagnose hin wie ein Todesurteil. Sein Lebenswille scheint erloschen, er will nicht mehr. Der Krebs breitet sich schnell aus. Trotz Operation stirbt Herr M. ein Jahr nach der Entdeckung der Krankheit.

Unser nächstes Beispiel zeigt einen extremen Fall. Traumatisierende Erlebnisse und ein krankmachendes Beziehungsmuster schädigen die Abwehrkräfte einer ganzen Familie so nachhaltig, daß nacheinander alle Familienmitglieder an Krebs erkranken.
Familie O. hatte ein aufreibendes und belastendes Leben hinter sich. Die Eltern lernten sich im Zweiten Weltkrieg kennen und heirateten während eines Fronturlaubes. Anschließend waren sie jahrelang voneinander getrennt, während beide ständig Todesangst um ihr eigenes Leben und das des Partners hatten. Der Mann war in Rußland an der Front, die Frau erlebte indessen die täglichen Luftangriffe. Nach Ende des Krieges mußte

der Mann jahrelang in russischer Kriegsgefangenschaft verbringen, bis er endlich nach Hause geschickt wurde. Ein ganz normales Schicksal in jenen Zeiten.
Die freudig gefeierte Rückkehr erwies sich bald als neuerliche Belastung. Mann und Frau hatten sich voneinander wegentwickelt. Nur mühsam fanden die beiden wieder zusammen. Das von ihnen ersehnte Kind stellte sich lange nicht ein. Inzwischen lebten die beiden ein Eheleben, das von ständigem Streit und Zank geprägt war. Beide waren unzufrieden, da sie vom anderen nicht das bekamen, was sie gebraucht hätten. Keiner von beiden konnte indessen sagen, was das eigentlich hätte sein sollen. Sie spürten nur, daß es fehlte.
Trotzdem hielt vorläufig die Ehe. Bei allen vorhandenen Problemen gab es doch auch viele angenehme Seiten, vor allem finanzieller Natur, auf die weder Mann noch Frau verzichten wollten. Sie war eine gute Hausfrau und erledigte diesen Bereich zu seiner Zufriedenheit. Er war beruflich erfolgreich und fleißig und konnte somit seiner Frau manches bieten, was ihr Freude machte.
Dieses mühsam aufrechterhaltene Gleichgewicht bekam einen tiefen Riß, als schließlich doch noch ein Kind auf die Welt kam, ein Mädchen. Beide hatten sich einen Jungen gewünscht. Mühsam verbargen die Eltern ihre Enttäuschung voreinander.
Besonders der Vater konnte sich schlecht mit der neuen Situation abfinden. Das Mädchen bedeutete in seinen Augen eine Stärkung der Position seiner Frau, was für ihn unerträglich war.
Die alten Streitereien flammten wieder auf, schlimmer denn je. Nur das Thema hatte sich geändert. Es ging nun um die Kindererziehung. Die Vorstellungen von Mutter und Vater, wie mit dem Kind umzugehen sei, unterschieden sich grundlegend voneinander. Einigkeit kam nur selten zustande, meist gab einer der beiden zähneknirschend nach. Das führte zu einem Erziehungsstil, in dem sich extreme Strenge und Härte mit Nachgiebigkeit und Verwöhnung abwechselten.
Wie nicht anders zu erwarten, war das kleine Mädchen ein anstrengendes und bald bei allen Verwandten und Bekannten gefürchtetes Kind. Da sie nie wußte, wie ihre Eltern reagieren würden, war sie bei jeder Handlung gezwungen, erst einmal auszutesten, wie weit sie gehen konnte. Sie war ständig in wilder Aktion, Strafe und Lob prasselten in unberechenbarer Weise auf sie nieder.
Die eheliche Beziehung der Eltern stand ein paar Jahre nach Geburt der Tochter vor der totalen Zerrüttung. Der Mann hatte sich eine Freundin zugelegt, was zu erneutem Ehekrieg führte. Schließlich zog er aus, ohne daß deshalb die Beziehung zu seiner Familie ganz abgerissen wäre. Er traf sich regelmäßig mit Frau und Kind, und allmählich besserte sich durch die

Distanz das Verhältnis der Eheleute. Beide sahen ein, daß nicht nur der Partner Fehler gemacht hatte. Dem Mann ging das Leben allmählich auf die Nerven, zumal das Verhältnis mit seiner Freundin nicht lange gedauert hatte. Er begann sich wieder nach seiner Wohnung und seiner Familie zu sehnen. Schließlich zog er wieder ein.
Inzwischen war die Tochter soweit, daß sie eine Ausbildung beginnen sollte. Binnen kurzer Zeit begann sie drei Lehrverhältnisse, brach sie wieder ab und arbeitete schließlich als Hilfsarbeiterin in einer Schuhfabrik. Das war den Eltern nicht recht, aber sie hatten keinen Einfluß mehr auf die beruflichen Entscheidungen der Tochter.
Auch die Arbeit in der Schuhfabrik endete nach einem Jahr. Es folgten etliche Gelegenheitsbeschäftigungen, dann nahm sie eine reisende Tätigkeit auf. Schließlich fuhr sie mit dem ersparten Geld nach Sri Lanka und kam völlig abgebrannt nach 6 Monaten wieder.
Diese Entwicklung der Tochter hatte den Eltern Kummer und Sorgen gemacht. Sie waren froh, daß sie wieder im Land war. Kurze Zeit später bemerkte die Mutter in ihrer rechten Brust einen Knoten. Eine Untersuchung ergab Krebs. Die Tumorzellen hatten sich bereits auf die Lymphknoten ausgebreitet. Eine große und belastende Operation wurde nötig, bei der die Brust entfernt wurde.
Mann und Tochter kümmerten sich rührend um sie, während sie nach der Operation im Krankenhaus lag. Alle früheren Streitereien zwischen den Eheleuten schienen verstummt, noch nie hatten sie sich so gut verstanden. Diese neue Harmonie hielt auch an, als die Frau wieder nach Hause kam. Ihr Mann hatte inzwischen gelernt, die Hausarbeit zu verrichten, er kochte, wusch und bügelte, daß seine Frau nur so staunte.
Leider war die Genesung nach der Operation nur vorläufig. Nach einem Jahr zeigte sich, daß auch die andere Brustseite vom Krebs befallen und auch in anderen Körperteilen Metastasen entstanden waren. Nach der zweiten Operation kam die Frau nochmals kurz nach Hause, mußte aber bald wieder ins Krankenhaus und starb dort nach einigen Monaten.
Ihr Mann hatte sich in dieser Zeit fast ständig im Krankenhaus bei seiner Frau aufgehalten. Er war in Frührente gegangen und hatte so Zeit, sich um seine Frau zu kümmern. Nach ihrem Tod brach er völlig zusammen. Er schien jeden Lebensmut verloren zu haben.
Noch in der letzten Lebenswoche der Mutter war bei der Tochter eine bösartige Veränderung am Gebärmutterhals festgestellt worden. Die Mutter war kaum begraben, als sich die Tochter zur Krebsoperation ins Krankenhaus begab. Anschließend wohnte sie weiter beim Vater und suchte sich erstmals seit Jahren eine ständige Beschäftigung.
Ein Jahr später lernte sie einen geschiedenen Mann kennen, der mit seinem Kind allein lebte. Er war wesentlich älter als sie und gab ihr die Gebor-

genheit, nach der sie sich sehnte. Sie zog bei ihrem Vater aus und lebte mit ihrem Freund zusammen.
Der Vater war nun ganz allein. Nach wie vor betreute er seinen Haushalt selbständig, aber darüber hinaus hatte er das Interesse an allem verloren, was ihm früher etwas bedeutet hatte. Er war nicht mehr in seiner Stammkneipe zu sehen, er fuhr nicht mehr mit seinem Auto und nahm von sich aus keinerlei Kontakt zu seinen Verwandten und Freunden auf.
Bald darauf wurde ein Darmkrebs festgestellt, der schon ziemlich fortgeschritten war. Die Operation überlebte er noch ein halbes Jahr, dann starb er an seiner Krankheit.
Es ist noch ungewiß, ob die Krebskrankheit der Tochter durch die Operation beseitigt ist. Die seelische Erschütterung durch den so kurz nacheinander eingetretenen Tod beider Elternteile ist groß. Andererseits ist eine Stabilisierung durch die befriedigende und gute Beziehung zu ihrem Freund und dem Kind eingetreten. Sie beschäftigt sich seit ihrem Aufenthalt in Sri Lanka viel mit der östlichen Philosophie, betreibt Yoga und lebt bewußter in Einklang mit ihrem Körper als früher. Dies sind gute Voraussetzungen, um wieder gesund zu werden. Ganz konnte sie jedoch ihr gesundheitsschädigendes Verhalten trotz bewußter Einsicht nicht verändern: nach wie vor raucht sie außerordentlich viel. Hoffen wir für sie, daß sie lernt, gesündere Reaktionen auf Streß zu entwickeln.

Wir haben gesehen, wie ein Organismus durch jahrelange Überforderung im emotionalen Bereich seine Widerstandskraft gegenüber Krankheitserregern einbüßt. Aber auch das Fehlen eines wichtigen Lebensinhalts trägt dazu bei, die Entstehung einer schweren Krankheit, wie es der Krebs ist, vorzubereiten. Entscheidend für den krankmachenden Charakter einer Streßsituation scheint zu sein, ob ich ihr hilflos ausgeliefert bin oder im Gegenteil an der Situation durch aktives Handeln etwas ändern kann. Dabei können die Möglichkeiten, etwas zu verändern, in der Realität durchaus vorhanden sein. Für den Klienten kann sich aber auf Grund einer durch psychische Faktoren eingeschränkten Handlungsfähigkeit trotzdem eine Situation ergeben, in der er sich hilflos fühlt.
Die Therapie hat die Aufgabe, dem Patienten dabei zu helfen, seine verschiedenen Wahlmöglichkeiten zu erkennen. Wer zwischen mehreren Wegen wählen kann, ist unmittelbar an der Gestaltung seines Schicksals beteiligt.
Gerade bei der Therapie krebskranker Menschen ist es wichtig, durch Mobilisierung des Lebenswillens ihre Mitarbeit zu gewinnen.
Sie müssen davon überzeugt werden, daß sie nicht hilflos ihrer Krankheit ausgeliefert sind, sondern aktiv etwas zu ihrer Genesung beitragen können. Wo es krankmachende emotionale Faktoren gibt, muß es auch ge-

sundmachende geben. Die gerade bei Krebskranken oft zu beobachtende hinnehmende Haltung muß der Kranke zu seinen eigenen Gunsten in eine kämpferische umwandeln.
Er muß lernen, für sich selbst einzutreten und sich wichtig zu nehmen, sich auch etwas zu gönnen und nicht sich selbst zugunsten anderer zu vernachlässigen.
In diesem Prozeß spielt die Familie eine wichtige Rolle. Wenn sie die neuen Verhaltensweisen ihres Mitglieds nicht annimmt, fällt dieses automatisch wieder zurück in die alte Rolle. Die Familie muß den Kranken ermutigen, sich durchzusetzen, Konflikte anzusprechen und Auseinandersetzungen zuzulassen. Dazu gehört auch die Auseinandersetzung mit der Krankheit, wobei alle Gefühle möglichst offen gezeigt werden sollten. Nur so entsteht ein Klima des Vertrauens, in dem sich der Kranke mit allen seinen widerstrebenden und oft als negativ empfundenen Gefühlen aufgehoben und geborgen weiß.
Damit die Familie dieser Aufgabe gewachsen ist, braucht sie im allgemeinen Hilfe von außen. Sie kann vom Arzt, vom Seelsorger, von Freunden oder vom Psychotherapeuten kommen. Entscheidend ist, daß er mit den heilenden Kräften, die jeder Mensch und jede Familie in sich tragen, in Kontakt kommt. Das Potential zur Veränderung ist in jedem Menschen, aber auch in Systemen, wie es eine Familie ist, vorhanden. Denken Sie an jene tröstliche Tatsache, die ich schon mehrmals erwähnt habe, weil sie mir so wichtig ist: In jedem Augenblick unseres Lebens ist es uns möglich, einen neuen Weg einzuschlagen.
Sehen wir auch die Krankheit Krebs mit neuen Augen: als eine Herausforderung, die uns lehrt, neue Wege in unserem Leben zu gehen; als den Schlußpunkt einer Entwicklung, die krank macht und letztlich tödlich ist; als den Beginn eines neuen Lebens, in dem wir jene Seiten in uns zu Wort kommen lassen, die bisher schweigen mußten; aber auch als Beginn eines Kampfes, in dem wir unsere ganze Kraft einsetzen müssen, um zu gewinnen.
Damit schließe ich die Überlegungen zur Krebskrankheit ab. Ich hoffe, daß ich Ihnen mit diesen Gedanken Anregungen geben konnte, was Sie selbst für Ihre Gesundheit tun können. Das gilt sowohl für die Vorbeugung als auch für den Fall, daß Sie bereits erkrankt sind. In jedem Fall wünsche ich Ihnen, daß Sie sich als der Herr, die Frau Ihres eigenen Schicksals betrachten und dieses tatkräftig in die Hand nehmen! Eine solche Haltung dient sowohl der Vorbeugung als auch der Heilung von Krankheiten aller Art.

Anschließend möchte Ihnen eine interessante Beobachtung schildern, die beweist, daß Erfahrungen in der Kindheit, auch wenn wir nichts mehr von ihnen wissen, in unserem Körper eine Erinnerungsspur hinterlassen. Sie dient später als Auslöser für unbewußte oft krankmachende Handlungen und eine unglückliche Haltung dem Leben gegenüber, verbunden mit schmerzlichen Gefühlen.

Ich habe in den vorangehenden Kapiteln immer wieder darauf hingewiesen, wie wichtig die Geborgenheit des Kindes in einer glücklichen Familie für den gesunden Verlauf des späteren Lebens ist. Bei meiner Arbeit mit Patienten konnte ich immer wieder feststellen, daß Störungen der Beziehungen Eltern-Kind bzw. Mutter-Kind in der Kleinkindphase lange anhalten und später schwer zu überwinden sind. Lebenskrisen der unterschiedlichsten Art lassen sich auf diese Störungen zurückführen. Da das bewußte Erinnerungsvermögen des Menschen an seine frühe Kindheit nicht vorhanden ist, könnte man glauben, daß Ereignisse in dieser Zeit ohnehin vergessen werden und damit unwichtig sind. Nun möchte ich Ihnen an einem Beispiel beweisen, daß im Körper Erinnerungen an traumatische Erlebnisse gespeichert werden. Unter bestimmten Umständen können sie mit den dazugehörigen Gefühlen aktiviert werden. Erfahrungen im Säuglingsalter verewigen sich mangels eines ausgeprägten Bewußtseins im Körper.

Manchmal gelingt es im Lauf einer Therapie, sie dort zu fühlen, wohin sie ursprünglich verdrängt wurden.

Zum besseren Verständnis dieses Vorganges bitte ich Sie, an einen Säugling zu denken, der jäh aus seinem beschaulichen Dasein der Ruhe und befriedigten Bedürfnisse herausgerissen wird, etwa durch eine Blutentnahme an der Ferse: Das kleine Menschlein krümmt sich ganz und gar zusammen und zeigt alle Anzeichen einer schweren körperlichen Erschütterung. Ähnlich unangenehme Erfahrungen macht ein Baby, wenn es von fremden, unvertrauten Händen gehalten oder in Hast und ohne Gefühl für seine Bedürfnisse gewickelt oder angezogen wird.

Im folgenden schildere ich Ihnen, wie ein solcher an ein frühes Erlebnis gekoppelter Schmerz wieder einer erwachsenen Frau bewußt wurde:

Es passierte bei einer körperbezogenen Atemübung: Ruth krümmte sich zusammen und begann vor Schmerzen zu keuchen und zu schreien. Der Schmerz saß auf beiden Halsseiten und wurde später von Ruth als gleichermaßen seelisch und körperlich beschrieben. Seine Intensität muß sehr groß gewesen sein. Während der Schmerz anhielt, stieg eine frühe Erinnerung in Ruth auf. Sie war gegen Ende des Zweiten Weltkrieges geboren worden. Ihr erstes Lebenshalbjahr war überschattet von Bombenalarm und damit verbundener Panik und extremen Angstreaktionen ihrer Mutter und anderer Familienmitglieder. Die Körperpflege des Babys mußte auf das Nötigste beschränkt werden. Ruth konnte in dieser Zeit nicht gebadet werden. Die Bombenalarme folgten zu knapp aufeinander, die Gefahr war zu groß – man hätte das nackte Kind auf der Flucht vor der Gefahr aus der Wanne reißen müssen. So war eine ihrer frühesten Erfahrungen die Angst der Mutter und ihre ständige Hast beim Ankleiden und der Körperpflege. Häufig wurde das kleine Kind unsanft aus seinem Bettchen genommen, in aller Eile in den Kinderwagen verfrachtet und bei Sirenengeheul und dem Dröhnen der anfliegenden Maschinen in einen Luftschutzkeller gefahren.

Ruth wurde ein unruhiges, nervöses und krankes Kind. Ihre Krankheiten hatten ihren Ort in Hals und Ohren. Mehrmals im Jahr wurde sie von Mittelohrentzündungen geplagt, ihre Hals- und Rachenmandeln waren vergrößert und oft vereitert. Nachdem die Mandeln entfernt worden waren, blieb eine Neigung zu eitriger Seitenstrangangina bestehen. Während ihres ganzen bewußten Lebens spürte sie seelische Schmerzen wie einen Kloß im Hals.

Nun hatte sie erstmals bewußt Kontakt mit ihren lange verdrängten, schmerzlichen Gefühlen aus dieser Kleinkindzeit bekommen. Sie waren fast unerträglich für sie. Ich hielt sie fest in meinen Armen, um ihr ein Durchleben dieser Situation zu erleichtern. Ihr ganzer Körper hatte sich gekrümmt und wand sich in Schmerzen.

Im Anschluß an dieses Erlebnis wurde ihr noch etwas bewußt. Ohne Wissen um die Zusammenhänge aus ihrer eigenen Kindheit hatte sie ihr eigenes kleines Kind stets mit großer Eile und dem zwingenden Gefühl von der Notwendigkeit dieser Eile angezogen. Dies war ihr erstmals aufgefallen, als sie einer Freundin zuschaute, die mit großer Ruhe, Gelassenheit und aller Zeit der Welt ihr Kind badete und ankleidete. Nun wußte sie über die tieferen Gründe ihrer vorher unverständlichen Handlungsweise Bescheid.

Nach dieser Sitzung und dem Durchbruch der verschütteten Körpergefühle stabilisierte sich die Gesundheit Ruths zusehends. Eitrige Halsentzündungen gehörten der Vergangenheit an. Gelegentlich auftretendes Halsweh interpretierte sie nun für sich als eine Warnung, mit sich selbst behutsamer umzugehen und sich mehr Zeit zu gönnen. Dies schien die richtige Therapie, denn die Halsschmerzen verschwanden jedesmal innerhalb kurzer Zeit.

In diesem speziellen Fall verkörperte der Hals als ein aufnehmendes Organ offenbar die Sehnsucht, sich Liebe und Zuneigung einzuverleiben. Dieser Zusammenhang offenbarte sich in einer Gestaltsitzung, in dem die Patientin das Gefühl äußerte, „den Hals niemals voll zu bekommen“.

Gerade diese Erfahrung, niemals ausreichend bekommen zu haben, was für uns Menschen und nicht nur für uns lebensnotwendig ist, nämlich liebevolle Zuwendung, teilen Menschen mit körperlichen oder psychischen Störungen. Ihre Krankheitserscheinungen können auch als Schrei nach dem interpretiert werden, was sie so schmerzlich vermissen. Es ist leider ein Versuch mit untauglichen Mitteln. Für den Erwachsenen gibt es keinen Ersatz für die Entbehrungen und Frustrationen seiner Kindheit. Trotz dieser unerfreulichen Tatsache hat er die Möglichkeit, sich für ein sinnerfülltes Leben mit allen Höhen und Tiefen zu entscheiden. Das setzt voraus, daß er nicht hartnäckig wie ein Kind immer wieder versucht zu bekommen, was nicht mehr da ist. Er muß sich die schmerzliche Erfahrung als einen Teil seiner selbst bewußt machen. So kann er sie abschließen und sich selbst mit seinen Narben liebevoll annehmen.

Es gibt viele Menschen, die von selbst eine solche Lösung ihrer Probleme aus der Vergangenheit finden. Anderen gelingt dies erst nach einer längeren Psychotherapie. Wie auch immer: Machen Sie sich bewußt, daß ein Vergessen oder Verdrängen der Vergangenheit noch nicht ihre Bewältigung bedeutet! Nur eine aktive Auseinandersetzung mit unseren Gewinnen und Verlusten befähigt uns, eine zielführende Rechnung für die Zukunft aufzustellen.

Als nächstes möchte ich mich mit einer Erkrankung beschäftigen, die ebenso wie die psychosomatischen Erkrankungen in den Industrieländern zunimmt. Es handelt sich um die *Depression.*

Da ich mich in dem vorliegenden Buch mit den gesund- bzw. krankmachenden Einflüssen der Familie auf ihre Mitglieder befasse, betrachte ich auch die Depression unter diesem Gesichtspunkt. Ich will Ihnen aber nicht verschweigen, daß es noch andere Erklärungsmodelle für die Entstehung einer Depression gibt. Ich werde später auf sie eingehen.

Zunächst ein Fallbeispiel. Es zeigt, wie ein junger Mann schon in der Kindheit depressiv wird. Er wurde in eine Familie hineingeboren, die durch die Vertreibung aus ihrer Heimat und die Flucht schwere Verluste erlitten hat. (Ungezählte Familien haben durch den Zweiten Weltkrieg ein ähnliches Schicksal erlitten, das über Generationen in tragischer Weise nachwirkt.) Das Trauma der Flucht, während der eine Teil der Familie umkam, hat tiefe, unauslöschliche Spuren in der ganzen Familie hinterlassen. Die dabei auftretenden Angst- und Trauergefühle konnten damals nicht verarbeitet werden. So wurden diese zum Schaden aller verdrängt. Sie bildeten in der Folge die Grundlage für eine düstere Familienstimmung. Trotzdem erkrankte nur ein Familienmitglied, Heinz, an einer Depression. Er lebte die verdrängte Trauer in dieser Familie stellvertretend für Großeltern und Eltern aus. Wie und warum gerade er erkrankte, wird aus der Familiengeschichte deutlich.

Heinz opfert, wie Sie im folgenden sehen werden, sein eigenes Lebensglück der Familie. Er bekommt dafür das Gefühl von Herrschaft und Macht. Letztlich bringt dieser Lösungsversuch Leid und Kummer über alle. Auf Kosten eigener Lebenspläne und Wünsche müssen alle zusam-

menhalten. Schuldgefühle und schlechtes Gewissen sind der Kitt der Familie.
In dieser Familie ist besonders auffällig, wie sehr sich einer für den anderen aufopfert. Dies hat trotz des guten Willens der Beteiligten üble Folgen für das Wohlergehen der ganzen Familie. Geht es einem schlecht, geht es allen schlecht. Unkontrollierbare, oft aggressive Gefühlsausbrüche stehen auf der Tagesordnung.
Heinz hielt die Familie P. nun schon seit bald fünfundreißig Jahren in Trab. Er hatte immer wieder schwere Depressionen. Mehrere Klinikaufenthalte lagen aus diesem Grund bereits hinter ihm. Wegen dieses Leidens konnte er keinem Beruf nachgehen und war seit etlichen Jahren arbeitslos. Er war noch nie in der Lage gewesen, eine eigene Existenz aufzubauen. Er bewohnte ein großes Zimmer im Hause seiner Eltern und war in allem und jedem von ihnen abhängig. In letzter Zeit verschreckte er seine Familie, zu der außer den Eltern noch eine auswärts wohnende, wesentlich jüngere Schwester namens Uschi gehörte, durch ernste Selbstmorddrohungen. Gelegentlich kehrte er auch seine Aggressionen nach außen, schrie seine Eltern an, versuchte sie auch gelegentlich tätlich anzugreifen. Das geschah speziell dann, wenn er getrunken hatte. Beide Eltern erklärten in der ersten Therapiesitzung, sie seien am Ende, und erwähnten eigene Selbstmordgedanken, wenn sich nicht bald etwas bessern würde. Ihr Problem sei einzig Heinz. Sonst gehe es ihnen gut, sie hätten eine gesicherte Existenz, lebten in einem schuldenfreien Haus und könnten es sich endlich nach langen Jahren des Schuftens gutgehen lassen, wenn, ja wenn nicht Heinz ihnen so viele Sorgen machen würde.
Über die Vergangenheit erzählten sie folgendes:
Heinz war schon als Kind schwierig gewesen. Er hatte wenig Kontakt zu seinen Eltern und stand vor allem seinem Großvater nahe. Zu Hause zog er sich meist zurück, nahm am Leben in der Familie kaum teil und war für die Wünsche und Vorstellungen seiner Eltern kaum ansprechbar. Dieses Verhalten war in der Familie P. sehr auffällig, in der vor allem die Arbeit zählte. Heinz hingegen verbrachte jede freie Minute mit Lesen und weigerte sich, ihm übertragene Arbeiten in Haus und Garten zu erledigen. Zeitweise träumte er davon, in ein Kloster oder eine Einsiedelei zu gehen, um dort ungestört seinem Hobby nachgehen zu können. Seine Angehörigen verschreckte diese Idee noch mehr als die anderen deutlichen Verhaltensstörungen, die ungewöhnlichen Aggressionen und das weltfremde Wesen ihres Kindes. Niemand erkannte zu dieser Zeit, daß hinter dem auffälligen Verhalten des kleinen Heinz eine handfeste Depression steckte.
Nach der Schule, die er mit viel Mühe mit dem Hauptschulabschluß beendete, stellte sich die Frage, was weiter aus ihm werden sollte. Sein Traum wäre ein Studium gewesen, doch entsprach dies weder seinen schulischen

Leistungen noch den finanziellen Verhältnissen der Familie. So kam nur ein Handwerk in Frage, und er entschied sich, Tischler zu werden. Die Ausbildung zu dem ungeliebten Beruf hielt er trotz guter Intelligenz nicht durch. Einige Jahre ging er als Hilfsarbeiter in eine Fabrik, doch davon wollte er schließlich nichts mehr wissen. Seit Jahren lebte er von der Hand in den Mund, oder vielmehr von seinen Eltern. Gelegentliche Arbeitsverhältnisse hielt er nur kurz durch, dann bekam er diverse körperliche Beschwerden, die ihn dazu brachten, zu kündigen. Er war seit vielen Jahren in ärztlicher Behandlung, schluckte Unmengen von Beruhigungsmitteln, gemischt mit Alkohol. Allerdings war er nicht direkt von diesen Mitteln abhängig. Zeitweise schaffte er es, monatelang weder Medikamente noch Alkohol zu sich zu nehmen. In diese Zeiten, wo es ihm besser ging, fielen auch seine kurzfristigen Beschäftigungen.
Die gegenseitigen Beziehungen in der Familie P. schienen auf den ersten Blick schwer belastet. Die Eltern waren nicht in der Lage, sich zu unterstützen, sie wirkten wie zwei Schauspieler, die auf verschiedenen Bühnen agieren. Die Mutter unterhielt eine enge Beziehung zu ihrer Tochter Uschi, ihrem zweiten Kind. Sie traf sich mit ihr außer Haus, da Heinz mit schweren Aggressionsausbrüchen auf seine Schwester zu reagieren pflegte. Ihren Sohn nahm sie hingegen offenbar als notwendiges Übel hin, mit dem sie das Schicksal nun einmal geschlagen hatte.
Auch der Vater konnte mit Heinz nichts anfangen. Er wirkte nach außen streng und hart, die Regeln seiner Herkunftsfamilie schienen ihm jede Lebenslust zu verbieten. Innerhalb der Familie pflegte er seinen Kopf durchzusetzen, besonders seit sein Vater gestorben war. Auf seinen Sohn Heinz hatte er keinen Einfluß, was ihn im Inneren kränkte. Er war mit dem Verlauf seines Lebens ganz und gar unzufrieden. Nichts war so geworden, wie er es sich einmal gewünscht hatte.
Die Ursachen für das freudlose Leben dieser Familie lagen schon vor der Zeit von Heinz' Geburt. Die ganze Familie P. hatte ein schweres Schicksal im Zweiten Weltkrieg hinter sich. Wie so viele andere mußte auch sie ihre Heimat verlassen und unter schwierigen Verhältnissen ein neues Leben aufbauen. Die väterliche Großmutter, die Mutter und zwei Geschwister von Herrn P. waren auf der Flucht erfroren und verhungert. Nur Herr P. und sein Vater überlebten die gefahrvolle Reise. Beide trugen schwer an ihren Verlusten.
Anfangs waren sie im Flüchtlingslager untergekommen, wo Herr P. seine spätere Frau kennenlernte. Auch sie hatte mit ihrer Familie flüchten müssen. Sie hatte den Vater schon im Krieg verloren und lebte jetzt mit ihrer Mutter und mehreren Schwestern im Lager.
In ihrem späteren Mann und in ihrem Schwiegervater fand sie das männliche Element wieder, das sie seit dem Tod des Vaters so schmerzlich ver-

mißte. Es gab kein langes Überlegen, denn Männer waren damals rar. Die Heirat zwischen den beiden wurde von den Familien nach Kräften gefördert.
In der ersten Zeit der jungen Ehe lebten beide Familien zusammen im Lager. Für die blutjunge Frau ergab sich aber bald eine sehr beunruhigende Veränderung. Mutter und Schwestern übersiedelten abermals in ein anderes Land, und sie verlor dadurch die wichtigen Kontakte zu ihrer eigenen Familie.
Dies erlebte sie um so schmerzlicher, als sie schwanger war. Gerade jetzt hätte sie weiblichen, vertrauten Beistand gebraucht. Nun, da sie mit den beiden Männern allein lebte, entbehrte sie die Heiterkeit und Wärme, die sie aus ihrer Herkunftsfamilie trotz all dem Schweren, das sie miteinander durchgemacht hatten, gewohnt war. Mann und Schwiegervater waren arbeitsam und fleißig, ihr Ziel war der Bau eines eigenen Hauses, für das sie Tag und Nacht schufteten. Für die junge Frau und ihr Bedürfnis nach Lachen und Fröhlichkeit blieb da nicht viel Zeit.
Dazu kam, daß der Schwiegervater strenge religiöse Normen hatte, die er im Haus als Regel durchsetzte. Danach war alles sündhaft und verboten, was nicht Arbeit, Plackerei und Sorge ums tägliche materielle und geistige Leben war. Ein unbeschwertes Lachen war unter diesen Umständen schon eine Regelüberschreitung.
Um so mehr freute sich die Frau auf ihr Kind, das ihr Ersatz für all das sein sollte, was sie jetzt so vermißte. Aber auch der Großvater fieberte der Geburt des Enkels entgegen. Hatte er doch soviel verloren, daß er kaum noch Sinn in seinem Leben sah. Außer seinem Sohn war ihm kein Blutsverwandter geblieben. Auf sein Enkelkind richtete er nun alle Hoffnungen für die Zukunft.
Der werdende Vater hingegen blieb aus dieser scheinbaren Koalition von Frau und Großvater weitgehend ausgeschlossen. Er fühlte sich an den Rand gedrängt und zuwenig beachtet. Er wäre gern noch länger mit seiner Frau allein gewesen ohne einen störenden Dritten. Nun hatte er vor lauter Arbeit kaum Zeit für seine junge Frau und fühlte die Entfremdung, die jetzt schon zwischen ihnen herrschte, sehr schmerzlich. Im Ausdruck von Gefühlen war er leider völlig ungeübt, und so kamen sie vor allem in Form von Ärger zum Vorschein. Seine Frau konnte ihm in dieser Zeit kaum etwas recht machen, was sie um so mehr von ihm entfernte.
Die Entfremdung vertiefte sich noch, als das Kind auf der Welt war. Der Kleine wurde sofort von seiner Mutter und dem Großvater in Beschlag genommen. Diese Konstellation war ungünstig, da Mutter und Großvater sehr unterschiedliche Erziehungskonzepte vertraten. Ohne den Beistand ihres Mannes war die junge, unerfahrene Mutter aber nicht in der Lage, ihre Vorstellungen durchzusetzen. Sie mußte einen Großteil ihrer erzie-

herischen Kompetenz an den Großvater abgeben, der seinen Enkelsohn zwar von Herzen liebte, aber keineswegs immer zu seinen Gunsten handelte.
Kurz gesagt, der kleine Heinz war von Anfang an für die Bedürfnisse seines Großvaters da, statt umgekehrt.
Die Mutter sah sich in einen zermürbenden Zweikampf um den Sohn gefangen. Da der Großvater im Haus den Ton angab, und auch ihr Mann sich ohne offenen Widerspruch dem Diktat des Vaters fügte, war sie von Anfang an auf verlorenem Posten. Sie war gerade noch für Ernährung und Kleidung zuständig, wobei ihr auch hier der Großvater des öfteren dreinredete. Die geistige Erziehung seines Enkels hingegen bestimmte er allein. Er nahm das Kind auf lange Spaziergänge mit und übermittelte ihm seine durch die schweren Verlusterlebnisse geprägte, düstere Weltanschauung. So nahm Heinz schon in früher Kindheit den Gedanken an unvermeidliche Schuld und darauffolgende Sühne auf.
In seinem tiefsten Inneren vermutete er, daß es seine eigene Schuld sei, wenn der Opa oft traurig und niedergeschlagen war, er hätte eben braver sein müssen. So nahmen seine ganz normalen, kleinen kindlichen Unarten ein Gewicht an, das keineswegs der Realität und seinem Alter angepaßt war. Seine Anstrengungen, den Opa dadurch zu erfreuen, daß er „brav" war, waren letzten Endes immer zum Scheitern verdammt, da die Schwermütigkeit des alten Mannes ganz andere Ursachen hatte, als der Kleine vermutete.
Das Kind hatte durch dieses tragische Mißverständnis das Gefühl, daß es gerade dort versagte, wo es ihm am wichtigsten war: nämlich seinen Opa glücklich zu machen. Dies trug viel zur späteren Entwicklung seiner Depression bei.
Das Verhältnis des kleinen Heinz zu seinen Eltern hatte wenig Gelegenheit, vertraut und eng zu werden. Er erlebte seine Mutter als machtlos und schwach, ihre Anordnungen wurden oft in Gegenwart des Kindes vom Großvater außer Kraft gesetzt. Immer mehr zog sie sich frustriert ganz aus der Erziehung von Heinz zurück.
Seinen Vater sah er kaum, da der noch immer viele Überstunden machte, um die Schulden für das inzwischen gebaute Haus abzuzahlen. Wenn der Vater einmal zu Hause war und sich Heinz nähern wollte, fürchtete sich das Kind. Der eigene Vater war ihm fremd und unheimlich geworden. Er strebte dann zu seinem Großvater, was die Kluft zwischen Vater und Sohn noch vergrößerte.
Frau P. litt sehr unter diesen Verhältnissen. Sie hatte es inzwischen aufgegeben, um ihren Sohn zu kämpfen, und dachte daran, sich scheiden zu lassen und ohne das Kind wieder zu ihrer Mutter zu ziehen, die inzwischen im Ausland lebte.

In dieser Phase, in der die drei erwachsenen Mitglieder des Hauses P. mehr oder weniger beziehungslos nebeneinander herlebten und die Familie von der Auflösung bedroht war, wurde Frau P. abermals schwanger. Sie war verzweifelt, denn nun fielen ihre Trennungspläne ins Wasser. Eine versuchte Abtreibung mißglückte, und allmählich freundete sie sich mit dem Gedanken an, noch ein Kind zu haben. Dies sollte aber nun ihr Kind sein, daran ließ sie gegenüber Mann und Schwiegervater keinen Zweifel. Sie war nun älter, erfahrener und nicht mehr so leicht einzuschüchtern wie früher. Heinz war inzwischen elf Jahre alt. Die Aussicht auf ein Geschwisterchen brachte ihn ziemlich durcheinander. Die Beziehung zu seinem Großvater, die anfänglich für ihn befriedigend gewesen war, genügte ihm nicht mehr. Voll Eifersucht nahm er wahr, wie sich seine Mutter auf das neue Kind freute, aber ihn gewohnheitsmäßig kaum beachtete. Er wurde auffällig schlimm, seine Leistungen in der Schule fielen ab, und er weigerte sich abends entschieden, im Dunkeln einzuschlafen. Außerdem begann er Nägel zu kauen und entwickelte am ganzen Körper einen juckenden allergischen Ausschlag. Doch all dies genügte nicht, die gewünschte Aufmerksamkeit von seiner Mutter zu erlangen. Sie lebte inzwischen ganz in Gedanken an das zu erwartende Kind und widmete sich der Pflege ihres älteren Sohnes nur mit erkennbarem Widerwillen.
Auch der Großvater war in dieser Situation keine Stütze für das Kind. Er konnte mit einem so offensichtlich gestörten Wesen nichts anfangen. „Schlimme“ Kinder waren ihm ohnehin ein Greuel. Auf die vermeintlichen Schandtaten seines Enkels reagierte er mit Beschimpfungen, Drohungen, Schuldzuweisungen und schließlich Rückzug.
Der Vater war ebenfalls entsetzt über das Verhalten seines Sohnes. Da er selbst unter dem Gefühl der Eifersucht litt, das er seit der Geburt seines Kindes nicht mehr losgeworden war, konnte er ihn allerdings ein wenig verstehen. Leider zog er daraus nicht die richtigen Schlüsse für die weitere Erziehung von Heinz. Er war immer der Meinung gewesen, daß der Großvater das Kind unmäßig verwöhnte. Er war jetzt davon überzeugt, daß mehr Strenge in der Erziehung sein müßte. Diesen strengen Anteil meinte er selbst gegenüber Heinz vertreten zu müssen. So beraubte er sich und seinen Sohn der letzten Möglichkeit, einen Weg des Vertrauens zueinander zu finden.
Es wird niemanden wundern, daß Heinz seiner Schwester, als sie schließlich auf die Welt kam, feindselig gegenüberstand. Heimlich ärgerte er das Baby, wo er eine Möglichkeit dazu fand. Viel Gelegenheit hatte er nicht dazu, da seine Mutter das Kind kaum aus den Augen ließ. Trotzdem versuchte er an einem Nachmittag, als seine Mutter telefonierte, das schlafende Baby mitsamt dem Kinderwagen fortzuschieben und im Gebüsch zu verstecken. Dieser Ausdruck von Not und Aggression wurde von der

Familie schwer bestraft. Niemand bemühte sich, die Lage des Kindes zu verstehen. Er galt nun als mißraten und entartet.
Der Großvater, der so strenge Regeln für ein anständiges Leben vertrat, war auf das tiefste verletzt. Die Enttäuschung über seinen Enkel war so groß, daß er – nach Meinung der Familie – den Lebenswillen verlor und an einem Herzleiden starb.
Nun hatte Heinz den Menschen verloren, mit dem ihn das einzige wirkliche Band in der Familie verbunden hatte. Nach der Ansicht seiner Eltern, mit der sie nicht hinter dem Berg hielten, hatte er seinen Opa ins Grab gebracht. Seine Schuldgefühle wuchsen ins Unerträgliche. Ihr Begleiter war Wut auf die Eltern und die kleine Schwester, die alles bekam, was er selbst sich ersehnte. Sein Gefühl, ein völliger Versager zu sein, den niemand liebte, lähmte ihn.
Seinen Zorn wagte er nicht nach außen zu lassen, die Angst vor Bestrafung war zu groß. So wandte er die Aggression nach innen, und ihr Ergebnis war eine schwere Depression, die sich in einer Verschlimmerung seiner Schlafstörungen, in Angstanfällen, Eßstörungen und einem fast völligen Rückzug aus der Welt der Gleichaltrigen zeigte. Seine Familie mußte sich nun der Tatsache stellen, daß Heinz ernsthaft erkrankt war. Daß die Depression von Heinz auch etwas mit dem Familiensystem zu tun hatte, blieb lange Zeit außerhalb der Wahrnehmungsfähigkeit aller Beteiligten. Heinz wurde nun über etliche Jahre mit Medikamenten behandelt. Seine familiäre Umwelt und ihre Eigenheiten blieben unbeachtet. Da die erwünschten Erfolge sich trotz hohem Medikamenteneinsatz nicht einstellen wollten und der Leidensdruck der Familie ins Unerträgliche stieg, wandten sie sich schließlich in ihrer Verzweiflung an mich.

An dieser Stelle möchte ich etwas Allgemeines zur Entstehung von Depressionen sagen. Dieses Krankheitsbild ist weitverbreitet. Nach der Weltgesundheitsorganisation (WHO) leiden etwa 120 bis 200 Millionen Menschen an Depressionen. Ein weiteres Ansteigen dieser Erkrankung wird von den Experten befürchtet. Ich habe in einem früheren Kapitel über die rasche und oft radikale Veränderung der Lebensverhältnisse, den grundlegenden Wandel der Familienstrukturen in den Industrieländern, aber auch in den Ländern der Dritten Welt geschrieben. Dieser Wandel geht so rasch vor sich, daß es für die Menschen schwer ist, ihm zu folgen. Gefühlsmäßige Unsicherheit und zunehmende Vereinsamung sind die Folge, zwei Faktoren, die eine wichtige Voraussetzung für Depressionen bilden. Durch die höhere Lebenserwartung erreichen außerdem immer mehr Menschen ein Alter, in dem Verluste von vertrauten Lebensumständen, aber auch von geliebten Menschen an der Tagesordnung sind.
Denken Sie an die bekannte Hausfrauendepression in der Mitte des

Lebens, wenn die Kinder das Haus verlassen. Der Gatte ist mit seiner Karriere, seinen eigenen Krisen oder einer Freundin beschäftigt. Für die Frau, die versäumt hat, sich ein sinnvolles, eigenes Leben aufzubauen, liegt die Zukunft als eine Folge nutzloser Jahre da, die sie mit ihrer bisherigen Lebensroutine nicht ausfüllen kann.

Einen Verlust der vertrauten Lebensweise erleidet auch ein älterer Mensch, der in ein Altersheim oder ein Pflegeheim umziehen muß. Probleme nicht nur für alte Menschen wirft auch ein Umzug in eine neue Wohnung, in ein fremdes Wohnviertel, in eine andere Stadt auf. Häufig zeigt sich die Reaktion auf so einschneidende Veränderungen als Angst, Verwirrung, körperliche Beschwerden, Schlaflosigkeit und ein Gefühl der Hoffnungslosigkeit.

Trotzdem entwickelt nicht jeder, der Verluste zu verkraften hat, eine Depression. Wer sich selbst auch in Zeiten annehmen kann, in denen alles schiefgeht, wer sich erlauben kann, alle seine Gefühle leben zu lassen, wer Trauer, Angst und Zorn ebenso empfindet und auslebt wie Freude und Lust, wird zwar gelegentlich traurige Stimmungen, aber keine Depression kennenlernen. Das für die seelische Gesundheit des Menschen so wichtige Selbstwertgefühl kann sich aber nur dort entwickeln, wo ein menschliches Wesen von Anfang an in seiner Existenz bejaht wurde. Wir wissen, daß Liebe und Bestätigung des Kindes als Person für seine spätere Selbständigkeit und seelische Standfestigkeit lebensnotwendig sind. Ein Kind, das nur dann Anerkennung bekommt, wenn es tut, was seine Bezugspersonen von ihm wollen, wird immer versuchen, sich anzupassen und perfekt zu sein, um so Liebe zu bekommen. Tragischerweise wird jedoch Liebe nicht immer dem gegeben, der sich am meisten anstrengt. Die an sich selbst gestellten Erwartungen sind nicht erfüllbar, das Versagen trotz allem Bemühen bewirkt ständige Enttäuschung, lebenslangen psychischen Streß.

Die ungeheure Wut, die der Depressive in seinem Inneren hegt, gibt diesem Streß neue Nahrung. Sie gilt all denen in der Welt, von denen er Versagungen und Ablehnung hinnehmen muß. Diese Wut ist so groß, daß er Angst hat, sie würde alle hinwegfegen, ließe er sie heraus. Ungelebt aber vergiftet und lähmt sie ihn.

Die Schutzfunktion der Depression liegt darin, daß sie dem von ihr Befallenen erspart, mit seinen schmerzlichen Gefühlen der Trauer, des Zornes, des Gefühls, nicht geliebt zu werden, in Kontakt zu kommen. Die Unterdrückung von als unerträglich empfundenen Gefühlen dient so unmittelbar dem Überleben.

Es kann jedoch keine Dauerlösung sein, Gefühle zu verleugnen und allen Auseinandersetzungen aus dem Weg zu gehen. Um ein zufriedenes Leben zu führen, müssen wir es selbst in die Hand nehmen, es nach unseren Vorstellungen gestalten und die Verantwortung für unsere Handlungen tragen. Im Gegensatz dazu sendet ein depressiver Mensch das Signal an seine Umwelt „ich brauche Hilfe“, „ich kann nicht“, „ich bin so klein und schwach“. Mit dieser Hilflosigkeit übt er in Wirklichkeit eine enorme Macht aus.

Sehen wir Heinz aus unserem Beispiel an. Seine Depression bestimmt die Handlungsfreiheit, oder vielmehr -unfreiheit, der ganzen Familie. Wenn auch teilweise unwillig, haben sich alle auf seine Störung eingerichtet. Der Spielraum der ganzen Familie ist eingeschränkt. Da Heinz nicht in der Lage ist, allein zu wohnen, lebt er mit fünfunddreißig Jahren noch immer bei seinen Eltern und lebt von ihrem Einkommen. In der ganzen Familie zeigt sich eine hohe, gegenseitige emotionale Abhängigkeit. Geht es Heinz schlecht, sind alle gedrückt und niedergeschlagen, selbst im inzwischen eigenständigen Haushalt der Schwester wirkt sich eine solche Krise aus. Uschi muß dann die Mutter aufrichten, stützen und trösten. In solchen Phasen hat sie kaum Zeit und Energie, sich um ihren eigenen Mann, um ihr Kind und ihre eigenen Bedürfnisse zu kümmern. Die ganze Familie befindet sich in einem ständigen gefühlsmäßigen Wechselbad zwischen Mitleid, Unverständnis, Zorn und Abneigung. Wen wundert es, daß es in dieser Atmosphäre aufgestauter Gefühle auch zu Handgreiflichkeiten kommt? Solche Vorkommnisse verstärken noch das Gefühl von Scham und Schuld, das ohnehin alle Familienmitglieder quält.
Für das Familiensystem als Ganzes hat die Depression von Heinz noch eine wichtige Bedeutung: sie hielt und hält die Familie zusammen. Wie wir anfangs gesehen haben, wollte Heinz' Mutter schon vor Uschis Geburt ihre Ehe aufgeben und die Familie verlassen. Die Schwangerschaft hielt sie damals zurück. Doch die Gefahr des Zerbrechens der Familie war ständig gegeben. Die Ehe der Eltern P. hatte sich mit den Jahren nicht gebessert, sie lebten mehr oder weniger in einer Art Zweck-/Zwangsgemeinschaft zusammen.
Heinz hatte es unbewußt übernommen, für die Stabilität der Familie zu sorgen. Sein auffälliges Verhalten war Hauptthema und schließlich Lebensinhalt der ganzen Familie geworden. Der übrigen Familie war das Opfer nicht bewußt, das Heinz für sie brachte. Nach außen sah es einseitig so aus, als lieferten nur die anderen ihren Beitrag für die Familie, als sei Heinz der undankbare Nutznießer ihrer Anstrengungen. Für die vielen Entbehrungen und Leiden der Familie wurde einseitig Heinz die Schuld zugeschrieben.

An dieser Stelle möchte ich Ihnen in Erinnerung rufen, daß niemand allein so mächtig ist, daß er der einzige Verursacher eines bestimmten Familiensystems sein könnte. Immer arbeiten alle zusammen, um die Erhaltung

oder Veränderung des Systems zu bewirken. Deshalb ist es auch so müßig, nach der Schuld zu suchen, obwohl das ein beliebtes Familienspiel ist. Statt dessen hat es sich bewährt, zu fragen, welche Auswirkungen ein bestimmtes Symptom in einer Familie hat. Meist werden nämlich – wie in der Familie P. – nur die negativen Seiten betont und die Vorteile des Symptoms einfach übersehen. Es gilt nachzuforschen, was jedes Familienmitglied tut, um die Familie vor dem Auseinanderfallen zu bewahren.
An der Familie P. fällt auf, wie sehr Heinz von Anfang an bestimmten Erwartungen entsprechen sollte. Er füllte eine Lücke im Leben des Großvaters, sollte seiner Mutter die bitter vermißte Wärme und Liebe bringen und hielt später die Eltern zusammen.
Nach längerem therapeutischem Verlauf wurde noch ein faszinierender Zusammenhang deutlich. Eltern und Großvater waren auf Grund ihrer Erziehung und der traumatischen Lebensumstände kaum in der Lage, ihre Gefühle wahrzunehmen und noch weniger, sie auszudrücken. Sie wirkten äußerlich unzugänglich und kalt. Das in ihnen verschlossene Gefühlspotential tat sich nur von Zeit zu Zeit in heftigen, vor allem aggressiven Ausbrüchen kund. Heinz hatte es übernommen, zu diesen Gefühlen vorzudringen. Er mußte ungewöhnliche Methoden anwenden, um eine Gefühlsäußerung von den Erwachsenen in seiner Familie zu erhalten. Mit all seinen Verhaltensstörungen und seiner lang anhaltenden Depression half er Vater, Mutter und Großvater, mit einem Teil ihrer tief vergrabenen Gefühle in Kontakt zu kommen. Er trieb sie dazu, ihre Verzweiflung, ihre Not und ihr Leid zu zeigen.
In dieser Gefühlspalette fehlten aber wesentliche Teile: Freude, Lebenslust, Heiterkeit, kurz der ganze hellere Bereich. Es ging dunkel und bedrückend in der Familie zu. Für alle war es wichtig, die heiteren Seiten des Lebens zu entdecken. Das erste gemeinsame Lachen in einer Therapiesitzung war für die Familie P. ein Meilenstein in der Entwicklung zu einem neuen Leben miteinander. Trotzdem dauerte es noch lange, bis sich diese Familie die Erlaubnis geben konnte, sich ihres Lebens zu freuen. Ein Ergebnis jedoch stellte sich schneller ein, als ich erwartet hatte: Heinz versöhnte sich mit seiner Schwester.
Das Ehepaar P. hatte ebenfalls während der Sitzungen eine Menge dazugelernt. Beide hatten bitterlich geweint, als die Erinnerungen an die schmerzliche Vergangenheit ihrer jungen Ehe auftauchten. Zum ersten Mal tauschten sie diese Erinnerungen und die damit verbundenen Gefühle miteinander aus. Frau P. war tief berührt, als sie von der Eifersucht ihres Mannes erfuhr und von seinem tiefempfundenen Wunsch, ihr nahe zu sein. All dies hatte er schon so viele Jahre mit sich herumgetragen und ihr nie sagen können. Herr P. wiederum empfand Schuld und Scham, als seine Frau ihm mitteilte, wie verlassen sie sich damals in der Schwangerschaft und Klein-

kindzeit mit Heinz gefühlt hatte. Sie hatte die beiden Männer wie eine Mauer erlebt, die ihr das eigene Kind wegnahmen.
Nun wurde beiden klar, wie einsam sie an der Seite des Partners ihr Leben verbracht hatten. So schmerzlich diese Erkenntnis war, half sie doch mit, größeres Verständnis füreinander in der Familie zu entwickeln.
Es war nun Zeit für Heinz, aus seiner Sündenbockrolle herauszuschlüpfen und eine andere Position in der Familie einzunehmen. Dies fiel ihm um so leichter, als die Familie erstmals seit vielen Jahren nicht mehr vom Zusammenbruch bedroht war. Seine Eltern hatten ein neues, eigenständiges Verhältnis zueinander gefunden, mit dem sie sich auch gegenüber ihren Kindern abgrenzten. So konnte Heinz allmählich in sein eigenes Leben hineinwachsen.
Es ist nicht auszuschließen, daß die Belastungen, die ein selbständiges Leben begleiten, auch einen Rückschlag im Befinden von Heinz mit sich bringen werden. Im Gegensatz zu früher findet er aber jetzt mit seinen Gefühlen in seiner Familie verständnisvolle Ansprechpartner. So besteht Hoffnung, daß die Familie die in Zukunft auf sie zukommenden Probleme erfolgreich meistern wird.
Die Geschichte der Familie P. sollte Ihnen zeigen, daß Zusammenhänge zwischen dem Familiensystem und der Entstehung einer schweren Depression bestehen.

Von medizinischer Seite werden für die Entstehung der Depression verschiedene Erklärungsmodelle herangezogen. Diese theoretischen Erklärungsversuche beziehen entweder mehrere krankheitsauslösende Faktoren mit ein oder heben einen Faktor als hauptschuldigen Verursacher der Erkrankung hervor. Oft wird versucht, die Depression vor allem auf körperliche Ursachen, auf eine gestörte Biochemie zurückzuführen. Fest steht, daß die Biochemie des Körpers bei einem depressiven Menschen in Unordnung ist, daß Medikamente helfen können. Nun wissen wir aber leider nicht, ob die Depression eine Folge der gestörten Chemie oder die gestörte Chemie eine Folge der Depression ist. Auch die Gabe depressionsmindernder Medikamente und andere Maßnahmen, wie etwa Aufnahme in stationäre Pflege, machen also eine psychotherapeutische Behandlung nicht überflüssig.
Auch die oft in Fachkreisen diskutierte Vererblichkeit von Depressionen läßt sich nur schwer nachweisen. Ein Kind, das z.B. in einer depressiven Familienstruktur aufwächst, weil ein Elternteil oder beide unter Depressionen leiden, guckt sich viele der hilflos machenden Verhaltensweisen im täglichen Leben ab. Im Krisenfall reagiert es dann nicht aktiv und tatkräftig, sondern zieht sich, wie es das auf dem Wege der Beobachtung gelernt hat, in sich selbst zurück. Wie soll nun im nachhinein

entschieden werden, welche späteren Verhaltensweisen erlernt, welche vererbt sind?
Gewisse Aufschlüsse über diese Zusammenhänge bringt die Zwillingsforschung. Eineiige Zwillinge zeichnen sich durch überraschende Ähnlichkeiten im Verhalten und im Lebenslauf aus, auch wenn sie in früher Kindheit getrennt wurden und sich erst im Erwachsenenalter kennenlernen. Erkranken beide Zwillinge im Erwachsenenalter an einer Depression, obwohl sie in verschiedenen Familien und damit in unterschiedlichen sozialen Milieus aufgewachsen sind, so stärkt das die These der Vererblichkeit.
Nun werden Sie vielleicht denken, daß diese theoretische Auseinandersetzung eine nette Beschäftigung der Experten ist, aber dem depressiven Menschen nicht weiterhilft. Aber solche theoretischen Überlegungen haben durchaus ihren Sinn für den Patienten. Sie bestimmen nämlich, welche Therapie angewendet werden soll. Die theoretische Auseinandersetzung bestimmt auch in nicht unwesentlichem Maß die Einstellung des Therapeuten hinsichtlich der Wahrscheinlichkeit, wirksam helfen zu können. Gerade die Vererblichkeitstheorie wirkt unter Umständen entmutigend. Dies vor allem dann, wenn die Depression als eine Erbkrankheit angesehen wird, die trotz günstigen Sozialmilieus wie ein Verhängnis über den Betroffenen hereinbricht.
Ungünstig kann sich auch der Glaube an die alleinige Wirksamkeit medikamentöser Behandlung auswirken. Psychopharmaka haben enorme Nebenwirkungen, können unter anderem süchtig machen, neue Verhaltensstörungen bewirken und so die Probleme vermehren statt mindern. Außerdem bleiben die oft schwerwiegenden Auswirkungen des familiären Systems unbeachtet, so daß auch mit einer Dosissteigerung keine Heilung bewirkt werden kann.
Die Theorien, mit denen die Entwicklung einer Depression erklärt werden soll, suchen nach psychologischen, familiären, biochemischen oder genetischen Zusammenhängen. Jede dieser Theorien bildet einen Teil der Wirklichkeit ab. Daher sehe ich ebenso wie die meisten anderen Fachleute um so mehr Möglichkeiten zu helfen, je mehr dieser theoretischen Gesichtspunkte ich in meinen Behandlungsansatz einbeziehe. Das soziale Umfeld, die kulturellen Bedingungen, in denen ein Kind aufwächst, hat Einfluß darauf, welche seiner Erbanlagen sich wie zeigt und wie sein Körper chemisch reagiert.
Dies mag für Sie ein überraschender Gedanke sein. Daher möchte ich ihn noch etwas ausführen: Nehmen wir einmal die Tatsache, daß Frauen viel häufiger als Männer depressiv werden und viel seltener aggressiv reagieren. Hier zeigt sich meiner Ansicht nach ein unmittelbarer Zusammenhang mit der in unserer Kultur üblichen unterschiedlichen Erziehung von

Buben und Mädchen im Umgang mit ihren Gefühlen. Buben werden viel eher ermutigt, ihren Aggressionen durch Raufen Luft zu machen als Mädchen. Mädchen werden im allgemeinen dazu erzogen, die Bedürfnisse anderer einfühlsam zu erfassen und darauf einzugehen. Verzicht auf eigene Wünsche wird dem weiblichen Geschlecht viel öfter nahegelegt als dem männlichen. Ist ein Mädchen aggressiv in Worten oder Taten, wird es dafür getadelt. Als Folge stellt sich Angst vor diesem Gefühl ein, und es wird in den Untergrund gedrängt und häufig hinter besonders hoher Anpassung und Liebenswürdigkeit versteckt. Der Verzicht auf die aktive Gestaltung des eigenen Lebens hat dann später eine Depression zur Folge.
Je nach genetischer Ausstattung wirkt sich auch die Erziehung unterschiedlich aus. Gehen wir nochmals zurück zu unserem Beispiel der Familie P. Heinz hatte von seiner Familie ein spezielles Talent geerbt, nämlich Gefühle besonders stark zu empfinden. Er konnte sich auch sehr gut in die Gefühlswelt anderer Menschen einfühlen. Er nahm viel von dem wahr, was bewußt oder unbewußt in seinen Eltern und anderen vorging. Der Zwang, Gefühle zu unterdrücken und nicht zu zeigen, traf ihn wegen seiner besonderen Gefühlstiefe außerordentlich hart und war sicherlich ein Faktor, der zur Entwicklung seiner schweren Störung beitrug.
Das Verbot, beim Erleiden schmerzlicher und demütigender Erlebnisse die entsprechenden Gefühle auszudrücken, führt zu Lähmung und Hilflosigkeit. Besonders schädlich ist der Zwang, die entstehende Wut hinunterschlucken zu müssen und nicht körperlich reagieren zu dürfen. Das Gefühl der Hilflosigkeit und der Glaube, sich nicht zur Wehr setzen zu können, sind vorherrschende Erlebniszustände in der Depression. Auch wenn sich später die Situation grundlegend geändert hat, der Druck von außen wegfällt und der Betroffene sich jetzt wehren könnte, handelt er noch immer so, als wären die gleichen Bedingungen wie früher vorhanden. Verstandesgemäß wird zwar wahrgenommen, daß es nun möglich ist, anders zu handeln als früher. Die Handlungsfähigkeit wird aber durch die alte Angst blockiert.

Für mich selbst wurde ein Erlebnis, das ich vor etlichen Jahren in Florenz hatte, zum Schlüssel für das Verständnis dieses Anteils der Depression, nämlich der „erlernten Hilflosigkeit". Ich verbrachte dort eine Urlaubswoche und hatte mich mit einer jungen Frau zum Essen und zu einem Theaterbesuch verabredet. Wir gingen in eine Taverne in der Nähe des Theaters und merkten schon bald eine seltsame Atmosphäre in dem Gasthaus. Da wir uns dort nicht wohl fühlten, auch weil wir die einzigen Gäste waren und blieben, wollten wir nach Beendigung des Abendessens gleich wieder gehen. Als der Wirt uns die Rechnung vorlegte, waren wir unangenehm überrascht, denn die Rechnung für den Wein, den wir getrunken

hatten, war, nach den Preisen auf der Speisekarte, unangemessen hoch. Wir waren beide entschlossen, nicht so viel zu zahlen, da wir uns geneppt fühlten. Ich versuchte das dem Wirt zu erklären. Darauf wurde er pampig, packte meinen Pullover, warf ihn auf den Fußboden und packte mich so grob am Oberarm, daß ich noch nach Tagen zwei blaue Flecken hatte. Da ich in meiner Kindheit mit meinem Zwillingsbruder täglich gerauft hatte, war ich gut vorbereitet, mich gegen diesen körperlichen Angriff zu verteidigen. Ich riß mich los, wobei ein Glas zu Bruch ging und wollte das Lokal verlassen, um draußen Hilfe zu suchen. Das wäre leicht gewesen, hätte mich meine Freundin unterstützt. Diese hatte aber gänzlich andere Erfahrungen mit körperlicher Gewalt gemacht als ich. Während ich gelernt hatte, daß ich mich im Angriffsfall gegen einen einigermaßen gleich starken Gegner problemlos und mit Aussicht auf Sieg zur Wehr setzten konnte, war sie als Kind von einem alkoholsüchtigen Vater aus für sie völlig unvorhersehbaren Anlässen verprügelt worden. In diesem Fall hatte Gegenwehr keine Aussicht auf Erfolg, da sie noch mehr verprügelt wurde, wenn sie sich zu schützen versuchte. Ihre Erfahrung war also, daß es keinen Sinn hat, sich zu verteidigen. Entsprechend erstarrte sie vor Schreck, als sie mit den Aggressionen des Wirtes konfrontiert wurde, und half mir nicht, die Tür zu öffnen, die von zwei weiteren Familienmitgliedern zugehalten wurde. Diese Übermacht war für mich allein zu viel, ich verlegte mich also darauf, nach der Polizei zu rufen. Ein amerikanischer Student vernahm meine Rufe, und die Polizei war in Kürze da.
Die Attacke des Kellners war der erste ernsthafte körperliche Angriff gewesen, mit dem ich mich im Lauf meines erwachsenen Lebens auseinandersetzen mußte. Bis dahin wußte ich nicht, wie ich in einem solchen Fall reagieren würde, und war auf Vermutungen angewiesen. Nun wußte ich, daß ich mich wehren konnte und körperliche Aggression nicht über mich ergehen lassen mußte. Diese Situation bot mir die Möglichkeit, meine eigene Kraft direkt zu spüren. Ich hatte auf einprägsame Weise erlebt, daß ich mich auf mich selbst verlassen konnte. Das tägliche Training in meiner Kindheit war sehr wertvoll für mich gewesen. Es befähigte mich, auch unter schwierigen Bedingungen meine Grenzen zu verteidigen.
Ganz anders lagen die Dinge bei meiner Freundin. An ihrem Beispiel wurde mir schlagartig klar, wie verheerend es sich auswirkt, über lange Zeit einem übermächtigen Gegner ausgeliefert zu sein, ohne sich wehren zu können. Diese junge Frau war viele Jahre hindurch von schweren Depressionen gepeinigt gewesen. Schon als Kind hatte sie gelernt, sich beim leisesten Anzeichen von Konflikt oder Aggression mit dem Gefühl völliger Hilflosigkeit zurückzuziehen. Dieser Rückzug war in der ursprünglichen Situation eine sinnvolle Reaktion gewesen. Sie wäre ja sonst noch mehr geprügelt worden. Das Gefühl der Hilflosigkeit, das sie dabei hatte, blieb

erhalten und blockierte sie in ihrer späteren Handlungsfähigkeit. Die Möglichkeit, sich zu wehren, war ihr zwar im Kopf bewußt, aber eine sie panikartig überflutende Angst hinderte sie daran.
Der Schluß liegt nahe, daß eine solche immer wieder auftretende Angst auch die Biochemie des Körpers in Unordnung bringen kann.
Ich zog aus diesem Erlebnis zwei wertvolle Lehren. Die erste betraf mich und mein Verständnis für eigene Fähigkeiten und Handlungen. Die zweite betraf mein Verständnis der Depression. Ich konnte sie nun als sinnvolle Reaktion erkennen, die ursprünglich wertvoll für die Erhaltung des Individuums gewesen war.
Die erlernte Angst, Aggression und andere „verbotene" Gefühle zu empfinden und adäquat auszudrücken, ist eine der wichtigen depressionsfördernden Bedingungen, auf die ich hier nochmals eindringlich hinweisen möchte. Ein solches Verhalten ist in unserer Gesellschaft leider weit verbreitet und wird vielfach noch idealisiert. Ein trotziges Kind, eine wütende Ehefrau, oder ein aufmüpfiger Patient können in unserer Gesellschaft auf wenig Verständnis hoffen. Statt Zuwendung und Verständnis zu erfahren, werden sie mit Liebesverlust bestraft.
Verstehen Sie mich jetzt bitte richtig: Ich bin ein erklärter Gegner von Gewaltakten und gerade deshalb für die rechtzeitige und angemessene Äußerung von Aggression. Nur so vermeiden Sie den plötzlichen Durchbruch von gestauter Aggression, der zu offener Gewalt führen kann.
Eine solche angemessene Äußerung von aggressiven Gefühlen kann in Worten oder Ritualen geschehen. Nur wenn ich ausdrücke, was mir nicht paßt, vermeide ich es, mein Inneres zu einem Friedhof alter Wut zu machen. Nur so kann ich auf Dauer meinen Nächsten wirklich nahe sein, weil nichts zwischen uns steht, was eine Annäherung verhindert.
Sie haben nun mitverfolgt, lieber Leser, wie viele Dinge eine Rolle spielen, um eine schwere Störung wie die Depression entstehen zu lassen. Auf entsprechend breiter Basis liegen die Ansätze für eine Behandlung. Es gibt nicht „die" Depression, die unterschiedslos, mit immer gleichen Mitteln zu heilen ist, und ebensowenig gibt es „die" Behandlungsmethode für depressive Patienten. Es gilt in jedem Einzelfall gründlich zu erforschen, wem die Depression nützt und welche Bedeutung sie im Familiensystem hat. Der Aufbau neuer Handlungsweisen in kritischen Situationen kann erfordern, daß erst Defizite im Verhalten beseitigt werden. Wer mit den Daumen nach innen boxt, kann nie ein guter Boxer werden. Geistige, körperliche und seelische Übung ist angesagt, um Alternativen für lang eingeschliffene Verhaltensweisen zu lernen.

Außer Depressionen und chronischen Erkrankungen gibt es noch andere Reaktionsformen auf traumatische Erfahrungen. Seit langer Zeit ist die

Wissenschaft bemüht, Beweismaterial dafür zu finden, daß ungünstige Umweltbedingungen Störungen im emotionellen, körperlichen und seelischen Haushalt der Betroffenen verursachen. Daß ein solcher Zusammenhang besteht, wird wohl von niemandem mehr ernsthaft bestritten. Weniger klar ist indessen, welcher Einfluß nun welche Störung hervorruft. Wie ich in dem Kapitel über Krebs geschrieben habe, hat Wilhelm Reich angenommen, daß die grundsätzliche Störung des Lebensgefühles, der Vitalität eine Fülle von verschiedenen Störungen nach sich zieht. Welche Störung sich ausbildet, ist von den jeweiligen Kommunikationsmustern in der Familie, Einflüssen aus den Herkunftsfamilien und der kulturellen Umgebung, dem Familiensystem und persönlichen Problemen der einzelnen Familienmitglieder abhängig.

Bisher haben wir als mögliche Folge familiärer Störungen die Entwicklung körperlicher und seelischer Erkrankungen behandelt. Nun möchte ich mich mit einer anderen Störung befassen, die in allen zivilisierten Staaten die Verantwortlichen vor fast unlösbare Probleme stellt. Ich meine damit die Drogensucht Jugendlicher.

Eine Untersuchung in Chicago, einer Stadt, in der es bedingt durch ausgeprägte soziale Gegensätze sehr viele zerbrochene Familien gibt, ergab folgende Ergebnisse: Kinder, die im Elternhaus nicht die nötige Geborgenheit finden, driften im Alter von 15–17 doppelt so häufig in die Alkohol-, Drogen- und Prostituiertenszene ab wie andere. Neben Problemen in der Familie gehören zur Alltagserfahrung dieser Kinder Gewalt, Kriminalität und andere Verbrechen.

Wir brauchen aber nicht bis nach Chicago zu reisen, um zu erkennen, daß es einen Zusammenhang zwischen einem zerbrochenen Zuhause und jugendlichem Rauschgiftkonsum gibt. Auch die Herkunft der Jugendlichen aus einem sogenannten „guten Hause“ ändert nichts an der Tatsache, daß in diesem Haus häufig zwar genügend Geld, aber nicht die Bedingungen da sind, die Kindern eine altersgemäße glückliche Entwicklung garantieren. Häufig wird das gute Zuhause mit materiellem Wohlstand gleichgesetzt. Den Kids fehlt es an nichts, nicht am Farbfernseher fürs eigene Zimmer, nicht an anderen teuren Luxusgütern. Was hingegen fehlt, ist die Fähigkeit der Familie, ihren Mitgliedern Anerkennung und Geborgenheit zu schenken. Familien, die in diesem Punkt versagen, kommen leider in allen sozialen Schichten vor.

In der BRD begann Ende der Sechziger, Anfang der Siebziger die Drogenepidemie. Das Alter der Drogenkonsumenten lag damals zwischen 15 und 20 Jahren, sie waren 1950–55 geboren worden. In diese Zeit fällt der Beginn des Wirtschaftswunders. Das Thema der Familien drehte sich damals um wirtschaftliche Anschaffungen, um Lebensstandard, um endlich mögliche Urlaubsreisen, Traumziel Gardasee. Die Geburt eines Kindes

führte zur Arbeitsunterbrechung der Frau und bedeutete damit wirtschaftlichen Rückschlag. Viele Familien nahmen in dieser Situation Zuflucht zur Ersatzbefriedigung für ihre Kinder. Statt mit Zeit und Zuneigung wurden sie mit materiellem Wohlstand überhäuft. Die Jugend der Sechziger und Siebziger protestierte denn auch massiv gegen den materiellen Wohlstandsgedanken und versuchte sich als Aussteiger in Drogen- und Hippiekultur.
Ein solcher Ausbruch aus dem Elternhaus ist für die Betroffenen zweifellos ein Selbstheilungsversuch. Die im Elternhaus vermißte Zugehörigkeit und Geborgenheit suchen sie nun in der Subkultur, im Rahmen der Gleichgesinnten. Dabei handelt es sich um eine Gemeinschaft, in der, bildlich gesprochen, der Blinde den Lahmen stützt. Die momentan empfundene Verbundenheit durch ähnliche Probleme und Schwierigkeiten schafft auf Dauer kein tragfähiges Band. Sie haben einander wenig zu geben, da jeder selbst zu wenig bekommen hat. In diese Lücke stößt nun die Droge vor. Von ihr wird Konfliktlösung, Befreiung von Spannungen, Ängsten, Minderwertigkeitsgefühlen und depressiven Verstimmungen erwartet. Diese Erwartungen können von den Hallizogenen wie Haschisch oder LSD nicht erfüllt werden, sie vergrößern eher noch das psychische Elend. Damit ergibt sich beinahe zwangsläufig der Griff zu Opiaten, beruhigenden Tabletten oder Alkohol. Meist wird wüst durcheinanderexperimentiert, abhängig davon, welche Droge gerade greifbar ist.
Was passiert nun konkret in Familien, deren jugendliche Mitglieder rauschgiftsüchtig werden?
Wie schon oben angedeutet, nehmen wir an, daß bestimmte Interaktionsformen in der Familie dazu geeignet sind, süchtige Verhaltensweisen hervorzurufen. Dazu gehört der Mangel an adäquater Zuwendung im Säuglings- und Kleinkindalter. Das kann sowohl ein Versagen der nötigen Bedürfnisbefriedigung als auch ein übermäßiges Verwöhnen sein. In beiden Fällen hat das Kind so zu reagieren, daß es die affektiven Erwartungen, die von den Eltern an seine Person gestellt werden, erfüllt. Das Kind kann einen Teil des eigenen Selbst verkörpern, der vom Elternteil nicht ausgelebt wird, oder auch Ersatz für einen Partner sein. All dies spielt sich natürlich auf der unbewußten Ebene ab. Entscheidend ist, daß Zuwendung vom „Wohlverhalten" des Kindes im Sinn der oben geschilderten Vorgänge abhängig gemacht wird. Ich habe schon betont, wie schädlich sich eine solche Strategie auf die Ausbildung das Selbstwertes auswirkt.
In der Pubertät kommen nun mächtige Kräfte hinzu, die das Kind dazu bewegen, eine größere Autonomie von den Eltern anzustreben. Diese wird ihnen verweigert, da der Jugendliche mit seinen Ansprüchen auf Selbständigkeit das Gleichgewicht der Familie gefährdet. So ist es zu verstehen, daß die Familie alle Anstrengungen unternimmt, um eine wirkliche Ablösung

des Jugendlichen zu verhindern. Unbewußt nimmt sie lieber die Drogensucht in Kauf, als etwas am Familiensystem zu verändern.

Das folgende Fallbeispiel soll Ihnen zeigen, wie eine Mischung aus übermäßiger Nachgiebigkeit und unangemessener Strenge zusammen mit einer lebenslaufbedingten Krise eine Jugendliche zum Drogenkonsum verleiten.

Anja ist heute wieder geheilt. Sie hat eine Berufsausbildung abgeschlossen und geht täglich ihrer Arbeit nach. Der erlernte Beruf macht ihr Spaß. Noch vor wenigen Jahren hätte niemand eine solche Entwicklung für möglich gehalten. Die damals Vierzehnjährige konsumierte regelmäßig harte und weiche Drogen, nahm Beruhigungsmittel in großen Mengen ein und finanzierte ihre hohen Ausgaben auf dem „Babystrich".

Welche Rolle spielte nun die Familie bei diesem Verhalten?

Anja war ein Kind, das seinen Vater niemals kennengelernt hatte. Die Mutter, noch sehr jung, war nur kurz mit ihm zusammen gewesen und trennte sich von ihm, noch ehe sie wußte, daß sie von ihm schwanger war. Lange wagte sie nicht, ihren Eltern zu beichten, was geschehen war. Sie verheimlichte ihren Zustand bis nach der Geburt des Kindes. Dies war deshalb möglich, weil sie nicht mehr mit den Eltern zusammenwohnte. Während der Schwangerschaft nahm sie eine Reihe von Aushilfsarbeiten an, die sie körperlich überforderten. Während der ganzen Schwangerschaft wurde sie von einer beinahe unstillbaren Übelkeit geplagt. Das Kind kam in einem Mutter-Kind-Heim zur Welt. Schließlich faßte die junge Frau den Mut, das Baby ihren Eltern zu zeigen. Diese waren bereit, das kleine Mädchen aufzuziehen. Bedingung war allerdings, daß die Mutter eine Ausbildung in einer entfernten Stadt machte, was Trennung von ihrem Kind und den Großeltern bedeutete. So war die Beziehung Mutter–Kind auf das Wochenende und den Urlaub beschränkt.

Auch nachdem die Mutter ihre Ausbildung beendet hatte, blieb die kleine Anja bei den Großeltern. Alle Beteiligten waren vorerst mit dieser Lösung zufrieden. Die Großeltern hatten sich an die Anwesenheit der Enkelin gewöhnt und liebten sie. Die Mutter konnte ihr eigenes Leben aufbauen, das immer weniger Bezug zu ihrem Kind hatte. Anja selbst war gern bei den Großeltern. Dies war ihr Heim, sie hatte niemals ein anderes gekannt. Sie genoß ihre Freiheit. Die Großeltern erwiesen sich als unfähig, ihrem Verhalten irgendwelche Grenzen zu setzen. Wenn Anja etwas tat, was ihnen nicht gefiel, versuchten sie es zuerst mit Strenge. Wenn sich dann der Erfolg nicht einstellte, weil Anja trotzte und ihre Anordnungen mißachtete, gaben sie ihr ursprüngliches Ziel auf und reagierten nach dem Motto: „Mach doch, was du willst." Sehr viel Wert legten sie auf eine religiöse Erziehung mit strengen Moralvorschriften. Sexualität kam in dieser Erzie-

hung, wenn überhaupt, so stets mit einem negativen Vorzeichen versehen vor. Im großen und ganzen gaben sie den Wünschen und Launen des Mädchens nach, da sie den Auseinandersetzungen und Konflikten mit ihr nicht gewachsen waren.
Anja war ein liebenswertes, gutmütiges Mädchen. Dies galt aber nur, solange man ihr ihren Willen ließ. Wurde etwas von ihr gefordert, was ihr gegen den Strich ging, wehrte sie sich mit allen Kräften und meist erfolgreich dagegen.
Erste ernsthafte Probleme dieser Erziehung zeigten sich in der Schule. Einen Kindergarten hatte sie nicht besucht, da sie nicht wollte. Die Großeltern konnten sie nicht dazu bringen, regelmäßig für die Schule zu arbeiten oder sie auch nur zu einem regelmäßigen Schulbesuch zu motivieren. So waren die Schulleistungen von Anja völlig unbefriedigend. Der Abschluß der Grundschule war gefährdet.
Dies rief die Mutter auf den Plan. Sie erkannte, daß die Grenzen der großelterlichen Erziehung erreicht waren und nahm jetzt Anja zu sich, damit sie einen Schulabschluß erreichte. Da ihr die Zeit fehlte, sich um das Kind zu kümmern, gab sie es in ein Internat.
Anja sträubte sich mit allen Kräften gegen diese Entscheidung. Für sie war der Übergang von ihrem freien Zuhause in die Zwänge der neuen Schule ein Schock, den sie nicht begreifen konnte. Nach zwei Ausreißversuchen akzeptierte sie schließlich die neue Lage. Aber sie war nicht zu bewegen, nach dem Abschluß der Grundschule noch länger in dem Internat zu bleiben und dort einen weiterführenden Unterricht zu besuchen.
Nun zog sie zu ihrer Mutter. Dort traf sie auf eine schwierige Familiensituation. Ihre Mutter hatte sich von ihrem Ehemann getrennt und war selbst in einer schwankenden und wenig Halt bietenden Verfassung. Sie lebte mit wechselnden Männern zusammen, die sich in die Erziehung von Anja massiv einmischten, ohne daß die Mutter dagegen eingeschritten wäre. Anja versuchte sich gegen diese Bevormundungen mit Verweigerung und moralischen Vorhalten an ihre Mutter zu wehren. Die von ihr jetzt beobachtete Lebensweise der Mutter stand in krassem Gegensatz zu den Lehren, die sie bei den Großeltern und im Internat erhalten hatte.
Die Mutter ließ sich von den Vorstellungen ihrer Tochter, in denen auch der Wunsch nach mehr Kontakt und Zuwendung von ihrer Seite enthalten war, nicht in ihrer Lebensform beeinflussen. Sie hatte genug damit zu tun, selbst zurechtzukommen. Die ewige Einmischung ihrer Tochter verbat sie sich. Gefühlsmäßig konnte sie ihr wenig Wärme geben, da sie mit ihren jeweiligen Partnerschaften beschäftigt war. Sie zeigte wenig Interesse an ihrem Kind. Ihrer Meinung nach hatte sie genug für sie getan und ärgerte sich über die ständigen Zumutungen, wie sie es nannte. Überdies war sie ganztags berufstätig und hatte schon deshalb wenig Zeit und so gut wie

keine Kontrolle über die Aktivitäten ihrer Tochter. Vormittags glaubte sie das Mädchen in einer weiterbildenden Schule gut aufgehoben, nachmittags sollte sie ihre Hausaufgaben machen.
Das Bedürfnis nach Liebe und Geborgenheit trieb Anja dazu, sich Bundesgenossen zu suchen. Sie hatte bald neuen Anschluß gefunden: in der Großstadt, in der sie lebte, gab es eine ausgedehnte Untergrundszene. Dort wurde Anja schon nach kurzem mit Rauschgift bekanntgemacht. Alle ihre neuen Freunde fixten, und Anja wollte ihnen nicht nachstehen. Ihre Mutter bemerkte lange nicht, welchen Umgang sich Anja jetzt zugelegt hatte. Statt vormittags die Schule zu besuchen, saß sie im Park bei ihren Freunden. Dort bekam sie, was ihr zu Hause so schmerzlich abging: Unterhaltung und Zuneigung. Schließlich begriff auch die Mutter, in welch fataler Lage ihre Tochter steckte. Nun gab es als erstes heftigen Krach. Dann begann die Mutter ziemlich wahllos und mit wenig Erfolg verschiedene Beratungsstellen aufzusuchen. Die Behandlung wurde jedesmal abgebrochen, wenn die Beziehung zwischen ihr und Anja zum Thema gemacht werden sollte. Schuldgefühle und Ängste machten es der Mutter unmöglich, ihren eigenen Anteil an der Entwicklung der Tochter zu sehen. Durch dieses Hin und Her verschlechterte sich der Zustand des Mädchens noch. Als Anja deutliche Zeichen der Verwirrtheit aufzuweisen begann, wollte auch der Hausarzt die Verantwortung nicht länger übernehmen, zumal Anja auch Selbstmordwünsche und -gedanken hatte. Sie wurde auf eine psychiatrische Station überwiesen, wo sie allmählich von den Drogen entwöhnt wurde und an verschiedenen therapeutischen Programmen teilnahm. Nach Abschluß des körperlichen Entzuges fand sie auf eigenen Wunsch einen Therapieplatz auf einem Bauernhof. Dort gefiel es ihr, da die ländliche Umgebung sie an ihre Kindheit auf dem Land erinnerte.
Nun ging es mit Anja wieder bergauf. Es begann sich die Frage der Berufsausbildung und des Wohnortes zu stellen. Weder Mutter noch Tochter wollten in Zukunft wieder zusammenleben, das war das Ergebnis einiger familientherapeutischer Sitzungen gewesen. Anja wollte wieder zurück zu den Großeltern. Dies wurde – angesichts der Gefahr der Wiederaufnahme der alten Kontakte in der Stadt – von allen befürwortet. Anja entschied sich für eine Lehrlingsausbildung als Einzelhandelskaufmann. Sie bekam einen Lehrplatz und hielt die Ausbildung dort bis zum Abschluß durch.
Ihr Abgleiten ins Suchtmilieu liegt nun schon einige Jahre zurück. Anja wirkt jetzt gereift und stabil. Offenbar hat sie durch die liebevolle Betreuung der Großeltern in ihrer Kindheit genügend innere Reserven aufgebaut, um Krisenzeiten erfolgreich überwinden zu können.

So ist ein Problemlösungsversuch, der Tausende andere Jugendliche in die Invalidität, ins soziale Abseits und schließlich in den Tod treibt, in diesem

Fall noch einmal gut ausgegangen. Auslöser für das vorübergehende Suchtverhalten des jungen Mädchens war der schockartig erfolgte Zusammenbruch ihrer gewohnten Welt. Wenn wir Menschen, die einer Sucht verfallen, als besonders von Liebe und Liebesbeweisen Abhängige sehen, wird uns klar, was im neuen Leben des Mädchens gefehlt hat.

Das gerade ist ja die Tragödie des Süchtigen: er braucht mehr Liebe als andere und fordert auch mehr Liebe. In seiner Familie kann er sie aber nicht bekommen.

Der Grund dafür liegt nicht in böser Absicht der Eltern, sondern in deren eigenen, oft tragischen Schicksalen und ihrer darauf fußenden egozentrischen Orientierung.

Oft wurden bereits die Großeltern durch von ihnen unbeeinflußbare Ereignisse aus der Bahn geworfen. Entsprechend wachsen dann schon deren Kinder unter krankmachenden Verhältnissen auf. Das kann der zu frühe Tod der Eltern ebenso wie eine grundlegende Entwurzelung durch Umzug und Trennung von der eigenen Familie sein.

In unserem Beispiel waren die Großeltern berufsbedingt etliche Male umgesiedelt. An dem Ort, wo sie schließlich lebten, hatten sie keine leiblichen Verwandten und kaum Kontakte nach außen. Auch die Mutter des Mädchens führte ein unruhiges, durch diverse Umzüge und Veränderungen geprägtes Leben. Sie hatte eine Schulausbildung abgebrochen, war dann zu Hause ausgezogen und lebte von Gelegenheitsarbeiten, bis sie nach Geburt der Tochter wieder eine neue Ausbildung begann und diese dann auch abschloß. Ebenso unruhig verlief ihr Privatleben. Kennzeichnend für ihre Persönlichkeit war eine tiefgreifende Unzufriedenheit mit ihrem Leben. Sie hatte ganz und gar nicht das Gefühl, so zu leben, wie sie dies eigentlich wollte.

An dieser Familie fiel mir besonders auf, wie liebesbedürftig und auch liebenswert alle ihre Mitglieder waren. Leider waren sie gleichzeitig in ihrer Fähigkeit eingeschränkt, klare Grenzen zu setzen und so Liebe auf einem erwachsenen Niveau zu erleben. Das bedeutete immer wieder schwere Frustrationen und Verlusterlebnisse. Jedem neuen Verschmelzungsversuch folgte ein Trennungserlebnis, das nicht verkraftet werden konnte.

So wird verständlich, wie der Weg zu den Drogen gebahnt wurde. Im Drogenrausch besteht die Möglichkeit zur ersehnten Verschmelzung mit der Umwelt, ähnlich wie es ein Baby in seinen frühen Stadien in der Einheit mit seiner Mutter erlebt. Störungen dieses ozeanischen Gefühls, die auf ungünstigen Außeneinflüssen, partnerschaftlichen Problemen oder psychischen Abweichungen der Mutter basieren können, fixieren einen Teil des heranwachsenden Menschen auf diese Zeit. Er wird später immer wieder nach Ersatz für das suchen, was er damals entbehrte. Dieser Versuch muß mit einem Mißerfolg enden. Erwachsenwerden heißt nicht zuletzt,

auch das Alleinsein ertragen und wertschätzen zu können. Das Problem eines solchen Menschen besteht darin, daß er Beziehungen mit seinen maßlosen Ansprüchen überfordert. Dabei ist er selbst unfrei, sein Geschick in die Hand zu nehmen. Dies erzeugt wieder Angst und Groll auf den Menschen, von dem er abhängig ist. Drogensucht ist ein Mittel, dieser Klammer zu entkommen. Man kann sich nach außen cool geben, als brauchte man keine engen Beziehungen. Das immer wieder aufklaffende Loch wird mit Träumen und Phantasie gestopft.
Menschen mit einem solchen Schicksal wirken nach außen oft sehr unabhängig und selbständig. Doch das ist nur eine Maske. Darunter verbirgt sich die andere Seite, die Sehnsucht nach engem Kontakt, nach Nähe und Verschmelzung.

Neulich bekam ich einen Brief von einer Patientin, der mich sehr berührt hat. In ihrem Brief spricht sie das Thema erzwungener Nähe an. Sie schreibt über die Freude, erstmals in ihrem Leben frei entscheiden zu können, ob sie jemand anderem nahe sein will oder nicht. Endlich darf sie auch glücklich sein, wenn sie allein ist. Bisher war sie sich allein völlig wertlos vorgekommen. In ihrem Selbstwert war sie einzig darauf angewiesen, Verstärkung von außen zu bekommen.
Unsere gemeinsame Arbeit war lange und intensiv gewesen. Anfangs galt es, durch Zuverlässigkeit ihr Vertrauen zu gewinnen. Dann unterzog sie mich verschiedenen Prüfungen, ob ich dieses Vertrauen auch wert war. Der wesentliche Schritt war getan, als es ihr gelang, ihrer Mutter zu verzeihen und sie als den Menschen anzunehmen, der sie jetzt war. Nun war es ihr möglich, in symbolischem Sinn die Hand der Mutter auszulassen und sich allein auf den Weg zu machen.

Ich habe in diesem Buch immer wieder betont, wie eng verwoben spätere Störungen im normalen Lebensvollzug mit unverarbeiteten Traumen in der frühen Kindheit sind. Es ist mir wichtig, daß die Öffentlichkeit realisiert, daß Familien, die Probleme haben, rechtzeitig unterstützt werden müssen, um tiefgreifende Schäden zu verhindern. Diese Hilfe stelle ich mir als ein entsprechend weitgefächertes Angebot an Therapieeinrichtungen vor, die freiwillig in Anspruch genommen werden können. In diesem Zusammenhang ist Information über die Nützlichkeit solcher Einrichtungen auf breiter Basis nötig. Vor allem auf dem Land ist eine bessere Versorgung mit Hilfseinrichtungen anzustreben. Alle Arten familiärer Konflikte könnten dort behandelt werden: Partnerprobleme ebenso wie ungünstige Einstellungen in der Kindererziehung, gesundheitliche oder auch finanzielle Belastungen, Alkoholismus, familiäre Gewalttätigkeit, und vieles mehr.

Schuldzuweisung oder gar Strafverfolgung statt geeigneter Hilfsangebote sind ungeeignete Mittel, um Probleme in der Familie zu lösen. Leider stehen sie oft am Ende einer ungünstigen Entwicklung, wenn der Karren sich festgefahren hat. Gewalt und Mißhandlung sind ein Indiz dafür, daß die Familie ihre normalen Funktionen nicht mehr aufrechterhalten kann. Trennung und Auflösung der Familie beendet zwar momentan den krisenhaften Zustand, die Gefahr für die Beteiligten, wieder in den Kreislauf der Gewalt zu geraten, ist aber ohne flankierende Hilfsmaßnahmen sehr groß.

Unterstützung brauchen auch Kinder, die aggressiv auf ihre familiäre Umwelt reagieren. Für solche Aggressionen, die von den Eltern als sehr belastend erlebt werden und häufig den Anlaß für die Inanspruchnahme einer familientherapeutischen Beratung bilden, gibt es verschiedene Ursachen. Eine davon ist die entwicklungsbedingte Ablösung von den Eltern. Mütter erleben diesen natürlichen Ablösungsprozeß häufig als Aggression, übersehen dabei aber die Notwendigkeit dieses Prozesses für die gesunde Entwicklung des Kindes. Aggressionen entstehen dann, wenn das Kind in Bereichen selbständig sein will, die es noch nicht beherrscht. Die Frustration folgt zwangsläufig. Hier gilt es, das Kind abzulenken, durch Körperkontakt zu beruhigen und zu trösten. Strafen sind grundverkehrt, sie stacheln die Aggression verständlicherweise noch an.

Aggressionen können aber auch bedeuten, daß die Bindung des Kindes an seine Hauptbezugsperson sehr eng ist und vom Kind als übermächtig erlebt wird. Nun versucht es mit Gewalt, die Grenzen zu erweitern.

Der umgekehrte Fall liegt vor, wenn die Bindung an eine Bezugsperson im Säuglingsalter zu schwach ausgebildet wurde. Das kommt vor allem bei Heimkindern mit häufig wechselnden Pflegepersonen vor. Diese Kinder sind in ihrer altersgemäßen Entwicklung gestört. Da sie nie richtig mit jemandem verbunden waren, können sie sich auch nicht ablösen. Sie reagieren mit häufigen Wutausbrüchen, Verhaltensweisen, die wir als „Verwahrlosung" bezeichnen wie Lügen und Stehlen, aber auch mit eigenaggressivem Verhalten wie Nägelbeißen oder Haarereißen. Im Kontakt mit der Umwelt sind sie entweder distanzlos, das heißt sie gehen mit jedem mit und haben keine Scheu vor Fremden. Sie können sich aber auch von der Umgebung zurückziehen und kaum Aktivität zeigen. Beides ist ein Zeichen eines gestörten Ablösungsprozesses.

Im Normalfall erleben wir, daß ein Kind, das sich, solange seine Mutter anwesend ist und das Kleinkind sich ihrer versichern kann, sich frei im Raum bewegt. Ab und zu schaut es nach, ob die Mutter noch da ist. Ich habe dieses Verhalten für mich „Kontrollbesuche" genannt. Die Sicherheit der mütterlichen Anwesenheit, wobei diese Anwesenheit später internalisiert

wird, gibt dem Kind die Möglichkeit, seinen eigenen Interessen nachzugehen.
Ich erinnere mich deutlich an die Zeit, als mein eigener Sohn, der damals gerade laufen gelernt hatte, in dieser Phase war. Vergnügt wandte er mir im Hof den Rücken und lief fort. Dabei drehte er sich immer wieder um, um sich meiner Anwesenheit zu vergewissern. Wehe aber, wenn ich mich auch umgedreht hatte und ihm den Rücken zuwandte! Dies wurde von ihm offenbar als Anzeichen dafür ausgelegt, daß ich weggehen wollte, und er begann jämmerlich zu schreien.
Schließlich möchte ich noch eine weitere Quelle kindlicher Aggression beschreiben. Hierbei handelt es sich um einen Vorgang, der für die meisten Eltern weniger leicht einsichtig ist als die oben beschriebenen. Aggressionen können gleichsam durch die Familienatmosphäre auf die Kinder „übertragen" werden. Liegen Spannungen zwischen den Eltern in der Luft, die nicht bereinigt werden, so spürt das Kind, daß etwas nicht stimmt. Es erlebt diese Gewitterstimmung als sehr bedrohlich. Es kann nun die Aufgabe übernehmen, durch eigene Aggressionen eine Entladung herbeizuführen und damit wieder für Wohlbefinden zu sorgen. Die Eltern werden also dadurch geeint, daß sich das Kind zum Sündenbock macht. Auf diese Weise entstehen viele ungünstige kindliche Verhaltensweisen, die aber im internen Familienklima eine wichtige Rolle für den Erhalt des Status quo spielen.
Es ist deshalb angebracht, bei störenden „asozialen" und aggressiven Verhaltensweisen von Kindern immer mit der ganzen Familie Kontakt aufzunehmen. Nur wenn die Familie genügend Vertrauen erwirbt, daß der Therapeut bei ihren Problemen helfen kann, ohne ein Familienmitglied zum Schuldigen zu stempeln, wird sie sich auf den Prozeß der Veränderung einlassen.

Als Beispiel der Fall eines kleinen Mädchens, dessen gezielte Aggressionen seine Mutter zur Verzweiflung und schließlich in die Therapie brachten. Hanna verwandelte die Abende regelmäßig in eine Art Vorhölle. Sie war drei Jahre alt und mitten im besten Trotzalter. Sie konnte liebenswürdig und freundlich sein, solange alles nach ihrem Willen lief. Bei der kleinsten Verweigerung aber rastete sie aus: gellendes Schreien, Treten, Kratzen und Beißen wechselten sich ab mit Spucken und gelegentlichem Luftanhalten, bis sie blau anlief. Ihre Mutter hatte nach längerem Experimentieren ein Mittel gefunden, das sich dazu eignete, Hanna wieder zu beruhigen. Sie nahm ihre Tochter fest in die Arme und versuchte sie hin und her zu wiegen. Von seiten ihres Mannes und der restlichen Familie erhielt sie dabei allerdings wenig Unterstützung. Das Kind galt als „verwöhnt". Als Gegenmittel wurde die „strenge Hand" empfohlen. Der Vater hatte bereits versucht, mit Schlägen auf das Verhalten seiner Tochter einzuwirken, allerdings gänzlich ohne Erfolg. Die Aggressionen der Kleinen hatten sich verschlimmert.

Eine gemeinsame Sitzung mit den Eltern ergab, daß die Beziehung der beiden schon seit längerem in einer schweren Krise steckte, über die nicht offen gesprochen wurde. Die Frau versteckte ihre berechtigten Wünsche und Forderungen an ihren Mann hinter häufigem Nörgeln, allgemeiner Unzufriedenheit mit seinen Handlungen und heftiger Kritik an seinen Freizeitgewohnheiten. Der Mann entzog sich der unangenehmen Stimmung durch vermehrte außerhäusliche Aktivitäten sowohl im beruflichen als auch im privaten Bereich. Die Eltern hatten seit langem nichts mehr gemeinsam als Paar unternommen. Ihrer Sexualität fehlte die Lust. Der unterschwellig vorhandene Zorn verhinderte eine Annäherung.

Da beide in ihren Herkunftsfamilien nicht gelernt hatten, Konflikte wirklich auszutragen und zu einer für beide befriedigenden Lösung zu gelangen, hatten sie ihren Unmut über Jahre hinweg aufgestaut. Entsprechend einer traditionellen Vorstellung von der Rollenaufteilung zwischen Mann und Frau waren die häuslichen Pflichten und die Kindererziehung einseitig an der Frau hängengeblieben, obwohl diese ebenso wie ihr Mann ganztags berufstätig war. Die erwünschte Mithilfe von seiten des Mannes fiel mager aus. Diese Frau hatte nach eigenen Angaben keine Minute für sich selbst. Entsprechend war sie langsam am Ende ihrer Kräfte und inneren Reserven angelangt. Die Situation begann nach Veränderung zu schreien. Dieses Schreien übernahm die kleine Tochter, indem sie mit ihren übersteigerten Aggressionen deutlich zeigte, daß etwas in der Familie außer Kontrolle geraten war.

Um Hanna zu entlasten, mußten die Eltern lernen, ihre partnerschaftlichen Probleme offen zu besprechen und ernst zu nehmen. Es war beeindruckend, wie schnell sich Hanna im Verlauf dieser Entwicklung bei den Eltern von einem gestörten, enervierenden Kind zu einer normalen Dreijährigen verwandelte.

Trotzreaktionen, wie sie Kleinkindern zur Verfügung stehen, um sich damit von den Eltern abzugrenzen, sind Babys noch nicht möglich. Aber auch sie reagieren intensiv auf gestörte Familiensysteme. Ihre Sprache ist die des Körpers. Werden ihre Bedürfnisse nicht erfüllt, antworten sie darauf mit Nahrungsverweigerung und schlechtem Gedeihen. In der Literatur ist von Kindern die Rede, die sogar die Milch ihrer Mütter ausspucken. Als normaler Abgrenzungsversuch ist es hingegen zu werten, wenn sich kleine Kinder auf dem Arm der Mutter gelegentlich von ihr wegstemmen. Ein solches Verhalten bedarf wohl keiner weiteren Erklärung.

Störungen der Mutter-Kind-Einheit bedürfen zartfühlender Intervention.

Die Störungsquellen können vielfältig sein und sowohl in der Persönlichkeit der Mutter als auch in Umwelteinflüssen beheimatet sein. Der Vater spielt dabei eine wesentlich wichtigere Rolle, als ihm bisher zugestanden wurde. Seine Aufgabe ist es unter anderem, für die Sicherheit der Familie in finanzieller und emotioneller Hinsicht zu sorgen, damit Mutter und Kind sich in Ruhe miteinander beschäftigen können. Darüber hinaus ist er von Anfang an Modell für geschlechtsspezifisches Verhalten. Durch die Beziehung der Eltern untereinander entsteht die besondere Atmosphäre in der Familie. Fehlt der Vater oder kommt er seinen Aufgaben nicht nach, wird die erzieherische Last für die Mutter erdrückend.
Wie aktuell dieses Thema heute ist, läßt sich dadurch belegen, daß es z.B. in München bereits 18 Prozent alleinerziehende Eltern, Mutter oder Vater, gibt. Zwei Drittel der Kinder wachsen in Familien auf, in denen beide Eltern berufstätig sind. Abgesehen von finanziellen Problemen der Alleinerziehenden, die oft zu den Sozialhilfeempfängern zählen, stellt sich für beide Gruppen die Frage nach einer den Bedürfnissen von Eltern und Kindern entgegenkommenden Betreuung. Es fehlt an Kinderkrippen, an Kindergartenplätzen, an Ganztagsschulen und an Horten. Tagesmütter, die mit einer Familiensituation Kleinkindern am besten Geborgenheit außerhalb der eigenen Familie bieten könnten, sind selten, im Verhältnis zu ihrer Leistung schlecht bezahlt und für die finanziell schwachen alleinerziehenden Mütter trotzdem unbezahlbar.
Größere Städte entwickeln sich auf Grund der für Familien mit Kindern beinahe unbezahlbaren Mieten und Immobilienpreise immer mehr zu Städten von Erwachsenen mit Hunden. Auswärtiges Wohnen und tägliches Pendeln zum Arbeitsplatz bedeuten aber, daß für Mann und Frau noch weniger Zeit übrigbleibt, die sie mit der Familie verbringen können. Da es auf dem Land mit den Versorgungseinrichtungen wie Kindergärten und Horten im allgemeinen noch um einiges schlechter aussieht als in der Stadt und die Öffnungszeiten einseitig an die Hausfrauenfamilie angepaßt sind, werden schon kleine Kinder, manche gerade im schulpflichtigen Alter, zu täglichen Pendlern. Eine Situation, die dem Anspruch auf Geborgenheit geradezu Hohn spricht.
Mag die Wahrheit auch unbequem sein, sollte sie doch genügend Kraft in sich haben, einen kräftigen Anstoß zur Veränderung zu geben. Es nützt alleingelassenen Frauen mit ihren Kindern nicht, wenn sie an der Latte einer Idealfamilie und deren Möglichkeiten gemessen werden. Sie brauchen in ihrer schwierigen Realität jede Unterstützung, die möglich ist. Nur dann lassen sich langfristige Schäden vermeiden.
Das Reparieren von Schäden erfordert einen hohen Aufwand. Im Gegensatz dazu stehen die Kosten einer Vorbeugung, die sich nicht nur finanziell

bezahlt macht, sondern auch im Hinblick darauf, wie viele verzweifelte Familienschicksale dadurch verhindert werden können.

Einen kleinen Beitrag zur Vorbeugung gegen schwerwiegende Störungen in Familien möchte ich mit diesem Buch leisten. Es soll Sie darüber informieren, wann ein Problem behandlungsbedürftig und wo eine Behandlung möglich ist. Weiter ist es mir wichtig, kritische Zeiten im Leben einer Familie herauszuarbeiten. Das Wissen um solche Zeiten mildert den Druck, der auf einer Familie mit Problemen lastet. Zur Vorbeugung zähle ich auch das Wissen darüber, wie verletzlich und abhängig von elterlicher Fürsorge ein Kleinkind ist, auch wenn es sein Unbehagen noch nicht durch gesprochene Sprache artikulieren kann. Das Wissen darüber, daß Babys am Familienleben gefühlsmäßig voll und ganz im guten wie im schlechten Sinne teilnehmen, ist leider immer noch zu wenig verbreitet. Häufig werden kleine Kinder nur als Statisten betrachtet, die nach Meinung der Erziehungsberechtigten noch nichts mitkriegen. In Wirklichkeit entwickelt sich gerade in dieser frühen Phase das wichtige Urvertrauen, das dafür entscheidend ist, wie erfolgreich das Leben des Betroffenen in Zukunft verlaufen wird.

Ich habe in diesem Kapitel versucht, einen „Problemkatalog" aufzustellen, der Ihnen zusammen mit den Fallgeschichten einen Einblick in eine Vielzahl von belastenden, familiären Beziehungssituationen geben soll. Interaktionen von der Art, wie sie in den vorgestellten Familien an der Tagesordnung sind, erhöhen die Krankheitsanfälligkeit, führen zu Depressionen, zu Drogensucht und Alkoholismus, zu Aggressionen bei Kindern und gegen Kinder, zu Gewalt und Mißhandlung und vielen anderen Symptomen.
Der Begriff der Beziehungssituation soll darauf hindeuten, daß es nicht einen Verursacher der Probleme in der Familie, und damit einen „Schuldigen" gibt, sondern daß es sich um eine Art Kreisprozeß handelt, in den alle Familienmitglieder oft unlösbar verwickelt sind. Das Symptom stellt bei einer solchen Sichtweise ebenso wie alle anderen Handlungsweisen einen Versuch dar, die Gewohnheiten der Familie zu bewahren und alle vor den gefürchteten Konsequenzen einer Veränderung zu schützen.
Vieles ist noch an der Frage offen, wie familiäre Beziehungsmuster mit körperlichen Erkrankungen zusammenhängen. Unzweifelhaft spielt dabei die körperliche Abwehr eine Rolle ebenso wie Veränderungen im chemischen Haushalt des Körpers.
Salvador Minuchin konnte mit seinen Mitarbeitern nachweisen, daß beobachtbare Familienkonflikte mit Schwankungen zentraler Körperfunktionen einhergehen: Veränderungen am Serumspiegel der freien Fettsäuren

bei diabeteskranken, stoffwechsellabilen Jugendlichen. (Aus: Stierlin, *Krankheit und Familie.*)

Daß sich eingestandene und uneingestandene Gefühle in unseren Körperfunktionen bemerkbar machen, ist seit langem bekannt. Virginia Satir betrachtet allgemein vorkommende körperliche Leiden wie Kopfschmerzen, Rückenschmerzen, hohen oder niedrigen Blutdruck und Verdauungsstörungen als einen Ausdruck der Art, wie jemand kommuniziert. Sie beschreibt vier verbreitete, aber schädliche Hauptkommunikationsarten, die von Menschen zur Abwehr von Streß eingesetzt werden. Dazu arbeitete sie Haltungen heraus, die jeden in die Lage versetzen, zu fühlen, was in seinem Körper vorgeht, wenn er sie längere Zeit einnimmt. So führt z.B. die Haltung des Beschwichtigers zu Übelkeit und Erbrechen. (Ich werde auf diese Haltungen im Kapitel „Die Verbesserung der Kommunikation“ noch näher eingehen.)
Auch Salvador Minuchin beschreibt das Modell der psychosomatogenen Familie sehr einleuchtend.
Ich zitiere: „Nach diesem Modell steht die Entstehung einer psychosomatischen Störung bei einem Kind im Zusammenhang mit drei Faktoren: einer besonderen Art der familiären Organisation und Funktionsweise, der Einbeziehung des Kindes in einen elterlichen Konflikt und schließlich einer physiologischen Anfälligkeit.
Die Familie ist durch Verstrickung, überbeschützende Haltung, Starrheit und Unfähigkeit zur Konfliktlösung gekennzeichnet. Beim Typ der verstrickten Familie sind die einzelnen Mitglieder in übertriebenem Ausmaß miteinander beschäftigt und reagieren zu stark aufeinander ...
In der überfürsorglichen Familie sind die einzelnen Mitglieder in hohem Maße am Wohlergehen des jeweils anderen interessiert. Ständig werden protektive Reaktionen ausgelöst und zur Schau gestellt ...
Starr organisierte Familien geben häufig zu erkennen, daß sie eine Veränderung in der Familie nicht brauchen oder wünschen ...
Eine Familie schließlich, die nicht zur Konfliktlösung fähig ist, hat eine niedrige Konfliktschwelle. Manche Familien leugnen ganz einfach das Vorhandensein irgendeines Konfliktes. In anderen gibt sich der eine Ehepartner als Herausforderer, der andere als Meider. Wieder andere Familien streiten zwar, aber sie schaffen es, eine echte Konfrontation zu umgehen. Infolgedessen werden die Probleme nicht verhandelt und auch nicht gelöst. Das psychosomatisch kranke Kind spielt eine wichtige Rolle bei der Konfliktscheuheit der Familie, denn es stellt ja den Brennpunkt des Interesses seiner Familie dar ...
Die Einbeziehung des Kindes in einen elterlichen Konflikt ist das zweite Merkmal der typischen psychosomatogenen Familie ... Das kranke Kind

ist ganz besonders wichtig in bezug auf die Umleitung des ehelichen Konfliktes.
Die physiologische Anfälligkeit des Kindes ist eine notwendige, aber nicht allein ausreichende Komponente in Zusammenhang mit der Entstehung eines psychosomatischen Syndroms." (Minuchin, *Familie und Familientherapie,* S. 306, 307.)

Mit der Familie gemeinsam das Auf und Ab des Lebens erfolgreich zu bestreiten, ist bei allem gutem Willen eine offenkundig schwierige und oft beschwerliche Aufgabe. Sie erfordert von den Teilnehmern die Fähigkeit und den Willen, ihre Rollen im gemeinsamen Boot zu übernehmen. Mit jeder Rolle sind Rechte und Pflichten verbunden. Eltern haben z.B. das Recht, Regeln zu setzen und die Pflicht, ihre Kinder angemessen zu versorgen. Kinder haben das Recht, sich um ihre eigenen Angelegenheiten zu kümmern und können erwarten, daß ihre Eltern für sie da sind, wenn sie benötigt werden. Werden diese Rollen vertauscht, ist auf einmal das Kind dazu da, sich der Eltern anzunehmen, statt umgekehrt; so kann die Entwicklung in dieser Familie nicht ungestört verlaufen. Ebenso ist es wichtig, die Grenzen zwischen den Generationen zu beachten. Die großelterliche Funktion ist eine andere als die der Eltern oder der Kinder in der Geschwistergruppe.

Viel vermeidbares Leid entsteht in Familien dadurch, daß Konflikte nicht adäquat ausgetragen, sondern hinuntergeschluckt, verdrängt oder umgeleitet werden. So kann sich eine Frau am Morgen über eine beiläufige Bemerkung ihres Ehemannes ärgern. Statt ihr Gefühl ernst zu nehmen und ihrem Mann gegenüber auszudrücken, schreit sie ihr Kind an, das beim Frühstück versehentlich den Saft umwirft. Dies nimmt der Mann zum Anlaß, seiner Frau vorzuwerfen, daß sie nicht in der Lage ist, die Kinder zu anständigen Tischsitten zu erziehen.

Alle diese Probleme gibt es in der einen oder anderen Form in jeder, auch der „normalsten" Familie. Auch Symptome wie Krankheiten, soziale Abweichungen, gelegentliche Tics und vorübergehende Verstimmungen werden kaum einer Familie fremd sein. In den meisten Fällen findet das „System Familie" selbst eine Lösung für seine Probleme, verändert unter dem äußeren Druck der Gesellschaft und dem inneren Druck der unterschiedlichen Bedürfnisse seiner Mitglieder unangebrachte und krankmachende Verhaltensweisen.

Unter bestimmten Bedingungen sind aber die Selbstheilungskräfte der Familie nicht ausreichend. Dann ist es notwendig, Hilfe aufzusuchen. Vieles von dem, was man braucht, um in der Familie gut über die Runden zu kommen, läßt sich lernen, wie z.B. direkte, positive Konfliktbewältigung. Das heißt noch lange nicht, daß damit die Konflikte in der Familie für alle Zeiten ausgeräumt wären. Auf Grund wichtiger, unterschiedlicher Bedürf-

nisse von Mann und Frau, von Eltern und Kindern, muß es immer wieder zur Konfrontation kommen. Nur die Art und Weise, wie die Familie mit solchen Konflikten umgeht, entscheidet, ob sie gestärkt daraus hervorgeht und sich weiterentwickeln kann, oder ob wesentliche Teile, die für eine solche Entwicklung gebraucht werden, abgespalten oder über Bord geworfen werden. Ein solcher Teil könnte z.B. die Fähigkeit sein, für seine Interessen entschieden einzutreten. Gibt jemand diese Fähigkeit auf, bezahlt er für seine Anpassung möglicherweise den hohen Preis einer unheilbaren Krankheit oder einer schweren Depression.
Auch Kinder können mit ihren Problemen darauf hinweisen, daß etwas in ihrer Familie nicht im Lot ist. Aggressionen, Leistungsabfall in der Schule, Diebstähle, chronisches Lügen, Rauschgiftsucht sind deutliche Symptome dafür.
Es zahlt sich in jedem Fall für die Familie aus, gemeinsam nachzuschauen, wo das Übel seine Wurzel hat. Ein gut ausgebildeter Familientherapeut kann dabei ein hilfreicher Begleiter sein. Wichtig ist, daß er nicht wie die anderen im Familiensystem und seinen Fallstricken verwickelt ist. So kann er als Außenstehender sehen, von welchen Kräften der oft vorhandene Teufelskreis angetrieben wird. Eine Erfassung des bestehenden Zustandes und der damit verknüpften Gefühle ist die beste Grundlage, unter dem Schutz, den der Therapeut bietet, etwas Neues anzufangen.

4. Vorhersehbare Lebenskrisen

Nehmen wir an, ein in den westlichen Industrieländern geborener Mensch männlichen Geschlechts wird achtzig Jahre alt, ein Alter, das heute nicht mehr utopisch ist. In dieser Zeit hat er eine Vielzahl verschiedener Lebensphasen erlebt. Er war zunächst Säugling und Kleinkind, dann Kindergartenkind und schließlich Schulkind. Die nächste einschneidende Veränderung fällt in die Pubertät. Als Jugendlicher entscheidet er sich für eine bestimmte Berufsausbildung. Nun beginnt die längste Phase seines Lebens, die berufliche Arbeit. Sie dauert normalerweise bis zum Eintritt ins Rentenalter. Mit zwanzig lernt er seine künftige Frau kennen und schließt mit ihr zwei Jahre später die Ehe. Dies ist der Beginn seines Lebens in der Familie. Zum Ehepaar gesellen sich einige Zeit später zwei Kinder. Nun beginnt ein Leben als Elternteil, das andauert bis zum Tod, selbst für den Fall, daß sich die Ehepartner scheiden lassen (das betrifft heute immerhin bereits jede dritte Ehe). Von seinen Kindern kann man sich bekanntlich nicht scheiden lassen. Endet das Arbeitsleben, beginnt die Zeit als Rentner oder Pensionär. Schließlich kann sich für ihn auf Grund veränderter körperlicher Fähigkeiten die Notwendigkeit ergeben, aus der eigenen Woh-

nung zu seinen Kindern, in ein Altersheim oder ein Pflegeheim umzuziehen. Wieder verändert sich seine Rolle gegenüber der Familie und seiner sozialen Umwelt.
Handelt es sich um eine Frau, so ist deren Leben in unseren Breiten nach wie vor stärker als bei ihrem männlichen Gegenpart neben dem Beruf durch die Familie beeinflußt. Nach Ausbildungsphase und oft nur kurzer Berufstätigkeit verlegt sie ihre Aktivität häufig für etliche Jahre ins Haus und versorgt die Kinder. Diese Zeit verstärkter Gebundenheit in der Familie ist jedoch spätestens mit dem Erwachsenwerden der Kinder beendet. Nun muß sich die Frau einen neuen Lebensinhalt suchen, will sie nicht Gefahr laufen, depressiv oder krank zu werden. Das Ehepaar hat nun noch viele Jahre vor sich, in denen die eheliche Beziehung wieder wichtig wird wie am Anfang ihrer gemeinsamen Geschichte.
Alle diese Umstellungen auf eine neue Lebensphase sind auch im Normalfall von Krisen begleitet. Für die Familie heißt der Eintritt in jeden neuen Abschnitt, daß sich bisher geltende Regeln verändern, daß andere Verhaltensweisen nötig werden, daß sich der Kreis der Familie erweitert, daß neue Koalitionen zwischen den Familienmitgliedern entstehen, daß neue Rollen zu den gewohnten hinzukommen.
Diese Veränderungen bringen eine tiefgreifende Verunsicherung und im Zusammenhang damit eine Menge Probleme für die Familie mit sich. Im Gegensatz zur oft als sehr beschwerlich erlebten Realität werden die Belastungen durch die neuen Lebensumstände vor der Umwelt gern geleugnet oder ins Gegenteil verkehrt.
Beginnen wir mit dem ersten Schritt in die Familie und damit in eine Reihe vorhersehbarer Krisen: der Heirat eines jungen Paares.
Im Gegensatz zur Wirklichkeit beendet im Märchen die Eheschließung alle irdischen Probleme: „... und sie lebten glücklich bis ans Ende ihrer Tage." Hier prallen Wahrheit und Traum hart aufeinander. Auch das moderne Märchen, die Werbung, die sich der Jungvermählten annimmt, hat ausschließlich den „schönsten Tag" im Sinn. Niemand bereitet das junge Ehepaar darauf vor, daß sich die Schwiegermütter gegenseitig nicht ausstehen können, daß Teile der neu angeheirateten Familie unter Alkoholeinfluß recht ordinär werden und daß es den ersten Krach in der Ehe wegen der Musikkapelle gibt, die zu laut spielt. Auch die Flitterwochen, nach gängiger Auffassung der Himmel auf Erden, sind nur allzuoft statt dessen ein Fegefeuer.

Nehmen wir zur Illustration Anna und Hans, ein Liebespaar, das sich gerade entschlossen hat, zu heiraten. Anna ist 21 Jahre alt, Hans 25. Beide arbeiten im erlernten Beruf. Anna ist Kindergärtnerin, Hans Elektriker. Anna hat eine eigene kleine Wohnung, Hans lebt im Haus seiner Eltern, die einen Elektrobetrieb führen, wo er mitarbeitet. Anna und Hans kennen sich seit vier Jahren. Annas Vater ist vor etlichen Jahren gestorben. Sie kann sich nur schwach an ihn erinnern. Die Mutter lebt bei Annas Bruder auf dem Bauernhof. Der Bruder ist ledig, er findet keine Frau, die zu ihm aufs Land ziehen will. Seine Mutter führt ihm die Wirtschaft.

Hans gefällt an Anna ihre Selbständigkeit, ihr bestimmtes Auftreten, die eigene Wohnung. Er selbst hat immer zu Hause gelebt, wo er als einziger Sohn von den Eltern sehr verhätschelt wird. Er braucht keine Miete zu zahlen, das Essen steht pünktlich auf dem Tisch und wird von seiner Mutter nach seinen Wünschen zubereitet. Die Wäsche liegt gewaschen und gebügelt im Schrank, die Hausarbeit wird von der Mutter ganz selbstverständlich erledigt, ohne daß sie Mann oder Sohn zu Hilfeleistungen heranzieht. Anna hingegen kocht selten, ißt unregelmäßig, je nach Lust und Laune, und erledigt die Hausarbeit in ihrer kleinen Wohnung dann, wenn sie etwas Zeit dafür erübrigen kann. Da sich Hans und Anna nicht täglich treffen, weiß Hans wenig über die häuslichen Gepflogenheiten seiner Freundin. Auch Anna kennt die Familie von Hans nur von gelegentlichen Besuchen am Sonntagnachmittag.

Beide erwarten in ihrem tiefsten Inneren, daß ihr Leben trotz Eheschließung im wesentlichen so weitergehen wird wie zuvor, nur schöner. Hans erwartet, daß der Haushaltskram wie gewohnt von ihm ferngehalten wird. Anna erwartet, daß Hans mit ihrer Form der Haushaltsführung einverstanden sein wird und daß sie wie vorher genug Zeit hat, diese Arbeit in Ruhe zu erledigen. Sie haben sich geeinigt, vorerst in Annas Wohnung zu bleiben. Längerfristig wollen sie ein Haus bauen, das neben Hans' Elternhaus stehen soll. Die Eltern schenken ihnen den Baugrund zur Hochzeit. Hans und Anna erwarten, daß sie ohne Einmischung ihrer Eltern in diesem Haus leben werden.

Anna und Hans erwarten auch, daß sie in angemessener Zeit eigene Kinder haben werden. Sie erwarten, daß es ihnen miteinander besser gehen wird als jedem von ihnen allein. Sie erwarten, daß der Partner sie trösten wird, wenn etwas schiefgeht, sie erwarten Zärtlichkeit, sexuelle Erfüllung, Unterstützung. Außerdem erwartet Hans gutes Essen, er möchte, daß seine Frau für ihn da ist und ihn liebt und bewundert. Ebenso wünscht sich Anna, daß sie von Hans geliebt und geschätzt wird und für ihn die einzige und attraktivste aller Frauen bleibt.

Neben diesen Hoffnungen, die in ähnlicher Form wohl alle Männer und Frauen zu Beginn ihres Ehelebens hegen, haben beide Partner auch geheime Befürchtungen.

Anna befürchtet insgeheim, daß Hans ebenso wie ihr Vater eines Tages aus ihrem Leben verschwinden wird. Sie hat also in ihrem Innersten Angst, daß er ihr eine schwere Enttäuschung zufügen wird.

Hans befürchtet, daß seine Frau ihn eines Tages nicht mehr als Menschen, sondern als Verkörperung einer Rolle sehen wird, als Ehemann, Papa oder Großvater, wie er es bei seiner Mutter in der Beziehung zu seinem Vater erlebt. Er hat Angst davor, von Anna nach der Eheschließung nicht als ganzer Mensch gesehen zu werden.

Es gibt noch viele andere ausgesprochene, bewußte, unbewußte, offene und heimliche Erwartungen an den Partner. Alle diese Erwartungen, Hoffnungen, Ängste beeinflussen die Art und Weise, wie Anna und Hans miteinander umgehen.

Besondere Probleme können von den nicht bewußten Erwartungen ausgehen. Die Erwartung, enttäuscht oder verletzt zu werden, hindert beide Partner daran, sich gegenseitig ehrlich mitzuteilen, welche Wünsche und Bedürfnisse sie als Mann und Frau zu unterschiedlichen Zeiten ihres Lebens haben. So ist jeder darauf angewiesen, aus vagen Andeutungen zu erraten, was im anderen vorgeht. Dabei gibt es viele Möglichkeiten, sich zu täuschen und für die Anstrengung, es dem anderen recht zu machen, statt Lob Tadel einzuheimsen.

Die Erwartung, daß das Leben so weitergehen wird wie bisher, hindert Anna und Hans daran, Veränderungen mit Interesse entgegenzusehen und sie als Bereicherung zu erleben. Statt dessen dient diese Erwartung dazu, dem Partner vorzuwerfen, daß es seine Schuld sei, daß es jetzt anders ist als früher.

Die Erwartung, daß Anna allein den Haushalt bewältigen wird, führt zu gegenseitiger Unzufriedenheit. Hans ist nicht zufrieden, weil es zu Hause nicht ordentlich genug ist, Anna entdeckt, daß ihr die Arbeit über den Kopf wächst.

Das geplante Haus wird zu einer schweren Belastung für die junge Ehe, weil sich die Eltern des Mannes, ganz gegen die Erwartungen des jungen Paares, massiv in den Hausbau und später auch in das Leben im neuen Haus einmischen. Hans will diese Tatsache lange nicht wahrhaben und gibt Anna keine Unterstützung, wenn sie ihre Grenzen gegenüber den Eltern wahren will. Anna hat erwartet, daß sie von den Schwiegereltern Geborgenheit und Zuwendung bekommt, die sie zu Hause vermißt hat. Sie hat sich Eltern gewünscht und ist nun mit Menschen konfrontiert, die sie erst allmählich kennenlernt. Manches mag sie an ihnen und anderes nicht. Außerdem hat sie erwartet, daß ihr Mann im Konfliktfall immer an ihrer Seite sein würde. Nun erlebt sie ihn ganz anders, hilflos und nachgiebig gegenüber seinen Eltern, wo sie Stärke und Durchsetzungsvermögen erwartet hatte. Hans wiederum hat erwartet, daß seine Eltern und Anna problemlos miteinander auskommen würden. Die bestehenden Konflikte will er nicht wahrhaben.

Alle diese Erwartungen sind kein Problem, wenn Anna und Hans wagen, ihre Hoffnungen und Wünsche auszusprechen. Der nächste Schritt wäre, mit dem anderen darüber zu reden, welche Gefühle mit diesen Erwartungen zusammenhängen, was es bedeutet, wenn sie erfüllt oder nicht erfüllt werden. Wenn Anna und Hans sich dafür Zeit nehmen, haben sie eine gute Chance, die aktuellen Probleme ihrer Beziehung gemeinsam zu lösen oder Kompromisse zu entwickeln, mit denen beide zufrieden sind.

Eine wichtige Voraussetzung für eine erfolgreiche Ehe ist die Erkenntnis, daß es viele verschiedene Möglichkeiten gibt, etwas zu tun. Es gibt nicht nur eine richtige Verhaltensweise, sondern unendlich viele. Wann immer ein Ehepartner darauf besteht, daß nur sein Weg der richtige ist, wird es unmöglich, beiderseits befriedigende Lösungen zu erreichen.

Ich habe viele Ehepartner erlebt, deren Liebe füreinander in zermürbenden Kämpfen darüber untergegangen ist, wessen Weg der richtige ist. Ich schlage Ihnen statt dessen vor, sich darauf zu besinnen, wie anregend und bereichernd menschliche Verschiedenheit ist: gerade sie macht zwei Menschen unterschiedlichen Geschlechtes zu Liebesleuten.

Anna und Hans haben eine große Aufgabe vor sich. Sie müssen miteinander ein neues System bilden, das von Übereinkünften und Regeln getragen wird, die möglichst ihre beiderseitige Entwicklung fördern. Es wird wesentlich davon abhängen, wie sie fällige Entscheidungen treffen, ob sich Hans und Anna in ihrer Ehe zufrieden und glücklich oder unzufrieden und schlecht fühlen werden. Nur wenn der offene Austausch von allen Empfindungen erlaubt ist, die zu einem bestimmten Zeitpunkt in jedem von ihnen vorhanden sind, können befriedigende Lösungen entstehen.

Teilnehmer an dem neuen Familiensystem sind zunächst Anna und Hans sowie die Schwiegereltern, mit denen sie in naher Nachbarschaft leben und arbeiten.

Nehmen wir an, Anna und Hans haben die ersten Klippen der jungen Ehe überwunden. Hans hat gelernt, Anna im Haushalt zu helfen. Gleichzeitig hat Anna gelernt, Hans zu sagen, wenn sie Hilfe benötigt. Sie haben sich darüber geeinigt, daß Hans am Wochenende das Frühstück macht und Anna während der Woche. Hans geht alle 14 Tage zu seinem Stammtisch Kartenspielen. Anna trifft sich an diesem Abend mit ihren Freundinnen. So entwickelt sich allmählich ein neues Regelsystem, das ihr Leben strukturiert und auf das sich alle verlassen. Geht Hans einmal nicht zu seinem Stammtisch, ist Anna überrascht. Verschläft Anna am Morgen, hat Hans kein Frühstück und ist ärgerlich.

Nun kann es leicht vorkommen, daß eine der vereinbarten Regeln sich im Alltag als unbrauchbar erweist. So könnte es sein, daß Hans gern früh aufsteht, aber Anna morgens nicht in Schwung kommt. Als Beweis ihrer Liebe hat sie Hans aber versprochen, Frühstück zu machen. Nun stellt sich heraus, daß sie es bei allem gutem Willen nicht schafft. Das Frühstück wird nicht rechtzeitig fertig und Hans immer unzufriedener. Es ist nötig, eine neue Lösung zu finden. So könnte Hans das Frühstück unter der Woche machen und Anna am Wochenende, wo beide länger schlafen. Hans kann bei seinen Eltern frühstücken. Er kann sich ein Frühstücksbrot mitnehmen. Anna kann das Frühstück schon am Abend vorher vorbereiten. Anna kann den Wecker früher stellen, damit sie mehr Zeit hat aufzuwachen. Hans kann auf das Frühstück ganz verzichten und statt dessen einen Müsliriegel essen.

Sicher fallen Ihnen, lieber LeserInnen, noch mehr brauchbare Lösungen ein. Entscheidend ist, daß Anna und Hans miteinander und ohne Vorwürfe versuchen, ihr Problem zu lösen. Jeder muß dabei die Bedürfnisse des anderen ernst nehmen. Wenn Hans zu Anna sagt: „Ach was, da ist doch nichts dabei, früh aufzustehen, stell dich nicht so an!“, wird sich Anna sehr schlecht und überhaupt nicht verstanden fühlen. Aus der Enttäuschung, die Anna Hans nicht sagt, wird Ärger, und sie faucht ihn an: „Mach dir doch dein Frühstück selber, ich brauche ja schließlich keins!“
Diese Lösung ist an sich weder gut noch schlecht. Aber glauben Sie, daß Hans sie so, wie sie ihm serviert wird, annehmen kann?
Anna könnte auch zu Hans sagen, wenn er sich wünscht, pünktlich zu frühstücken: „Aber Schatz, es ist doch gerade am Morgen so schön mit dir im Bett.“ Dieses Argument setzt Hans schachmatt. Anna hat ihn erfolgreich von dem abgelenkt, was er wollte. Das Problem ist damit aber nicht gelöst. Hans denkt zwar im Moment an etwas anderes, wird aber spätestens am nächsten Morgen wieder durch seinen Hunger an das erinnert, was er möchte.
In eine ähnliche Rubrik fällt der folgende Satz: „Aber Hans, das Frühstück ist doch gar nicht wichtig, wichtig ist nur, daß ich dich liebe.“ Nun hat Hans auch noch ein schlechtes Gewissen, wenn er auf seinem Frühstück besteht. Er legt nämlich die Botschaft, die ihm Anna gesendet hat, so aus, daß sie offenbar glaubt, ihm ist ihre Liebe nicht mehr wichtig, wenn er ein Frühstück haben will.
Ein solcher Satz bringt den Adressaten in eine echte Zwickmühle. Er besteht nämlich aus zwei Botschaften, die miteinander nichts zu tun haben, aber in einen ursächlichen Zusammenhang gebracht werden.
Der eine Teil heißt: „Das Frühstück für dich ist mir nicht wichtig.“ Der andere Teil heißt: „Es ist mir nur wichtig, daß ich dich liebe.“
Hans kann nun auf jeden Teil der Aussage gesondert eingehen und damit der Zwickmühle entkommen. Nehmen wir einmal die erste Aussage. „Das Frühstück für dich ist mir nicht wichtig.“ Im Gegensatz zu Anna nimmt Hans sein Frühstück wichtig. Wie immer hat er verschiedene Möglichkei-

ten, darauf zu reagieren, daß Anna dies anders empfindet. Er kann sich ärgern, er kann es akzeptieren, er kann versuchen, Anna deutlich zu machen, wie wichtig ihm die ganze Angelegenheit ist, etc. Er kann aber auch seine eigenen Gefühle verleugnen und so tun, als ob ihm das Frühstück wirklich nicht wichtig sei. Er kann um des lieben Friedens willen sagen: „Für dich vergesse ich alle Frühstücke." In diesem Fall ist das Thema mit Sicherheit nicht vom Tisch.
Der Wunsch und das Bedürfnis nach einem Frühstück bestehen ja weiter. Der weitere Verlauf hängt nun davon ab, wie das Thema im folgenden behandelt wird. Es kann zu einer Art Zeitbombe im Untergrund werden. Immer wenn Hans sich über etwas ärgert, reibt er Anna die Sache mit dem Frühstück unter die Nase. In diesem Fall können wir immerhin hoffen, daß Hans und Anna auf Grund der steigenden Spannungen eine Lösung für dieses Problem finden werden.
Schlimmer ist es dann, wenn der Grund der Spannung nicht mehr zur Sprache kommt. Dann kann das Problem nicht mehr gelöst werden und wird zum Sprengstoff für die Beziehung.

Wer ein wichtiges Bedürfnis öfter vor sich und seinem Partner verleugnet, muß mit unangenehmen seelischen und körperlichen Folgen rechnen. Erinnern wir uns an die schädlichen Wirkungen unterschwelliger Aggression. So kann es passieren, daß Hans Magenbeschwerden bekommt. Der Arzt verschreibt ihm regelmäßiges Essen. Nun bekommt er auf Umwegen, was er will, nämlich ein Frühstück. Anna ist jetzt mit Forderungen von ärztlicher Seite konfrontiert, die sie schlecht ignorieren kann. Sie will ja nicht schuld an den Magenbeschwerden von Hans sein. Aber diese Problemlösung kommt beide teuer zu stehen. Hans hat ein Magenleiden, das leicht chronisch werden kann. Anna hat das Gefühl, Hans nicht mehr voll belasten zu können, da er ja krank ist. Sie muß also allein einen Teil der Belastungen übernehmen, von denen sie gehofft hat, daß Hans sie mit ihr teilen würde.
Andere mögliche Folgen unterdrückter Konflikte könnten, wie wir aus dem vorigen Kapitel wissen, Depressionen, Schlaflosigkeit, Kopfschmerzen, Herzbeschwerden, Infektanfälligkeit, Krebs und eine Fülle weiterer Beschwerden sein.
Wir wollen also Hans und Anna wünschen, daß es ihnen gelingt, ihre Konflikte nicht zu verdrängen. Differenzen treten in jeder Beziehung auf. Es gilt nicht, sie zu vermeiden, sondern zu bewältigen. Gelingt dies, tragen Differenzen dazu bei, eine Ehe interessant, abwechslungsreich und anregend zu machen.

Kommen wir nun noch einmal zu dem Satzteil: „Es ist mir nur wichtig, daß ich dich liebe." Mit dieser Aussage verleugnet die Sprecherin große Teile ihrer selbst, sie entwertet alle Tendenzen, Wünsche und Interessen, die nichts mit ihrem Partner zu tun haben. Ein solcher Satz ist typisch für ein schwaches Selbstwertgefühl und deutet auf eine Tendenz hin, sich an den Partner anzuklammern. Trotzdem wollen wir Anna vorerst einmal eine solche Äußerung unterstellen. Sie paßt in die Phase erster Verliebtheit. Für Hans enthält dieser Satz allerlei Angenehmes, das seinem Bedürfnis, von Anna geschätzt zu werden, entgegenkommt. Er sollte also auf diesen Satz freundlich reagieren. Er könnte antworten: „Ich freue mich, daß ich dir so wichtig bin und daß du mich so gern hast."

Will sich Hans aus der Zwickmühle befreien, in die ihn Annas Satz gebracht hat, muß er auf beide Botschaften antworten. Nach dem alten Leitsatz „das Angenehme zuerst", könnte seine Reaktion folgendermaßen aussehen: Er geht zu Anna hin, nimmt ihre Hand oder legt den Arm um sie. (Körperkontakt). Er achtet darauf, daß er sich mit Anna in Augenhöhe befindet. „Anna, ich freue mich, daß du mich so lieb hast. Ich möchte noch einmal mit dir über das Frühstück reden. Weißt du, für mich ist diese Sache sehr wichtig, weil ich am Morgen großen Hunger habe. Laß uns gemeinsam eine Lösung suchen."

Es mag ungewohnt sein, so miteinander zu sprechen. Vielleicht denken Sie jetzt: Wie kann man nur von einer solchen Kleinigkeit soviel Aufheben machen! Differenzen in Beziehungen entstehen aber nun mal aus Kleinigkeiten, und gerade sie sind es, die uns täglich nerven. Schrecken Sie also nicht davor zurück, auch kleine Probleme zu lösen! Versuchen Sie ruhig, dabei anders als gewohnt vorzugehen. Wie bei allem, was neu ist, überfällt uns anfangs ein kleines Unbehagen, wenn wir uns anders verhalten, als bisher gewohnt. Dieses kleine Kribbeln im Magen zeigt Ihnen, daß Sie Ihre ausgetretenen Pfade verlassen.

Woran erkennen Sie, ob ein Satz aus zwei widersprüchlichen Teilen besteht? Achten Sie einfach auf Ihren Körper. Sie spüren bei einer ambivalenten Aussage Unbehagen, fühlen sich verwirrt, empfinden Schuldgefühle, möglicherweise stellen sich Kopf- oder Magenschmerzen ein. Alle diese Gefühle können auch gleichzeitig und sehr schnell auftreten. Ein gutes Hilfsmittel in einer solchen Situation ist es, sich zu fragen, was man jetzt braucht, um sich besser zu fühlen. Sie können natürlich auch Ihren Gesprächspartner fragen, was er wirklich meint. Fragen Sie ruhig so lange nach, bis Sie ganz sicher sind, richtig verstanden zu haben. Je klarer Sie eine Botschaft verstanden haben, desto eindeutiger wird die Antwort Ihres Körpers ausfallen.

Doch nun zurück zu unserem jungen Ehepaar, das noch immer vor der ungelösten Frage steht, wie Hans zu seinem Frühstück kommt. Wovon sind nun die Lösungen abhängig? Ich habe schon gesagt, daß es sich bei einer Familie um ein System handelt. In einem System hat alles, was ein Mitglied tut oder sagt, Einfluß auf die anderen. Gleichzeitig wird das System beeinflußt von der Außenwelt, aber auch von dem, was in den Herkunftssystemen der beiden Partner üblich war. Kurz gesagt: die übermittelten Traditionen spielen ebenso eine Rolle wie gegenwärtige, zeittypische Trends. Hans' Reaktion darauf, daß Anna es nicht schafft, rechtzeitig Frühstück zu machen, hängt u.a. auch davon ab, wie in seiner Familie die Rolle einer Ehefrau aussieht. Annas Reaktion auf den Wunsch von Hans ist ebenfalls von dem Bild mitbeeinflußt, das sich ihre Familie von einer Ehefrau macht. Gesellschaftliche Rollenerwartungen fließen ebenfalls in den Prozeß mit ein. Leicht vorstellbar, wie unterschiedlich zwei Menschen unter all diesen Aspekten ein Problem sehen können.
Ich möchte an dieser Stelle nochmals betonen, daß das beste Rezept für ein glückliches Zusammenleben die Wertschätzung für den „anderen" ist. Eben weil er ein „anderer" ist, hat er auch das Recht auf seine eigenen Auffassungen, seine eigenen Entscheidungen, seine eigenen Wünsche, Bedürfnisse und Vorlieben. Eine gelungene Beziehung stelle ich mir wie einen Strom vor, der sich aus den vielen Flüssen, Bächen und Rinnsalen speist, die von seiten beider Partner zusammenfließen und den Strom mit ihrer Energie und Lebenskraft speisen. Wie schwach und dünn sähe ein solcher Strom aus, wenn der Zufluß immer nur von einer Seite kommt! Die aufgestauten Aggressionen versperren wie Steine und Geröll die Zuflüsse. Das Wasser versickert dann unnütz im Gelände oder überflutet die Wiesen und richtet damit großen Schaden an. So wird die Energie vergeudet und kommt nicht mehr dem System zugute. Die Beziehung wird mit der Zeit schal, langweilig und uninteressant.
Unser Modellpaar, Hans und Anna, findet nach einer Woche des Unbehagens und nach mehreren Gesprächen miteinander schließlich eine kreative Lösung: Hans, der früher aufsteht als Anna, bereitet den Kaffee zu. Anna richtet am Abend vorher belegte Brote, die Hans nur aus dem Kühlschrank nehmen muß. Diese Lösung stellt beide zufrieden.

Jedes Paar hat von dem Moment an, wo es beschließt, miteinander zu leben, eine Menge ähnlicher Aufgaben vor sich. Meist handelt es sich um banale Dinge: ob und wie genau die Bettwäsche gebügelt wird, wer einkauft und die Vorratshaltung kontrolliert, mit welchem Waschmittel gewaschen wird, ob Haare im Waschbecken erlaubt sind, auf welchem Haken der Bademantel hängt, ob Pflanzen in der Wohnung stehen sollen, welche Bilder aufgehängt, welche Möbel angeschafft werden, ob die Eltern

jeden Sonntag besucht und welche Außenkontakte gepflegt werden, ob der Rasen wöchentlich gemäht wird usw. Das Paar muß sich auch darüber einigen, wie es seine Finanzen verwalten will. Über diesen Punkt gibt es die meisten Differenzen, der Streit ums Geld steht bei den häuslichen Auseinandersetzungen an der Spitze. Besonders schwierig ist die Situation, wenn nur einer verdient und der andere seine Arbeit zu Hause erledigt. Das ist weiter nicht erstaunlich, wenn man die Bedeutung bedenkt, die dem Besitz eigenen Geldes zukommt. Es gibt zwar gesetzliche Regeln, die als Rahmen herangezogen werden können. Danach trägt der nicht berufstätige, den Haushalt führende Partner ebenso zum Erhalt der Familie bei und ist zur Hälfte am Neuerwerb von Gütern beteiligt. Trotzdem haben die meisten Hausfrauen, die ich kenne, unterschwellig oder sehr bewußt das Gefühl, finanziell von ihren Männern abhängig zu sein. Sie gehen mit dem Geld, das ihr Mann verdient, anders um als mit selbstverdientem.
Für die Ausgewogenheit in der Ehe ist es absolut notwendig, daß die finanzielle Frage nicht anders behandelt wird als alle anderen Probleme, die ein Paar zu lösen hat. Das heißt, jeder Partner sollte die Gefühle, die er im Zusammenhang mit den gemeinsamen Finanzen hat, offen aussprechen. Es versteht sich, daß die Summe, die der Familie zur Verfügung steht, beiden Partnern bekannt sein muß. Geheimniskrämerei dort, wo etwas beide angeht, belastet die Beziehung enorm. Ein solches Verhalten durchbricht das Prinzip der Gleichwertigkeit, ohne das offene Kommunikation nicht möglich ist.
Anna und Hans legen ihr Geld zusammen. Nach Abzug der fixen Kosten bekommt jeder ein Taschengeld für seine persönlichen Bedürfnisse. Der Rest wird gespart. Da Anna früher heimkommt, hat sie den Einkauf und die Zubereitung des Abendessens übernommen. Hans als begeisterter Hobbykoch übernimmt am Wochenende die Küche. Die übrige Hausarbeit erledigen sie ebenfalls gemeinsam am Wochenende. Hans ist sehr stolz auf seine neuen Kenntnisse in der Haushaltsführung. Seinen Eltern gegenüber hat er allerdings dadurch einen schweren Stand. Sie billigen diese Arbeitsteilung nicht. Hans grenzt seine Beziehung zu Anna deutlich gegenüber seiner Familie ab, indem er seinen Eltern zu verstehen gibt, daß es sich hier allein um seine und ihre eigene Angelegenheit handelt. Auch das gehört zu den wichtigen Aufgaben eines jungen Paares: es muß Raum um seine Beziehung schaffen, in dem es seine Zusammengehörigkeit erleben kann.
Mit dem Erstellen von Regeln, die dem neuen Familiensystem Struktur geben, der Übernahme von neuen Rollen (Ehemann - Ehefrau, Schwiegersohn - Schwiegertochter) und der Abgrenzung zwischen den Generationen hat der Prozeß der Familiengründung begonnen. Diese Aufgaben tauchen in veränderter Form im weiteren Leben der Familie immer wieder

neu auf. Regeln müssen verändert und den neuen Gegebenheiten angepaßt werden. Neue Rollen kommen zu den alten hinzu. Die Familie beweist immer wieder ihre Eigenständigkeit durch Abgrenzung. Die Grenzen sollen weder starr noch allzu durchlässig sein, die Regeln flexibel, und der individuelle Mensch soll nicht hinter seiner jeweiligen Rolle verschwinden. Wenn diese Voraussetzungen gegeben sind, kann sich die Familie optimal miteinander weiterentwickeln.
Krisen sind immer eine Aufforderung an die Familie, ihre Regeln und Verhaltensweisen an die veränderten Gegebenheiten anzupassen. Krisen können zur Gesundheit, aber auch zum Siechtum und zum Tod führen. Für die Familie bedeutet jede Krise die Chance, Neues zu integrieren. Eine Krise kann aber auch krankmachen und Scheitern oder Zerfall der Familie bedeuten.

Nach der Eheschließung stellt die Geburt des ersten Kindes die nächste vorhersehbare Familienkrise dar. Die Entscheidung, Kinder zu haben, wird nicht immer bewußt getroffen. Die Empfängnis kann von einem oder beiden Partnern gewünscht oder gefürchtet werden, einfach passieren, verhindert oder mit viel Einsatz erkämpft werden. Männer und Frauen haben im allgemeinen unterschiedliche Erwartungen und Befürchtungen in bezug auf Kinder. Männer können befürchten, daß ein Kind ihnen Liebe und Aufmerksamkeit ihrer Frau wegnehmen wird. Ein Kind vergrößert die finanzielle Belastung der Familie. Der Mann muß mehr Verantwortung für die Versorgung seiner Familie übernehmen, wenn der Verdienst seiner Frau wegfällt. Vater werden kann auch bedeuten, sich endgültig erwachsen zu fühlen und sich so mit den eigenen Eltern auf einer Ebene zu befinden. Ein Kind kann als Stammhalter von Anfang an dafür ausersehen sein, ererbte Familienaufgaben fortzuführen. Ein Mann mag einen Buben erwarten, um die männliche Seite in der Familie zu stärken. Ebenso kann er sich ein Mädchen wünschen, das seine eigenen „weichen“ Seiten verkörpert.
Eine Frau kann von ihrem Kind erwarten, daß es die Beziehung zu ihrem Mann stärkt. Sie erwartet vielleicht von seiner Existenz einen Sinn für ihr eigenes Leben. Sie kann sich ein Mädchen wünschen, um es hübsch anzuziehen und herauszuputzen. Sie kann sich auf die Erfahrung freuen, einen Menschen aufwachsen zu sehen, oder sich wünschen, jemanden ganz für sich zu haben. Möglicherweise befürchtet sie, daß sie ihren Beruf unterbrechen und aufgeben muß; daß sich die Schwiegereltern in die Erziehung einmischen werden; daß sie keine Zeit mehr für sich selbst haben wird; daß sie eine schwere Geburt vor sich hat; daß es ihr während der Schwangerschaft schlecht geht; daß ihr Mann sie mit einem Bauch nicht mehr attraktiv findet.

Alle diese Erwartungen, Ängste, Befürchtungen können gleichzeitig in einem Menschen vorhanden sein, ohne daß ihm dies bewußt wird. Sie machen sich manchmal in Unbehagen bemerkbar, das dann auftritt, wenn das betreffende Thema berührt wird. Das Thema kann gemieden oder auf später verschoben werden. Bedenken zeigen sich oft erst während der Schwangerschaft, die in jedem Fall eine große Umstellung für die Beziehung bedeutet. Je mehr die künftigen Eltern alle ihre Gefühle in sich zulassen und darüber mit dem Partner sprechen, um so größer ist die Chance für beide, mit der neuen Situation realistisch und kreativ umzugehen.

Die Geburt eines Kindes verändert nachträglich das bisher aufgebaute System. Sehen wir einmal nach, wie es Hans und Anna dabei ergeht:

Beide hatten Kinder in ihre Vorstellung vom gemeinsamen Leben eingebaut. Strittig war zwischen Hans und Anna nur das Wann.

Anna wollte ihr erstes Kind möglichst bald bekommen. Hans hätte gern damit gewartet, bis das neue Haus fertig sein würde. Obwohl Anna die Pille nimmt, wird sie schwanger. Sie hat zweimal die Einnahme vergessen, dies Hans auch gesagt, aber beide meinen, es werde schon nichts passieren. Als Annas Tage ausbleiben, denkt sie an eine mögliche Schwangerschaft. Hans allerdings will davon nichts wissen. Schließlich bestätigt der Arzt, was Anna schon weiß und Hans verdrängt.

Hans fühlt sich durch diese Schwangerschaft zum falschen Moment schwer belastet. Er sieht den Weiterbau des Hauses gefährdet, da Anna wenigstens für das erste Jahr aus ihrem Beruf aussteigen will. Er fühlt sich von Anna hereingelegt und hintergangen, schließlich ist sie es gewesen, die die Pille vergessen hat.

Anna hingegen freut sich. Sie fühlt sich freilich ihrerseits von Hans hintergangen, weil er ihre Freude nicht teilt. Sie empfindet die Gefühle von Hans als eine Ablehnung ihrer eigenen Person. Zudem fühlt sie sich schlapp und müde und verlangt nach Unterstützung und Zuwendung von Hans. Diese Bedürfnisse will sie ihm aber um so weniger zeigen, als sie sich von ihm zurückgestoßen fühlt. So zieht sie sich innerlich von ihm zurück. Dies veranlaßt Hans zu verstärkter Aggression, mit der er Anna in Wahrheit zu erreichen versucht. Sie geht jedoch darauf nicht ein, sondern zieht sich noch mehr zurück.

Nun hängt der Haussegen gründlich schief. In dieser prekären Situation sehen die Schwiegereltern grünes Licht, um „ihrem Sohn beizustehen", wie sie dies nennen. Sie geben Anna zu verstehen, wie unverantwortlich sie ein Kind zum jetzigen Zeitpunkt finden. Hans weist ihre Einmischung nicht zurück. Damit gibt er ein Stück Intimität seiner Ehe preis, was ihm Anna lange nicht verzeiht.

In dieser prekären Situation, in der Hans und Anna nur mehr das Nötigste miteinander sprechen, kommt glücklicherweise eine Cousine Annas auf Besuch. Sie erschrickt, als sie sieht, wie sehr sich die beiden gegenseitig verletzen. Sie ermutigt Hans und Anna dazu, auszusprechen, wie ihnen in Wahrheit zumute ist. Dies nimmt sehr viel Druck von der Beziehung. Hans läßt nun erstmals ein wenig Vorfreude auf das Kind bei sich aufkommen. Anna beginnt zu verstehen, wie sehr sich Hans dadurch belastet fühlt, daß er nun als Alleinverdiener für die hohe Zinsenbelastung aufkommen soll.

Während der ganzen Schwangerschaft leben Hans und Anna in einem gefühlsmäßigen Wechselbad. Es kommt immer wieder vor, daß Hans das Kind in Annas Bauch als Barriere für seine Beziehung zu ihr empfindet. Anna neigt dazu, sich bei Konflikten mit Hans in die Beziehung zu ihrem ungeborenen Kind zurückzuziehen. Das Verhältnis zu den Schwiegereltern bleibt gespannt. Hans hat inzwischen ihnen gegenüber eindeutig Stellung für Anna und das Kind bezogen. Nun sind sie ein wenig gekränkt über die Zurückweisung, als die sie die neuerliche Abgrenzung des jungen Paares empfinden.

Schließlich ist für das neue Familienmitglied ein Platz gefunden. Als es zur Welt kommt, überwiegt bei allen die Freude über sein Erscheinen. Es ist ein Junge. Der Fortbestand des Familienbetriebes scheint somit fürs erste gesichert, was besonders dem Großvater wichtig ist. Er legt sofort ein Sparbuch für die Ausbildung seines Enkels an. Die Großmutter schmilzt ebenfalls beim Anblick des Kleinen dahin und bittet in Gedanken ihrer Schwiegertochter einiges ab. Anna und Hans sind uneingeschränkt glücklich über ihren Nachwuchs. Sie fühlen sich einander nahe wie schon lange nicht mehr.

Zu Hause muß sich wieder einiges ändern. Anna und Hans haben fast keine Zeit mehr füreinander. Etliche unruhige Nächte bedingen ständigen Schlafmangel. Der Haushalt gerät aus den Fugen. Da Hans abends und am Wochenende viel Zeit auf dem Bau verbringt, ist Anna oft allein. Die Anpassung an das Leben zu Hause fällt ihr schwer, sie vermißt die Kontakte, die sie im Berufsleben hatte.

So ist sie oft niedergeschlagen und deprimiert, Gefühle, die sie nicht wahrhaben will, weil sie nicht in ihre Erwartungen einer glücklichen Mutter passen. Sie entwickelt eine Reihe körperlicher Beschwerden. Sie hat häufig Kopfschmerzen, der Kreislauf ist labil, sie ist müde und sie leidet unter Verstopfung.

Nach einer Zeit der Eingewöhnung findet sie einen neuen Lebensrhythmus und beginnt sich besser zu fühlen. Sie lernt andere Mütter mit Babys kennen, die Frauen laden sich gegenseitig ein. Anna erfährt im Gespräch mit den Frauen, daß es ihnen ähnlich geht. Nun kann sie über die vielschichtigen und oft gegensätzlichen Gefühle sprechen, die sie bewegen.

Auch manche Sorge um die Gesundheit und das Gedeihen ihres Kindes nimmt ihr die Frauenrunde ab.
Auch auf Hans wirkt sich Annas bessere Stimmung aus. Er kommt wieder lieber nach Hause und löst Anna bei der Versorgung des Kindes ab. So findet Anna Zeit, sich gemütlich in die Badewanne zu legen oder in Ruhe zu kochen. Das genießt sie sehr. Auch Hans genießt die Zeit, die er mit seinem Sohn verbringt. Bald quietscht der Kleine fröhlich, wenn Hans erscheint.

Fast jeder von uns kennt Szenen wie die oben geschilderten. Wie jede Beziehung ist auch Elternsein ein lebenslanger Prozeß von Auf und Ab. Wer für seine Gefühle offen ist, macht täglich neue, überraschende Erfahrungen. Gefühle, die angenommen und akzeptiert werden, wandeln sich sehr schnell. Entsprechend flexibel und frei ist ein gefühlsoffener Mensch auch in seinen Handlungen. Es fällt ihm leicht, Hilfe zu suchen und anzunehmen. Er ist somit gut ausgerüstet, Krisenzeiten in Wachstumszeiten umzuwandeln.

Wir überschlagen nun einige Jahre im Leben von Anna und Hans. Sie sind inzwischen in ihr neues Haus umgezogen. Das erste Kind geht in den Kindergarten, Anna erwartet das zweite. Dieses Kind wird in eine ganz andere Situation hineingeboren als das erste. Es ist diesmal ein geplantes Wunschkind. Hans und Anna sind jetzt erfahrene Eltern, die Beziehung zwischen ihnen ist abgeklärt und ohne größere Reibungsflächen. Auch das Verhältnis zu den Schwiegereltern hat sich inzwischen normalisiert. Trotzdem verändert auch dieses Kind einiges am Regel- und Beziehungssystem der Familie. Die Zeit, die jedem Familienmitglied für sich und die anderen zur Verfügung steht, wird abermals eingeschränkt.
Ich habe in einem früheren Kapitel darüber gesprochen, daß jedes Familienmitglied Zeit für sich allein, für jeden einzelnen aus der Familie und für die ganze Familie gemeinsam braucht. Nun überlegen Sie Ihren eigenen tatsächlichen Zeitbedarf anhand unserer Beispiele:

Familie mit einem Kind:
Vater allein. Mutter allein. Kind allein.
Vater, Kind. Mutter, Kind.
Vater, Mutter, Kind zusammen.
Das macht sechs verschiedene Zeitbedürfnisse, die alle gleich wichtig sind.

Familie mit zwei Kindern:
Vater, Mutter, Kind 1, Kind 2 – brauchen je Zeit allein.
Vater, Kind 1. Vater, Kind 2.

Mutter, Kind 1. Mutter, Kind 2.
Kind 1, Kind 2 zusammen.
Vater, Mutter, Kind 1, Kind 2 zusammen.
Das macht zehn verschiedene Zeitbedürfnisse.

Familie mit drei Kindern:
Vater, Mutter, Kind 1, 2, 3 – brauchen je Zeit allein.
Vater, Kind 1. Vater, Kind 2. Vater, Kind 3.
Mutter, Kind 1. Mutter, Kind 2. Mutter, Kind 3.
Kind 1, Kind 2. Kind 1, Kind 3. Kind 2, Kind 3.
Vater, Mutter, Kind 1, Kind 2, Kind 3 zusammen.
Das macht bereits fünfzehn verschiedene Zeitbedürfnisse.

Niemand wird sich jetzt wundern, daß jede Familie mit mehreren Kindern chronisch mit dem Zeitproblem zu kämpfen hat. Es ist ebenso schwierig, eine Familie zu einem gemeinsamen Termin zusammenzubringen wie mehrere Angehörige des höheren Managements einer Firma. Wer sich darauf verläßt, daß sich ein solches Treffen automatisch ergibt, weil ja alle zusammen wohnen, erliegt einer Illusion. Zeit für die Familie muß geplant werden. Es ist keine Seltenheit, daß sich eine Familie während der ganzen Woche nur beim gemeinsamen Sonntagmittagessen trifft. Je älter die Kinder werden und ihrerseits ihren Interessen außerhalb der Familie nachgehen, um so schwieriger wird es, etwas gemeinsam zu unternehmen. In vielen Familien erhält der Vater die Informationen über seine Kinder nicht direkt, sondern aus zweiter Hand. Denken Sie an einen Mann, der abends erst dann nach Hause kommt, wenn die Kinder schon schlafen. Am Morgen geht er als erster aus dem Haus. Am Wochenende will er vielleicht seinen sportlichen Neigungen nachgehen oder sich ausruhen. Wenn ein solcher Vater nicht bewußt Zeit für seine Kinder reserviert, kann es leicht sein, daß er ihre Entwicklung ganz aus den Augen verliert, ohne daß er dies überhaupt wahrnimmt. Dann behandelt er sie vielleicht noch als Kinder, obwohl sie schon im Teenageralter sind.
Unlängst bat mich eine Frau um ein Gespräch. Es zeigte sich, daß sie sehr unzufrieden mit ihrer häuslichen Situation war.
Ihr Mann kam berufsbedingt täglich erst spätabends heim. Häufig arbeitete er auch am Wochenende. Dieses Paar hatte zwei Kleinkinder. Die Frau arbeitete halbtags. Sie hatte so gut wie keine Zeit für sich selbst zur Verfügung. Wenn allerdings ihr Mann spätabends heimkam, schliefen die Kinder bereits. Es war also ruhig und friedlich. Die Frau konnte ihrem Mann nicht begreiflich machen, warum sie so müde war. Den turbulenten Nachmittag und Abend mit den Kindern hatte er ja nicht geteilt. In der wenigen freien Zeit, die diesem Mann zur Verfügung stand, ging er seinen eigenen

Interessen nach, so daß die Frau wieder mit den Kindern allein war. Diese Fakten waren der Frau zwar bewußt gewesen, aber sie hatte die Verbindung von ihrer Unzufriedenheit zur Zeitplanung nicht gezogen. Nun wurde ihr klar, was verkehrt lief. Jetzt wollte sie versuchen, gemeinsam mit ihrem Mann eine bessere zeitliche Lösung zu finden.
Wenn wir das Zeitproblem bedenken, das mit jedem Kind, das in die Familie kommt, gravierender wird, wundert es uns nicht mehr, daß Ehen ab vier Kindern scheidungsanfälliger werden, während weniger Kinder ehestabilisierend wirken.

Unser Testpaar Anna und Hans hat, wie viele Ehepaare mit Kleinkindern, Probleme, noch Zeit füreinander zu erübrigen. Jetzt ist es wichtig, sie daran zu erinnern, daß auch Eltern Menschen mit individuellen Bedürfnissen, und – als Liebespaar – gemeinsamen Interessen sind. Sicherlich übernehmen die Großeltern gern von Zeit zu Zeit für ein paar Stunden die Enkelkinder. Fehlen Großeltern, bieten sich vielleicht Freunde an. Wo ein Wille, da ein Weg!
Mit dem Heranwachsen der Kinder kommen neue Aufgaben auf die Familie zu. Mit dem Besuch des Kindergartens endet die Kleinkindphase. Die Eltern müssen nun akzeptieren, daß sie nicht mehr die alleinigen Erzieher ihres Kindes sind. Neue Werte, Meinungen, Verhaltensweisen von außen müssen von der Familie integriert werden. Den Ablösungsprozeß des Kindes von den Eltern begleiten im allgemeinen gemischte Gefühle. Das Kind braucht in jeder neuen Phase des Loslassens die Sicherheit, daß seine Eltern zur Stelle sind, wenn es sie braucht. Die Eltern gewinnen ebenso wie ihre Kinder eine neue Freiheit. Die Mutter hat anfangs vielleicht ein schales Gefühl, wenn sie das Kind in den Kindergarten gebracht hat und dann allein nach Hause geht. Sie ist es nicht mehr gewohnt, ihre Arbeit ungestört verrichten zu können. Aber im Normalfall wird sie diese Zeit bald zu füllen wissen und genießen.

Ähnliches gilt für den Schuleintritt. Der Lebensbereich, den das Kind außerhalb des Elternhauses verbringt, wird immer größer.
In zunehmendem Maß werden die gleichaltrigen Freunde für das Kind wichtig. Der Lehrer wird zur zweiten erzieherischen Autorität, dessen Wort für das Kind viel Gewicht hat.
Störungen der Ablösung oder andere Funktionsstörungen in der Familie zeigen sich u.a. in dem Phänomen der Schulphobie und des Schulschwänzens. Der häusliche Hintergrund bei Schulverweigerern und Schulschwänzern ist allerdings sehr unterschiedlich. Die Schulphobie zeigt sich in großer Angst vor dem Schulbesuch und in Verweigerung desselben. Psychosomatische Krankheiten können ebenfalls auftreten. Das Kind

erbricht morgens, hat Magenschmerzen, Schwindelgefühle oder Schwächeanfälle. Diese Kinder haben auch vor anderen Dingen Angst. Häufig ist Angst vor Tieren, vor der Dunkelheit, dem Verlassenwerden oder davor, daß der Mutter etwas zustößt. Diese Kinder kommen meist aus intakten Familien, die Beziehungen zu den Eltern sind eng bis erdrückend. Die Eltern machen sich in der Regel große Sorgen um das Kind und seine Weigerung, in die Schule zu gehen.
Ganz anders die Situation bei den Schulschwänzern. Sie haben keine Angst vor dem Schulbesuch. Die Eltern glauben oft lange Zeit, daß ihre Kinder die Schule besuchen. Diese Kinder zeigen oft Symptome der sozialen Verwahrlosung. Sie lügen und stehlen oder neigen zu anderen kriminellen Delikten. Sie stammen aus zerbrochenen oder labilen Familien. Im Gegensatz zu den Kindern mit Schulangst haben sie häufige und oft lange Trennungen von den Bezugspersonen hinter sich oder die Mutterfigur wechselt häufig. Die Beziehungen zwischen Eltern und Kind sind kalt und zurückhaltend. (Entnommen: Bowlby, *Trennung,* S. 315)
Kinder mit Schulphobie haben nicht Angst, in die Schule zu gehen, sondern Angst davor, das Elternhaus und ihre Bezugsperson zu verlassen. Dies ist vor allem dann der Fall, wenn das Kind der Hauptgefährte für die Bezugsperson ist. Die Ursachen für eine solche Situation sind vielfältig. Die Bezugsperson kann in ihrer eigenen Familie unerwünscht gewesen sein. In einem solchen Fall wurde sie mit dem Gefühl aufgezogen, daß sie wertlos ist. Die Beziehung zu den eigenen Eltern ist meist schwer gestört. Auch die ehelichen Beziehungen der Eltern von Schulverweigerern sind bei näherem Hinsehen problematisch. Oft stellt sich heraus, daß die Partner von ihrem Elternhaus nicht abgelöst sind und eine intensive, aber ambivalente Beziehung zu den eigenen Eltern pflegen. Sie schaffen es nicht, sich mit dem Ehepartner zusammen von den Ursprungsfamilien abzugrenzen und so die Intimität ihrer Beziehung zu schützen.
Kinder können sich auch weigern, in die Schule zu gehen, weil sie fürchten, daß in ihrer Abwesenheit ihrer Bezugsperson etwas Schreckliches passieren könnte. Diese Furcht kann in Zusammenhang mit realen Erlebnissen des Kindes stehen. So kann ein Todesfall in der Familie, eine Erkrankung oder Ähnliches die Schulverweigerung auslösen. Eine wesentliche Rolle für die Entstehung großer Furcht scheint dabei zu spielen, ob dem Kind der Vorfall selbst oder seine Ernsthaftigkeit verheimlicht wird. Eltern schulunwilliger Kinder scheinen schwierigen Auseinandersetzungen gern auszuweichen.
Auch Drohungen haben einen nicht zu unterschätzenden Effekt. So kann die Mutter damit gedroht haben, daß sie krank wird, wenn das Kind nicht tut, was sie von ihm verlangt. Sie kann auch damit gedroht haben, das Kind oder die Familie zu verlassen oder Selbstmord zu begehen.

Drohungen der Eltern können auch die Angst beim Kind auslösen, daß ihm etwas zustoßen könnte, wenn es weggeht. Ein Kind, dem z.B. mehrfach damit gedroht wird, daß es in ein Heim kommt, wenn es nicht folgsam ist, kann solche Ängste entwickeln. Eltern, die solche Drohungen ausstoßen, haben oft eine sehr ambivalente Haltung gegenüber ihrem Kind. Im Konfliktfall überlegen sie versteckt oder offen, ob es nicht besser sei, das Kind fortzugeben. Zum Verständnis dieser Eltern mag der Gedanke helfen, daß sie selbst in einer verzweifelten Lage sind. Häufig haben sie ihren Partner durch Krankheit oder Tod verloren, oder er hat seine Familie verlassen. Der zurückgebliebene Elternteil hat große Schwierigkeiten, den Alltag zu bewältigen. Die Versorgung und Unterbringung des Kindes kann gewissermaßen einen Knotenpunkt all dieser Probleme bilden.

Schließlich kommt es noch vor, daß einer oder beide Elternteile fürchten, dem Kind könnte etwas Schreckliches zustoßen, wenn es das Haus verläßt. Diese Angst hat meist ihren Hintergrund in einer Tragödie, die in der Vergangenheit der Eltern angesiedelt ist. So kann ein plötzlicher Unfalltod eines Geschwisters, an dem sich der Betroffene die Schuld gab, die Ursache sein. Auch der Tod eines weiteren Kindes, der bei den Eltern Schuldgefühle hervorruft, kann extrem ängstliches Verhalten gegenüber dem verbleibenden Kind hervorrufen. Auch in diesem Fall dürfte das Ausmaß, in dem die mit dem traumatischen Ereignis zusammenhängenden Gefühle verleugnet wurden, eine Rolle bei der Entstehung der Störung spielen. Nur so ist es möglich, daß auch nach vielen Jahren die Trauer um den Tod eines Familienmitgliedes nicht abgeschlossen ist. Im Zusammenhang damit stehen oft ausgeprägte Mythenbildungen, die für die Bedürfnisse der lebenden Familienmitglieder nur wenig Platz lassen. Kinder entwickeln unter solchen Umständen leicht das Gefühl, daß der Tote ihnen den Platz wegnimmt, der ihnen selbst im Herzen ihrer Eltern zustehen würde. Sie könnten glauben, daß nichts, was sie tun, für ihre Eltern ähnlich bedeutsam sein könnte wie der Tod des Geschwisters. Eine solche Auffassung bereitet auch den Boden für eine spätere Depression.

Ich erinnere mich in diesem Zusammenhang an den Ausspruch eines kleinen Jungen, der seine Mutter sehr nachdenklich stimmte. Vor der Geburt des Jungen hatte sie bereits ein Kind, das unmittelbar nach der Geburt verstorben war. Dies zur Vorgeschichte. Diese Mutter war in besonderem Maß um die Sicherheit ihres Kindes besorgt. Als sie eines Tages eine Forderung an ihren Sohn richtete, der dieser nicht nachkommen wollte, setzte er sie folgendermaßen schachmatt: „Es freut mich nicht mehr, ich gehe zu meinem Bruder ins Grab."

Diese Aussage zeigt, wie sehr sich ein Kind mit den emotionell bedeutsamen Geschehnissen in seiner Familie auseinandersetzt. Derselbe Junge

hatte sich auch lange dem Kindergartenbesuch widersetzt und zeigte starke Angst bei jeder Trennung von seiner Mutter.
Ich bin deshalb intensiv auf die Schulphobie eingegangen, weil sich hier in beispielhafter Form zeigen läßt, wie Ablösungsprobleme in das gesamte Familiensystem eingebettet sind. Ebenso sehen wir daran, wie die elterlichen Herkunftsfamilien an diesen Schwierigkeiten beteiligt sind. Eine gelungene Ablösung setzt voraus, daß die altersgemäßen Bedürfnisse des Kindes nach Zuwendung und Geborgenheit zeitgemäß erfüllt wurden. Nur dann ist das Kind in der Lage, den Schritt hinaus zu tun. Dasselbe gilt aber auch für die Eltern. Wenn sie in ungelöster Bindung zum eigenen Elternhaus verweilen, schaffen sie es nicht, mit ihrem Partner eine befriedigende Ehe zu führen. Da ihre eigenen Bedürfnisse sowohl im Elternhaus als auch in der Ehe unerfüllt blieben und bleiben, liegt die Versuchung nahe, diese Erfüllung von den Kindern zu erwarten. Wie soll ein Elternteil ein Kind loslassen können, wenn es für ihn der einzige Garant dafür ist, daß er von jemandem geschätzt und gebraucht wird!
Wir sehen an diesen Ausführungen auch, wie wenig sich der Begriff Schuld dafür eignet, das Verhalten eines Menschen zu beschreiben. Selbst Eltern, die objektiv in pathologischer Weise das Leben ihres Kindes zerstören, tun dies für gewöhnlich nicht mit böser Absicht. Sie befinden sich selbst in einer Lage, in der sie dringend Hilfe benötigen. Vorbeugen ist auch hier besser als Heilen. Wir wissen heute, welche Bedingungen Kinder brauchen, um zu gedeihen, was für Familien wichtig ist, um sich ihren Kindern widmen zu können. Zur Prävention gehört Information ebenso wie ein umfangreiches und unkonventionell arbeitendes Angebot an Beratungsstellen.

Ich zeige nun als nächstes am Leben von Hans und Anna und ihrer Familie, wie es sich auswirkt, wenn mehrere Krisen zusammenfallen. Ihr erstes Kind kommt in die Schule, das zweite in den Kindergarten. Anna beginnt wieder halbtags in ihrem Beruf zu arbeiten. Diese Umstellung erfordert eine Umorganisation des Haushaltes. Da Anna erst um ein Uhr von ihrer Arbeitsstelle zurückkommt, holt die Oma den Schulanfänger und das Kindergartenkind ab. Beide essen nun bei den Großeltern, ebenso wie Hans, wenn er nicht aus beruflichen Gründen auswärts ist. Anna wird mittags im Kindergarten verpflegt. Das einzige gemeinsame Essen der Familie, an dem alle in Ruhe teilnehmen, wird nun das Abendessen. Entsprechend gewinnt dieses Essen an Wichtigkeit.
Nachmittags ist Anna voll beschäftigt. Sie kontrolliert die Hausaufgaben des Ältesten, erledigt ihre Hausarbeit, bereitet das Abendessen vor und macht die nötigen Einkäufe. Das Kindergartenkind weicht ihr dabei anfangs nicht von der Seite. Es ist mittags müde, ersetzt den nötigen Schlaf

aber durch Aktivität. Der Schulanfänger braucht ebenfalls die mütterliche Unterstützung. Er ist noch sehr verspielt, und die neuen Erfahrungen machen ihm zu schaffen. Mutter und Kinder sind abends am Ende ihrer Kräfte. Anna ist erleichtert, wenn Hans abends heimkommt und die Kinder nach dem Abendessen zu Bett bringt.
Auch der Morgen verläuft anstrengend. Während sich der Große selbst anzieht, braucht das Kindergartenkind noch Hilfe. Nach dem turbulenten Frühstück bringt Hans seine Kinder in Schule und Kindergarten, bevor er mit der eigenen Arbeit beginnt. Anna, die das Frühstück für alle zubereitet, hat nun kurz Zeit für sich selbst, denn sie beginnt erst um 8.30 Uhr. Diese halbe Stunde, die ihr allein gehört, genießt sie sehr.
Wir alle kennen einen solchen oder ähnlichen Tagesablauf. Hans und Anna haben dafür gesorgt, daß wenigstens einmal am Tag die ganze Familie zusammmenkommt. Man macht sich im allgemeinen kaum klar, daß auch eine Familie den täglichen Prozeß von Abschiednehmen und Wiederzusammenkommen durchläuft. Jeder hat seine eigenen Erlebnisse, ein eigenes Stück Leben fern von den anderen gehabt. Damit alle auf dem laufenden bleiben, ist es wichtig, diese Erlebnisse gegenseitig auszutauschen.
In der Familie von Hans und Anna durchlebt jeder gerade wichtige Veränderungen. Das wirkt sich ganz unterschiedlich auf die Stimmung der einzelnen Familienmitglieder aus. Anna freut sich, wieder berufstätig zu sein. Sie genießt die Anregungen, die sie in der Arbeit durch den Kontakt mit Eltern und Kindern bekommt, sie findet es angenehm, wieder eigenes Geld zur Verfügung zu haben. Diese neuen Möglichkeiten zur Selbstentfaltung bedeuten ihr sehr viel. Deshalb nimmt sie gern in Kauf, daß sie nun in kürzerer Zeit mehr erledigen muß als früher.
Hans erlebt diese Situation etwas anders. Er freut sich zwar auch, daß nun wieder etwas mehr Geld im Haus ist und daß Anna zum Familieneinkommen beiträgt. Insgeheim hat er aber etwas Angst, daß er nun für Anna nicht mehr so wichtig sein könnte wie vorher. Die neuen Interessen von Anna machen ihn unsicher. Außerdem ist er so erzogen worden, daß eigentlich der Mann für den finanziellen Unterhalt zuständig ist. Er hat insgeheim das Gefühl, er hätte seine Aufgabe nicht richtig erfüllt. Dies alles bereitet ihm leichtes Unbehagen, wenn Anna ihm erzählt, wie gern sie morgens in die Arbeit geht.
Die beiden Kinder stehen ebenfalls am Anfang eines wichtigen Lebensabschnittes. Der Kleine ist erstmals einen halben Tag von seiner Mutter getrennt. Das bedeutet eine große Umstellung für ihn. Der Größere hat sich auf die Schule gefreut. Daß der Unterricht aber täglich, mit Ausnahme des Wochenendes, stattfindet, bedarf ebenfalls erst der Gewöhnung.
So müssen alle einen drastischen Wechsel ihrer alten Gewohnheiten mit-

machen. Jeder ist stark mit sich selbst beschäftigt und findet nur mit Mühe Zugang zum anderen. Unter solchen Umständen ist es besonders wichtig, auf regelmäßige gegenseitige Kontakte zu achten.

Die Rückkehr der Frau und Mutter vom Hausfrauendasein in den Beruf macht erfahrungsgemäß immer Schwierigkeiten. Hier spielt zweifellos die Tradition, die den Platz einer Mutter zu Hause bei den Kindern ansiedelt, eine große Rolle. Die betroffenen Frauen haben mit vielen Schuldgefühlen zu kämpfen. Sie fühlen sich zerrissen zwischen den Anforderungen des Berufes, der Kinder, des Haushaltes und oft genug auch des Ehemannes, der auf seine gewohnten Privilegien nur ungern verzichtet. Ein gerechtes Aufteilen der familiären Pflichten wird nur selten erreicht, meist tragen die Frauen die Hauptlast. Es scheint mir wirklich ungerecht, wenn diese Frauen sich zusätzlich zu ihren täglichen Problemen auch noch mit Schuld- und Insuffizienzgefühlen herumschlagen müssen. Hier gilt es ganz entschieden sich von den alten Rollenvorstellungen zu lösen. Eine unzufriedene und unausgefüllte Hausfrau beschäftigt sich, das haben Untersuchungen gezeigt, weniger mit ihren Kindern als eine berufstätige Mutter, die sich bewußt Zeit für ihre Kinder nimmt. Umgekehrt wird eine berufstätige Frau, die ihre Kinder während der Arbeit nicht optimal untergebracht weiß, bald unter gesundheitlichen und seelischen Störungen leiden.
Im allgemeinen ist die Familie flexibel genug, solche Krisen, die aus lebenslaufbedingten Verwicklungen entstehen, zu meistern. Es ist aber nicht verwunderlich, wenn es eine Weile dauert, bis alle mit den veränderten Umständen wieder gut zurechtkommen. Das Wissen darum, daß Krisen zu bestimmten Zeitpunkten unumgänglich sind, erleichtert meines Erachtens die seelische Situation. Man kann sich dann darauf einstellen. Gegenseitige Rücksichtnahme auf die labile Situation des einzelnen, regelmäßige „Wetterberichte", die Bewertung gefühlsmäßiger Überreaktionen in dem Rahmen, in den sie gestellt sind, – das alles hilft der Familie, schwierige Zeiten miteinander durchzustehen.
Die ältere Generation kann dabei mit ihrer lebensgeschichtlichen Erfahrung und mit tatkräftiger Hilfe viel zur Stabilisierung der Kleinfamilie beitragen. Wichtige Voraussetzung ist dabei, daß sie die Generationengrenzen einhalten und ihre Hilfe der jungen Familie nicht aufdrängen. Eltern und Großeltern sollten sich gegenseitig als erwachsene Menschen respektieren. Auch den Kindern gegenüber müssen die Rollen klar abgegrenzt sein. Mutter und Vater haben andere Aufgaben zu erfüllen als Opa und Oma. Der größte Verdruß in Familien bis hin zur Spaltung kommt von Menschen, die, gut gemeint und in aller Liebe, ihre erwachsenen Kinder nicht loslassen und wiederum von diesen nicht losgelassen werden.

Die individuellen Bedürfnisse der einzelnen Familienmitglieder können nur dann berücksichtigt werden, wenn sie in irgendeiner Form ausgesprochen werden. Nehmen wir einmal die Oma aus unserem Beispiel. Ihr Bedürfnis ist es, täglich einen Mittagsschlaf zu halten. Das kann sie nur dann tun, wenn Anna regelmäßig um eins aus dem Kindergarten heimkommt. Stellen wir uns vor, Anna weiß nichts von diesem Bedürfnis der Oma. Da die Kinder bei ihr gut aufgehoben sind, fährt sie mehrmals wöchentlich nach der Arbeit zum Einkaufen. Sie holt die Kinder dann erst um drei oder vier Uhr ab. Für die Oma wird diese Belastung zu viel. Sie sagt ihrem Sohn unter vier Augen, daß sie die Kinder nicht mehr nehmen will, Anna nütze ihr Entgegenkommen aus. Diese fällt aus allen Wolken, als sie das hört. Schließlich hat sie die Oma jedesmal gefragt, ob es ihr auch recht sei, wenn sie später kommt. Die Antwort war immer ja. Das Ergebnis ist ein Familienzwist, der sich gewaschen hat. Hätten hingegen die beiden Frauen über ihre unterschiedlichen Bedürfnisse gesprochen - hier Anna mit dem Bedürfnis, ohne die Kinder ungestört einkaufen zu gehen, und dort die Oma mit ihrem Bedürfnis nach Mittagsschlaf - hätte sich bestimmt eine Lösung finden lassen, die beide zufriedenstellt. Es lohnt sich in jedem Fall, wenigstens zu sagen, was man möchte und sich selbst und diese Wünsche ernst zu nehmen. Ich habe sehr selten erlebt, daß Angehörige einen Wunsch, der direkt an sie gerichtet und klar ausgesprochen war, nicht wenigstens angehört und darüber nachgedacht hätten.
Anna und Hans, die Kinder und die Großeltern haben sich an die Bedingungen des neuen Lebens gewöhnt. Es vergehen ein paar Jahre, in denen nichts Wesentliches passiert. Dann plötzlich trifft die Familie ein harter Schlag. Die Oma erkrankt an einem unheilbaren Krebsleiden, wird operiert, aber zu spät. Sie erholt sich nicht mehr von der Operation und stirbt bald darauf.
Dieser unerwartete Tod erschüttert alle zutiefst. Am härtesten trifft es den Großvater, der ohne seine Frau völlig hilflos ist. In die Mysterien des Haushaltes hat sie ihn nie eingeweiht. Nun muß Anna einspringen. Da kurzfristig niemand gefunden werden kann, der an Omas Stelle für die Kinder da sein könnte, ist Anna gezwungen, ihren Beruf wieder aufzugeben. Sie ist nun mit zwei Haushalten und dem Telefondienst für die Elektrofirma mehr als ausgelastet. Diese Umstellung fällt ihr sehr schwer. Sie ist unglücklich und unzufrieden, ohne eine andere Lösung zu finden.
Hans fühlt sich ebenfalls viel mehr als früher verpflichtet, sich um seinen Vater zu kümmern. Der alte Herr ist schwierig und anspruchsvoll. Es ist nicht einfach, ihn zufriedenzustellen. Kleinigkeiten versetzen ihn in Zorn. Er will, daß alles so gemacht wird, wie es bei seiner verstorbenen Frau üblich war. Auch beim Essen will er keine Abweichungen von der gewohnten Linie dulden. Im Haushalt darf nichts verändert werden. Gelegentlich

weint er bitterlich und ist völlig verzweifelt. Es scheint nichts zu geben, was ihn über den Tod seiner Frau hinwegtrösten könnte. Seine früheren Hobbys wie Kartenspiel und Stammtisch hat er aufgegeben. Es liegt ihm auch nichts am Kontakt zu anderen. Vorschläge von Sohn und Schwiegertochter, doch mal wieder seine alten Freunde zu besuchen, lehnt er ab. Am besten versteht er sich mit dem jüngeren Enkel. Er ist der einzige, der ihn zu einem Lächeln bewegen kann. Mit ihm verläßt er auch das Haus und macht Spaziergänge in die Umgebung. Beide schließen sich enger als früher aneinander an.

Dieses Verhalten des Witwers ist nicht überraschend, wenn man etwas über die Art und Weise weiß, in der ein Mensch nach dem Verlust eines engen Angehörigen reagiert. Ich entnehme die folgenden Erkenntnisse über die Trauerarbeit dem Buch von John Bowlby *Verlust, Trauer und Depression,* der diese Prozesse in beispielhafter Weise untersucht hat. Vorherrschendes Gefühl nach dem Tod eines Ehepartners ist emotionale Einsamkeit, die auch durch Kinder und andere soziale Kontakte kaum gemildert wird. Dazu kommen innere Spannung und Rastlosigkeit sowie gesundheitliche Störungen. Schlaflosigkeit ist weit verbreitet, ebenso wie Kopfschmerzen, Erschöpfung und Angst. Wir haben in dem Kapitel über das Leid in der Familie, im Zusammenhang mit Krebs darauf hingewiesen, daß eine psychisch so belastende Erfahrung die Wahrscheinlichkeit, eine tödliche Krankheit zu entwickeln, erhöht. Aber auch andere Krankheitssymptome kommen vor.
Die Trauer dauert lange. Manche Witwer und Witwen erreichen nie wieder ihre körperliche und seelische Gesundheit. Andere brauchen zwei bis drei Jahre, um sich an die neuen Gegebenheiten anzupassen und die Tatsache des Verlustes anzunehmen. Nur wenn dies gelingt, können neue Lebenspläne gemacht werden.
Familien, die einen Verlust dieser Art erleiden, sollten wissen, daß die Trauer in vier Phasen abläuft. Sind diese Phasen bekannt, wird manche sonst vielleicht abstrus erscheinende Reaktion der Trauernden verständlich.
Diese vier Phasen sind folgende:

1. Phase der Betäubung, die gewöhnlich einige Stunden bis eine Woche dauert und unterbrochen werden kann von Ausbrüchen extrem intensiver Qual und/oder Wut.
2. Phase der Sehnsucht und Suche nach dem verlorenen Menschen, die einige Monate und manchmal Jahre dauert.
3. Phase der Desorganisation und Verzweiflung.
4. Phase eines größeren oder geringeren Grades von Reorganisation.

Während der gesamten Trauer haben die Betroffenen eine gefühlsmäßige Beziehung zu dem Toten. Diese Beziehung erklärt die Gefühle der Sehnsucht, die Suche nach dem Verlorenen und schließlich das endgültige Annehmen des Verlustes. Ein Scheitern des Trauerprozesses bedeutet, daß keine Neuorganisation des Lebens stattfindet. Der Betroffene entfremdet sich seinem realen Leben. Er kann auffällige Abweichungen vom normalen Verhalten aufweisen: Depressionen, erhöhter Alkoholkonsum, anhaltender Zorn gegenüber dem Verstorbenen oder gegen Ersatzpersonen wie Ärzte und Klinikpersonal, auffällige Abwesenheit von Gefühlen des Grams und der Trauer, Krankheiten, Verfolgungswahn und andere psychiatrische Auffälligkeiten.
Unterschiede im Verlauf der Trauer gibt es je nach der Vorgeschichte. Bei lang andauernden Krankheiten, insbesondere von Kindern, scheinen die Betroffenen einen Teil des Abschieds schon zu Lebzeiten vorzunehmen. Die Trauer beginnt hier gewissermaßen mit der Diagnose. Dieser an sich günstige Verlauf wurde bei Ehepartnern kaum beobachtet. Der Tod scheint in diesem Fall immer einen Schock auszulösen, auch wenn eine lange Krankheitsgeschichte voranging.
Besonders gravierend ist es für die Angehörigen, wenn der Tod unerwartet oder unzeitgemäß kommt. Dies trifft zu für Unfälle, den plötzlichen Kindstod und ganz allgemein für den Tod von Kindern und jungen Menschen. Entsprechend ist es nicht verwunderlich, daß der Tod eines Kindes für die Eltern, die Geschwister und sogar für kommende Kinder zu späteren schweren Problemen führen kann. Die Anzahl der Familien, in denen durch den Verlust eines Kindes schwere Eheprobleme entstanden, deren Mitglieder an psychiatrischen Störungen litten oder gesundheitliche Probleme hatten, ist groß. Für eine günstig verlaufende Trauer ist aber gerade die gute eheliche Gemeinschaft wichtig. Die einsetzenden Trauerphasen sollten gemeinsam bewältigt werden. Tatsächlich scheint dies aber eher selten zu sein. Die Reaktionen auf den Tod eines Kindes unterscheiden sich allgemein nicht sehr von denen auf den Tod eines Ehepartners. Einen Unterschied aber gibt es: während beim Tod eines Ehepartners das Hauptproblem die große Einsamkeit des Zurückgebliebenen ist, ist dies beim Tod eines Kindes nicht der Fall.
Für die Geschwister hat der Tod eines Kindes aus dem Familienverband ebenfalls schwere Konsequenzen. Sie leiden vor allem unter den veränderten psychischen Strukturen ihrer Eltern. Ein schwer erkranktes Kind bindet schon während der Krankheit alle Energie seiner Eltern an sich. Sie neigen dazu, die Versorgung der anderen Kinder, den Haushalt und alle sonstigen Pflichten zu vernachlässigen. Nach dem Tod eines Kindes sind die Eltern lange Zeit mit ihrer Trauer beschäftigt und nicht in der Lage, die Bedürfnisse der lebenden Kinder angemessen zu befriedigen. Starb ein Kind

den plötzlichen Kindstod, kommt es nicht selten vor, daß ein Geschwister von den Eltern für diesen Tod verantwortlich gemacht wird. Dasselbe kann bei einem Unfall passieren. Beim Tod des Geschwisters kann sich das Kind aber auch selbst die Schuld an dessen Tod geben und daraus schwere Schuldgefühle entwickeln. Dies ist vermutlich dann der Fall, wenn vorhergehende Rivalität das Kind den Tod des Geschwisters wünschen ließen. Auch der unterdrückte Zorn über die Vernachlässigung durch die Eltern während der Krankheit des Geschwisters kann das Gefühl erwecken, daran mitschuldig zu sein. Kindliche Symptome für solche Schuldgefühle können schwere Trennungsängste, Schulverweigerung, Depressionen, Aggressionen, Verwahrlosungserscheinungen u.a.m. sein.

Nach einer Totgeburt oder dem überraschenden Tod eines Kleinkindes leiden auch die Eltern geradezu zwangsläufig unter schweren Schuldgefühlen, so absurd dies einem Außenstehenden erscheinen mag. Sie fühlen sich schuldig, weil es ihnen nicht gelang, ein lebendes Kind auf die Welt zu bringen oder es besser zu beschützen. Nicht nur die Gefühle gegenüber den bereits vorhandenen Kindern werden durch diese seelische Ausnahmesituation beeinträchtigt, auch die Beziehung zu künftigen Babys kann leiden. Viele Eltern entscheiden sich nach einem solchen Erlebnis dafür, kein Kind mehr zu haben. Andere, die zu früh ein neues Kind bekommen, finden nicht den rechten Bezug zu ihm und sehen es von vornherein als Ersatz für das Verlorene, so daß es keinen eigenen Platz in der Familie bekommt.

Besonders jene Eltern sind in Gefahr, eine abnorme Entwicklung in der Trauer zu nehmen, die selbst durch Erlebnisse in der frühen Kindheit besonders empfindlich gegen Verlust sind. Dabei handelt es sich um die Zurückweisung des Wunsches nach Liebe und Fürsorge durch die Eltern, Trennungen von ihnen oder Scheidung und Trennung der Eltern voneinander. Heimaufenthalte ohne Muttersatz, Versorgung durch ständig wechselnde Personen, aber auch Drohungen in bezug auf Verlassen oder Selbstmord spielen hier eine wesentliche Rolle. Personen mit solchen Erlebnissen neigen dazu, angstvolle und ambivalente Bindungen herzustellen. Entscheidend für die Ausbildung von ambivalenten Bindungen ist es, daß die Zurückweisung der Kinder nicht vollständig erfolgte. So hegen sie einerseits Hoffnung auf Liebe und Fürsorge, sind aber andererseits von tiefer Angst geprägt, dennoch verlassen zu werden.

Es gibt aber auch spezifische Ehemuster, die gestörte Trauer wahrscheinlich machen. Ihr hervorstechendes Merkmal ist die Angst davor, den Partner zu verlieren. Der eine Ehetypus zeichnet sich durch heftige, immer wiederkehrende Konflikte aus. Aber obwohl das Paar beständig gegeneinander kämpft, trennt es sich nicht, findet aber auch keine Lösung für seine Differenzen. Die gemeinsame Furcht vor Einsamkeit hält sie zusammen.

Im anderen Fall werden Konflikte von vornherein negiert, es herrscht vordergründige Harmonie, beide Partner klammern sich aneinander. In beiden Systemen sind die Partner sehr aufeinander bezogen und zeigen wenig Neigung, außerhalb der Beziehung aktiv zu sein. Stirbt nun ein Partner, ist der Zurückbleibende sehr gefährdet. Es fehlt das „soziale Fangnetz". Die Selbstmordgefahr ist hoch, ebenso die Gefahr, in chronische Trauer zu verfallen.
Entscheidend für die weitere gesunde seelische Entwicklung von Menschen, die einen schweren Verlust erlitten haben, ist das Angebot der Umgebung, mit ihnen über den Toten zu sprechen. Eltern, die viel von ihrem toten Kind sprachen und mehrmals den Verlust mit allen bekannten qualvollen seelischen und körperlichen Erscheinungen durchlebten, hatten einen günstigeren Verlauf der Trauer. Sie konnten dieses Ereignis schließlich in ihr Leben einbetten und ihre eigene Existenz neu organisieren. Im Gegensatz dazu stehen jene Entwicklungen der Trauer bei Eltern, die lange Zeit den Verlust geleugnet und den Schmerz um ihn abgewehrt haben. Solche Personen neigen stärker zu psychiatrischen Auffälligkeiten, die Gefahr, daß die Familie schließlich zerfällt, ist größer.
Es zahlt sich also auf jeden Fall aus, Familien, die mit schwerkranken, sterbenden und verstorbenen Mitgliedern konfrontiert sind, entsprechende Fürsorge zukommen zu lassen. In allen Phasen sollten die aufkommenden Gefühle respektiert und durch eine mitfühlende Begleitung angenommen werden. Wutausbrüche, Weinen und Verzweiflung sollen nicht abgeblockt, sondern gefördert werden. Dies erfordert eine entsprechende Ausbildung und Supervision der Begleiter bei einem so schmerzhaften Prozeß. Leider steht hier die Wirklichkeit der Notwendigkeit entgegen. Eine Begleitung solcher bedrohter Familien ist bei uns nur in Ansätzen möglich. Immerhin gibt es schon die Einrichtung von speziellen Sterbekliniken, in denen auf die psychische Seite bei den Erkrankten und ihren Angehörigen besonderes Augenmerk gelegt wird (bisher vor allem in England und der Schweiz). Solche Einrichtungen werden hauptsächlich von konfessionellen Vereinigungen, oft auf Spendenbasis, geführt. Die Mitaufnahme der Eltern von schwer erkrankten Kindern in Krankenhäuser, die Unterbringung der Angehörigen nahe der Klinik gemeinsam mit anderen ebenso Betroffenen, ist gleichfalls ein Schritt in diese Richtung. Die bisherigen guten Erfahrungen mit solcher Fürsorge für Familien in extremer Krisensituation lassen hoffen, daß dem Tod und den mit ihm zusammenhängenden Gefühlen in Zukunft weniger abwehrend begegnet wird.

Der verwitwete Großvater unserer Musterfamilie, die uns durch die verschiedenen Krisen familiären Lebens führt, schafft es leider nicht, nach dem Tod seiner Frau ein neues, sinnvolles Leben aufzubauen. Er kränkelt

dahin und erleidet ein Jahr später einen Schlaganfall, der ihn pflegebedürftig macht. Nach längerem Aufenthalt im Krankenhaus holen ihn Anna und Hans nach Hause. Es zeigt sich aber bald, daß eine Pflege zu Hause die Kräfte der Familie überfordert. Nun stellt sich die Frage nach einem Platz in einem Pflegeheim. Der alte Mann ist sehr unglücklich über diese Entwicklung. Er möchte um jeden Preis zu Hause bleiben. Sohn und Schwiegertochter haben ein schlechtes Gewissen, weil sie trotzdem die Übersiedlung in ein Heim vorbereiten. Realistisch gesehen ist es der einzige Ausweg, da mobile Hilfe nicht zur Verfügung steht und Anna mit der Pflege körperlich überlastet ist.
Viel mehr ältere Menschen könnten ihren Lebensabend wohlversorgt zu Hause verbringen, stünde anstelle oder zusätzlich zur Einrichtung von Alters- und Pflegeheimen der Ausbau häuslicher und mobiler Pflege im Vordergrund der Sozialpolitik. Ein ebenso großes Problem sind zu kleine Wohnungen, die ein Zusammenleben der Generationen, selbst wenn dies gewünscht wird, unmöglich machen. Auch Wohn- oder Hausgemeinschaften von jüngeren und älteren Menschen erfordern Flexibilität im Denken und unbürokratische Behandlung neuer Ideen.
Für Anna und Hans wächst sich die unumgängliche Umsiedlung des Opas zu einer echten Krise aus. Hans verübelt es Anna trotz aller rationalen Einsicht, daß sie die weitere Pflege verweigert. Anna spürt die Mißbilligung von Hans, ist aber nicht bereit, sich mit diesen Gefühlen auseinanderzusetzen. Da es ihr selbst schwerfällt, in dieser Frage eine klare Haltung einzunehmen, verschanzt sie sich hinter den real vorhandenen Problemen wie hinter einer Mauer. Sie gibt sich gegenüber ihrer Familie kurz angebunden und läßt erkennen, daß sie das Problem so bald wie möglich vom Tisch haben will. Dafür nimmt sich der Jüngste auf seine Art dieses Familienproblems an: er läßt rapide mit seinen Leistungen in der Schule nach, will morgens nicht das Haus verlassen und zeigt alle Anzeichen schwerer, psychischer Belastung.
In dieser prekären Situation tritt der Schulpsychologe auf den Plan. Anna hat ihn auf den Rat des Klassenlehrers hin aufgesucht, um mit ihm ihre familiären Probleme zu besprechen. Der Psychologe schlägt eine gemeinsame Aussprache mit allen Familienmitgliedern vor. Diese soll im Haus von Hans und Anna stattfinden, da der Transport des Großvaters, dessen Anwesenheit vom Psychologen dringend gewünscht wird, zu schwierig ist. Schon bald stellt sich heraus, wie sehr alle unter der jetzigen Situation leiden. Es zeigt sich aber auch, wie einseitig die Belastung auf Annas Schultern verteilt ist.
Diese Erkenntnis bewegt Hans, Anna entschiedener als bisher dabei zu unterstützen, ihre Bedürfnisse und ihren Wunsch nach Hilfe zu äußern. Auch die beiderseitig bestehenden Schuldgefühle werden angesprochen.

Dies überrascht am meisten den Großvater, der davon bisher keine Ahnung hatte. Es wird ihm nun klar, wie sehr die Familie an ihm Anteil nimmt, wie wichtig er allen ist.
Schließlich ist er bereit, den Gedanken an das Pflegeheim zuzulassen. Er empfindet es nun nicht mehr als „Abgeschobenwerden", wenn er auch immer noch lieber zu Hause bliebe.
Der Jüngste ist durch diesen Verlauf der Gespräche deutlich von seiner selbstübernommenen Funktion, den Opa zu beschützen, entlastet. Nun wird auch die Angst deutlich, die ihn am Schulbesuch hinderte: er befürchtete, nach Hause zu kommen, und den Opa nicht mehr vorzufinden. Diese Angst wurde noch dadurch verschärft, daß auch die Mutter mehrmals drohte, die Familie zu verlassen, wenn sich nicht bald etwas ändere. Der Opa braucht ihn nun nicht mehr als Verbündeten für sein Anliegen, um jeden Preis das Pflegeheim zu vermeiden. Da sich auch die Eltern durch die Gespräche wieder nähergekommen sind, ist die Gefahr ihrer Trennung abgewendet.

Ein Problem wie das geschilderte kann verschiedene ungünstige Entwicklungen in einer Familie einleiten. Einzelne Familienmitglieder können als Lösungsversuch ernsthaft erkranken, so daß die erwünschte Veränderung gleichsam erzwungen wird. Als Beispiel dafür mag der Fall der jungen Frau dienen, die mit einer schweren Depression zu mir in Behandlung kam. Sie hatte jahrelang ihren Vater gepflegt, mit dem sie eine komplizierte Gefühlsmischung von Zuneigung und Wut verband. Schließlich wurde sie auf Grund ihrer Depression unfähig, ihn weiter zu betreuen und mußte ihn in ein Pflegeheim bringen. Er war dort sehr unzufrieden und sagte ihr bei jedem Besuch, wie gern er wieder heimwollte. Ihre Depressionen schützten sie davor, sich mit diesem Wunsch, dem sie keinesfalls nachkommen wollte, auseinandersetzen zu müssen.

Ein weiterer ungünstiger Ausweg aus einer familiären Situation, auf der starker Druck lastet, ist die Flucht aus ihr hinaus.
Die eheliche Beziehung kann unter der Sprengkraft von Schuldgefühlen, nicht geäußerten Wünschen und gegenseitigen Anforderungen auseinanderbrechen. Wenn die Belastung zu groß wird, ist es verlockend, einen Außenstehenden zu Hilfe zu holen. So könnte jeder der beiden Partner beginnen, ein neues Verhältnis mit einem verständnisvollen Freund, einer Freundin aufzubauen. Ich bin davon überzeugt, daß die meisten außerehelichen Beziehungen dann ihren Anfang nehmen, wenn starker Druck auf der ehelichen Beziehung lastet. Dieser Ausweg birgt die Gefahr des Zerbrechens der Familie.

Hans und Anna haben diese Krise gemeistert. Sie nähern sich nun mit ihrer Familie einer weiteren Klippe, die allen bekannt sein dürfte, die heranwachsende Kinder haben. Ihr älterer Sohn kommt in die Pubertät. Dieses „zweite Trotzalter" stellt die Eltern auf einer höheren Stufe vor ähnliche Aufgaben wie das erste. Wieder geht es um die Frage der Ablösung und damit auch um das Vertrauen, das Eltern und Kinder zueinander haben. Wie alles, was in der Familie geschieht, ist die Ablösung keine einseitige Handlung des pubertierenden Familienmitgliedes. Beide Teile, Eltern und Kind, müssen bereit sein, loszulassen. Dieser Prozeß wiederholt sich viele Male, bis sich im Idealfall Eltern und Kinder als gleichwertige Erwachsene gegenüberstehen.
Die Aufgabe der Eltern ist es, während dieses Ablösungsvorganges dazusein, wenn sie gebraucht werden, und ihr Kind zu ermutigen, sich auf seine eigenen Kräfte zu verlassen. Dies erfordert Vertrauen in sich selbst und in die bisherige Erziehung. Nun zeigt sich deutlich, welche tatsächlichen Werte die Eltern durch ihr Vorbild in dem jungen Menschen verankert haben. Dessen Aufgabe ist es nun, sein eigenes Leben mit dieser Mitgift zu gestalten. Wenn sich die elterlichen Leitbilder in dieser Krisenzeit bewähren, wird er sie in sein weiteres Leben übernehmen.
Hauptthema in der Pubertät ist die Sexualität. Eltern, die ihrer eigenen Sexualität unverkrampft gegenüberstehen, sind in der Lage, ihre Kinder zeitgerecht und vernünftig aufzuklären. Die ehelichen Rollen als Mann und Frau mit ihren Vorzügen und Verpflichtungen sehen Kinder täglich am Vorbild der Eltern. Trotzdem sind auch im Idealfall, der ohnedies nie erreichbar ist, Krisen nicht vermeidbar, da die Geschlechtsreife eintritt, während der junge Mensch auf Grund der komplizierten Bedingungen unserer modernen Industriegesellschaft nach wie vor ein von den Eltern weitgehend abhängiges Leben führt. Krisenfördernd wirkt sich auch aus, daß der junge Mensch dazu neigt, den Zeitpunkt seiner Unabhängigkeit früher anzusetzen als seine Eltern (Rolf Oerter, *Moderne Entwicklungspsychologie*).
Ein offenes Familiensystem mit flexiblen Regeln wird den Trapezakt zwischen elterlicher Aufsichtspflicht und daraus erwachsenden Richtlinien und der Ermutigung des Jugendlichen zur Selbständigkeit schaffen. Ein starres System, dessen Regeln nicht dem sich verändernden Leben, sondern der Vergangenheit und entleerten Mythen angepaßt sind, wird spätestens dann Schiffbruch erleiden, wenn die Lebensaufgabe der Kinder Eigenständigkeit wird.
Das erklärt auch meines Erachtens, warum viele schizophrene Erkrankungen in der Pubertät beginnen. Oft sind gerade jene Familien mit einem vorher außerordentlich braven und angepaßten Kind betroffen. Dieses Verhalten wird von den Eltern nicht als bedenklich registriert, sondern im

Gegensatz dazu aus verschiedenen Gründen für richtig und selbstverständlich gehalten. Sind mehrere Geschwister vorhanden, kommt es meist zu einer starren Rollenverteilung. Ein Kind ist gut und brav, das andere auffällig rebellisch und schlimm. Diese Rollenverteilung läßt neben anderen Störfaktoren die Entwicklung einer eigenständigen Identität nicht zu. Spätestens in der Pubertät kann sich der Heranwachsende seinem Bedürfnis nach selbständiger Entwicklung nicht mehr widersetzen. Die Anpassung an oft abstruse Forderungen des Familiensystems gelingt nicht mehr. Wird nun durch starre Regeln die Entwicklung blockiert und ist dem Jugendlichen ein anderer Ausweg versperrt, so verändert er vielleicht seine Sicht von der Realität und wird „verrückt". (Siehe auch Bateson, Jackson et al., *Schizophrenie und Familie.*)
Ein weiterer „verrückt machender Faktor" ist die Tatsache, daß die Bewertung der Selbständigkeit des Heranwachsenden auf der sprachlichen und der Handlungsebene bei den Eltern unterschiedlich ist. So macht sich die Mutter vielleicht in ihrem Bewußtsein wegen der Unselbständigkeit des Sohnes Sorgen und betont in Worten, daß sie wünscht, er möge erwachsen werden. Unbewußt wünscht sie sich aber, daß er weiter klein bleiben soll. Dieser Wunsch kommt in ihren Handlungen zum Vorschein. Sie serviert ihm das Essen, indem sie das Fleisch kleinschneidet und ihn womöglich füttert.
Während sie einerseits mit Worten zu verstehen gibt, daß sie weiß, wie die Beziehung einer Mutter zu ihrem pubertierenden Kind altersgemäß passend aussieht, zeigt sie andererseits in ihrem Handeln, daß sie in der Beziehung zu ihrem Sohn auf der Kleinkindebene steckengeblieben ist. Diese Diskrepanz wird der Familie nicht bewußt und kann so nicht besprochen werden.
Auch in der „normalen" Familie können die „sprachlichen" und „handlungsmäßigen" Aussagen der Eltern, also die Bewertung, unterschiedlich ausfallen. Sie erinnern sich an das in einem früheren Kapitel genannte Beispiel, in dem der ältere Sohn sich weigerte, seinem Alter entsprechende Verantwortung zu übernehmen. Er reagierte damit auf die unbewußt übermittelte Forderung der Mutter, klein und abhängig zu bleiben, um damit die Stabilität der elterlichen Beziehung zu garantieren.
Die Vorwürfe der Eltern, die auf der bewußten Ebene mit seinem Verhalten nicht einverstanden waren, drangen nicht durch und blieben ohne Wirkung. Wir wissen, daß bei unterschiedlichen Aussagen im sprachlichen und im nichtsprachlichen Bereich die Aussage auf der Handlungsebene stärker beachtet wird.
Es steht wohl außer Zweifel, daß sich mit dem geglückten Erwachsenwerden der Kinder auch allerlei im elterlichen Leben ändern muß. Besonders stark wird sich das dann auswirken, wenn die Beziehung der Eltern zuein-

ander gestört ist und sich der Lebensvollzug der Eltern ausschließlich an den Kindern orientiert. Soll das Heranreifen der Kinder von den Eltern positiv erlebt werden, müssen sie für die Zeit des „leeren Nestes" einen neuen Sinn in ihrem Leben finden. Nur auf dem Hintergrund eines erfüllten Lebens können die Eltern dem Kind gegenüber genügend Empathie, das heißt Einfühlungsfähigkeit und -bereitschaft in die Persönlichkeit und die Psyche des Kindes aufbringen, um auf seine sich wandelnden Bedürfnisse einzugehen. Nur so geben sie ihm die positiven Anstöße zur eigenständigen Bewältigung seines Daseins.

Da die Pubertät im Rahmen einer Neuformulierung dessen, was dem Heranwachsenden erlaubt ist, auch das Thema „Sexualität" unübersehbar präsentiert, sind alle Familienmitglieder gezwungen, ihren eigenen Standpunkt zu überprüfen. Nur wenn sie mit ihrer eigenen Sexualität in Einklang sind, können sie der Entwicklung des Kindes auf diesem Gebiet die freundliche Zustimmung geben, die die beste Voraussetzung für eine geglückte Integration bietet. Spätestens jetzt sollten Eltern akzeptieren, daß andere Menschen neben ihnen im Leben ihres Kindes eine wichtige oder noch wichtigere Rolle spielen. Die Zeit von „Vaters kleinem Mädchen", von „Mutters kleinem Kavalier" ist endgültig vorbei. Eltern, die jetzt in der Manier mächtiger Rivalen die erotische Wahl ihrer Kinder zu beeinflussen versuchen, verlieren ihren Einfluß. Um der eigenen Identität willen muß sich der Jugendliche gegen eine selbstsüchtige Einmengung in seine sexuellen Interessen wehren. Tut er es nicht, ist seine Entwicklung gefährdet.

Für die Eltern heißt das, sich wieder der Wahrheit der eigenen Partnerbeziehung bewußt zu werden.

Wenn die sexuellen Beziehungen zwischen den Eltern unbefriedigend sind, möchten das vielleicht beide nicht wahrhaben, um so dem sonst unumgänglichen Konflikt zu entgehen. Ihre Reaktion auf dieses Problem kann dann so aussehen, daß sie Sexualität allgemein als etwas Verwerfliches hinstellen. Der Jugendliche, der somit unter steigenden Druck von innen und außen gerät, steckt in der Klemme. Richtet er sich nach dem, was seine Eltern wünschen, nämlich seine Triebe beiseite zu schieben, ist seine Energie gebunden, und er kann sie nicht für altersgemäßes Wachstum einsetzen. Verhält er sich entgegen der Familienregel, wird er zum Sündenbock gestempelt, das heißt, „nur" sein „unmögliches" Verhalten bringt den Konflikt in die Familie. Da ein junger Mensch naturgemäß sehr unsicher ist, weil er so viel Neues bewältigen muß, braucht er positive Richtlinien für sein Verhalten. Dies gilt ganz besonders für ein so heikles Thema wie die Sexualität.

Die Pubertät ist auch eine Zeit, in der Eltern gut daran tun, die Angelegenheiten ihrer Kinder nicht mit ihren eigenen zu verwechseln. So ist Kleidung und Aussehen des Jugendlichen seine Sache. Auch auf diesem Gebiet muß er Eigenständigkeit lernen. Die Gruppe der Gleichaltrigen wird zum wichtigen Vorbild für das „Outfit“, das mit höchster Wahrscheinlichkeit nicht dem entspricht, was den Eltern gefällt. Auch das ist eine Forderung, die sich aus der Ablösung ergibt: damit leben lernen, daß der Sohn/die Tochter in eine neue Welt hineinwächst, die in vielem anders sein wird als die von den Eltern gewohnte.

Eine eng mit dem Erwachsenwerden zusammenhängende lebensgefährliche Störung, die vornehmlich junge Mädchen befällt und nur ausnahmsweise auch junge Männer, ist die Anorexia nervosa oder Pubertätsmagersucht. Diese Erkrankung äußert sich in einer schweren Eßstörung. Die Betroffenen nehmen kaum noch etwas Nahrhaftes zu sich bzw. entfernen durch künstlich herbeigeführtes Erbrechen die oft in großen Mengen anfallartig verschlungenen Nahrungsmittel wieder aus ihrem Körper. Denselben Zweck dienen in großer Menge konsumierte Abführmittel. Der vorhandene Hunger wird ignoriert. Gleichzeitig besteht starker körperlicher Bewegungsdrang. Diese Erkrankung zeigt sich als Symptom in stark miteinander verstrickten Familien. Die Kontrolle über das Essen ist eine Möglichkeit, sich als selbstbestimmtes Wesen zu begreifen. Man hat mit verschiedenen therapeutischen Methoden versucht, die Magersucht zu behandeln. Die besten Resultate wurden bisher mit der Familientherapie erreicht.

Der vorherrschende Charakterzug von Familien mit einem magersüchtigen Kind ist laut Minuchin, der eine vielbeachtete Methode zur Behandlung der Anorexie entwickelt hat, folgender: „Magersüchtige Familien befinden sich in jener Form von Abhängigkeit, in der Verpflichtung, Treue und Wohlergehen der Gruppe absoluten Vorrang haben.“ (Minuchin, *Familienkaleidoskop*, S. 126)

Es ist offensichtlich, daß Familienregeln, die ein solches Verhalten fordern, mit der notwendigen Eigenständigkeit in der Pubertät in den Clinch geraten. Ein Lösungsversuch für dieses Dilemma, in das die Heranwachsende gerät, ist das Nichtessen, das für die Unabhängigkeit steht. Ein solcher Kampf ums Erwachsenwerden ändert aber noch nichts am eingefahrenen System der Familie. Die Rebellion beschränkt sich aufs Essen, statt andere Verhaltensbereiche miteinzubeziehen. Die gegenseitige Abhängigkeit wird durch die Sorgen, die sich die Eltern machen, noch verstärkt. Sie verstärken ihre Fürsorge und schränken damit noch mehr die altersgemäße Entwicklung der Jugendlichen ein. Wird diese Verklammerung nicht unterbrochen, endet sie mit dem Tod des magersüchtigen Kindes.

Durch die Therapie kommt etwas Neues in die Familie. Bisher verleugnete Konflikte werden sichtbar gemacht und ihre offene Austragung unterstützt. Neue Regeln, die dem Alter der Kinder angepaßt sind, müssen von der Familie ausgehandelt werden. Das Symptom der Magersucht findet automatisch ein Ende, wenn das heranwachsende Kind seine altersgemäße Selbständigkeit erwirbt.

Mit dem Ende der Pubertät und dem Erwachsenwerden der Kinder beginnt ein neuer Entwicklungsabschnitt für die Familie. Nehmen wir an, alle Kinder verlassen nach und nach das Haus, die Eltern leben wieder allein wie zu Beginn ihrer Partnerschaft. Für die Kinder beginnt mit der eigenen Heirat der Familienreigen von vorn. Mit dem ersten Kind machen sie ihre Eltern zu Großeltern. Vor unserem nun mittelalterlichen Ehepaar liegen noch 20–30 Jahre bis zum eigentlichen Alter, in denen es mehr Zeit für sich als auch den Partner hat als in der vorhergegangenen Zeit der elterlichen Fürsorge. Beruflich ist bei beiden meist der Höhepunkt der Karriere überschritten. Für Mann und Frau ist diese Zeit des Übergangs schwierig. Die „Krise in der Mitte der Jahre" wurde ja schon oft genug beschrieben. Die Chance dieser Zeit liegt darin, sein Leben in Hinsicht auf das Wesentliche neu zu strukturieren. Wie wichtig der Beruf für die seelische und körperliche Stabilität ist, zeigt sich daran, daß berufstätige Frauen weniger unter Wechselbeschwerden leiden. Depressionen und andere schwere Erkrankungen begleiten oft diese Jahre als Zeichen der Krise.
Es kommt nicht selten vor, daß Ehen gerade zu diesem Zeitpunkt zerbrechen. Viele Paare bleiben der Kinder wegen zusammen, bis diese erwachsen sind, und trennen sich dann erst offiziell. Andere haben sich auseinandergelebt und verlieren mit dem Weggang der Kinder die letzte Gemeinsamkeit. Wieder andere wollen mit einem neuen Partner ein neues Leben beginnen. Selbstverständlich werfen solche Entscheidungen große Probleme für die betroffenen Familien auf. Eine Begleitung während dieser schwierigen Zeit durch einen Familientherapeuten kann eine große Hilfe sein und in Zeiten der Trennung tiefe Verletzungen vermeiden helfen. Eine Trennung, deren gefühlsmäßige Folgen bearbeitet und vielleicht auch abgeschlossen wurden, macht auch einen erfolgreichen Neubeginn wahrscheinlicher.
Wird abermals eine neue Familie gegründet, vereinen sich bei einem solchen zweiten Anlauf meist zwei ganze Familien mit bereits vorhandenen Kindern. Dies bringt bei allem guten Willen die einzelnen Familienmitglieder bald an die Grenze ihrer Kräfte. Der Druck, der auf jedem lastet, ist auf Grund der Fülle von Erwartungen, aber auch der bisherigen Erfahrungen des Scheiterns und des Verlustes sehr hoch. Es gibt eine ganze Reihe von Besonderheiten, die beim Gründen einer Stieffamilie beachtet werden und bekannt sein sollten, wenn sie gelingen soll; ich verweise hierzu auf die einschlägige Literatur.

Die Großelternphase bringt nochmals die Möglichkeit, sich an dem Heranwachsen von Babys und Kindern zu erfreuen, ohne dafür die Verantwortung tragen zu müssen. Die Pensionierung leitet eine neue krisenhafte Phase ein. Sie erfordert die Anpassung an einen neuen Lebensrhythmus. Im allgemeinen haben Männer mit dieser Umstellung vom Berufs- auf das Privatleben mehr Schwierigkeiten. Das hängt vermutlich damit zusammen, daß Frauen neben ihrem Beruf ihre Arbeit im Haushalt haben, die von den Männern nach wie vor nur unzureichend geteilt wird. Diese zweite Aufgabe bleibt ihnen auch nach dem beruflichen Abschied. Je mehr Raum bisher die Befriedigung und die Kontakte, die aus dem Beruf kamen, einnahmen, um so schwieriger kann die Umstellung sein. Im schlimmsten Fall endet der sogenannte „Pensionsschock" mit dem Tod des Betroffenen. Um einen solchen tragischen Ausgang zu vermeiden, ist ein rechtzeitiger Ausbau von Hobbys und Interessen zu empfehlen. Erfreulicherweise zeichnen sich die Senioren unserer Kultur durch viel Aktivität aus, die sich auch im Reisen zeigt. Hobbys im gärtnerischen und handwerklichen Bereich sind ebenfalls weit verbreitet.
Die schwerste Krise im Alter löst zweifellos der Tod des Partners aus. Ich habe bereits über die damit verbundenen seelischen Probleme geschrieben. Je weiter das Alter fortschreitet, desto öfter muß Abschied von vertrauten Menschen genommen werden. Todesanzeigen werden in Hinsicht auf das Alter der Verstorbenen interessant. Leider sind die sozialen Probleme, die sich im Alter wegen mangelnder Pflegemöglichkeiten in der vertrauten Umgebung ergeben, nicht bewältigt. Es fehlt an geeigneten Rehabilitationsmöglichkeiten für alte Menschen nach Unfällen, es fehlt an ambulanter Pflege, an passenden Heimplätzen und an der Durchführung neuer Ideen, die diese ersetzen könnten. Hier ist ein weites Feld, das angesichts des immer höheren Durchschnittsalters der Bevölkerung immer drängender auf Bearbeitung wartet.
Da das erreichte Durchschnittsalter von Mann und Frau unterschiedlich ist, gibt es viel mehr Witwen als Witwer. Ältere Frauen haben es schwerer als Männer gleichen Alters, einen neuen Partner zu finden. Die Ursachen dafür sind vielfältig. Eine davon ist die unterschiedliche Bewertung des Alters bei Männern und Frauen. Während Männer mit fortgeschrittenem Alter als interessant und erfahren gelten und so auch für jüngere Frauen erotisch interessant sind, wird älteren Frauen viel weniger erotische Attraktivität zugestanden. Für beide Geschlechter aber stellt sich beim Fehlen eines passenden Partners das Problem ihrer weiterbestehenden körperlichen und seelischen Zärtlichkeitsbedürfnisse. Ich habe bereits eindringlich darauf hingewiesen, wie wichtig die liebevolle Berührung durch einen anderen Menschen für das Wohlbefinden ist. Leider müssen viele alte Leute auf Zärtlichkeiten verzichten, weil der Partner verstorben ist.

Auch die allgemeine öffentliche Meinung zu diesem Punkt ermutigt alte Leute nicht, entsprechend ihren eigentlichen Bedürfnissen zu leben. Jakob und Adele finden sich zu selten zusammen.
Wenn wir alle diese Fakten zusammennehmen – die Verluste naher Menschen durch den Tod, die räumliche Trennung von Jungen und Alten durch die Kleinfamilie, die mangelnde Wertschätzung der Erfahrungen und des Könnens alter Menschen, die körperliche Beeinträchtigung durch Krankheiten, die soziale Isolation durch das Nachlassen der Sinnesorgane, den Verlust des Partners und damit auch häufig den Verlust der Quelle körperlicher Zärtlichkeit, den Verlust der vertrauten Umgebung durch Umzug in Alters- oder Pflegeheim – dann wundert es mich nicht, daß etwa die Hälfte der älteren Menschen unter Einsamkeitsgefühlen und Depressionen leidet. Unter solch deprimierenden Bedingungen, die jeder selbst im eigenen Umfeld beobachten kann, wundert es auch nicht, daß der Gedanke an die Unumgänglichkeit eigenen Alterns gern weggeschoben wird.
Ich möchte eins betonen: Es muß keineswegs so sein, daß das Alter als eine Zeit erscheint, in der alle Schrecken menschlichen Lebens vereint auftreten. Wichtig scheint mir zu sein, daß es möglichst viele ältere Menschen gibt, die durch ihr Beispiel der jüngeren Generation zeigen, daß Aktivität und Lebenssinn nicht mit der Pensionierung enden. Alter und Tod dürfen nicht mehr aus unserem Leben ausgegrenzt werden, wollen wir uns nicht letztlich selbst verlieren.
Alle die Lebenskrisen, die ich in diesem Kapitel beschrieben habe, sind nichts Besonderes und treffen jede Familie. Menschen heiraten, bekommen Kinder, ziehen diese groß, werden älter und sterben. Das normale menschliche Leben ist reich an Spannungen und Krisen und es ist gut, wenn man darauf vorbereitet ist. Jede Familie hat auf Grund der ständigen, naturgegebenen Veränderungen eine beträchtliche, sie oft überfordernde Aufgabe zu bewältigen. Oft genug treffen mehrere Krisen zusammen. Das älteste Kind kommt in die Schule, das mittlere ist im besten Trotzalter, und ein neues Baby kommt in die Familie. Der Vater hat gerade eine Arbeit angenommen, die ihn nur am Wochenende zu Hause sein läßt. Die Oma ist auf dem Höhepunkt des Klimakteriums, und der Opa steht vor der Pensionierung. Wir können annehmen, daß es in dieser Familie eine Zeitlang drunter und drüber gehen wird.

Wir haben unsere Musterfamilie, die uns durch dieses Kapitel begleitet hat, verlassen, als das erste Kind in die Pubertät kam. Die Partnerschaft von Anna und Hans hat sich inzwischen bewährt. Sie geben sich gegenseitig Unterstützung und bewältigen ihre Krisen wie Tausende anderer Familien auch. Ihnen, lieber Leser, wünsche ich ebenfalls viel Glück beim Management der ganz normalen Krisen einer ganz normalen Familie!

E. Keine Angst vor Therapie

1. Wann ist Familientherapie die richtige Behandlungsform?

Dazu gibt es unterschiedliche Auffassungen. Manche Therapeuten vertreten die Ansicht, Familientherapie sei für alle auftauchenden Probleme die einzig richtige Behandlungsform. Für andere ist die Familientherapie eine Möglichkeit unter anderen, um Zugang zu den Problemen ihrer Klienten zu bekommen.

Sie verwenden neben Familientherapie individualpsychologische und gruppentherapeutische Verfahren. Ich selbst neige zum zweiten Verfahren. Ich habe mich in meiner Arbeit immer bemüht, so viele therapeutische Techniken wie möglich kennenzulernen und gegebenenfalls anzuwenden. Die Technik ist für mich ein Teil des heilsamen Prozesses. Der andere, ebenso wesentliche, ist die Fähigkeit des Therapeuten, diese Technik in Übereinstimmung mit den Bedürfnissen des Klienten und seinem persönlichen Entwicklungsstand richtig einzusetzen. Die einseitige Bevorzugung der Technik wäre vergleichbar mit einer Operation, bei der ich den Erfolg der Schärfe des Messers zuschreibe.

Die Erfolgsraten der verschiedenen Therapieformen lassen sich beim derzeitigen Wissensstand nicht sicher vergleichen. Da die Familie ein System ist, in dem die Veränderung eines Mitgliedes auch eine Veränderung bei den anderen hervorruft, kann der Therapeut grundsätzlich an jedem Ende ansetzen. Sicher ist, daß Familientherapie erfolgreich bei der Behandlung von leichten und schweren psychischen oder psychosomatischen Krankheiten, bei Alkoholismus, Drogensucht und anderen sozialen Auffälligkeiten, bei verschiedenen Verhaltensstörungen, aber auch bei psychotischen Prozessen eingesetzt werden kann.

Schwierig ist es zu sagen, wann besser keine Familienbehandlung stattfinden sollte. Ich persönlich glaube nicht, daß es eine solche Gegenindikation überhaupt gibt. Ich sehe das Problem eher darin, daß nicht immer die ganze Familie für die Therapie zu motivieren ist. Wenn ein wichtiges Mitglied konsequent ablehnt, an der Behandlung teilzunehmen, wird man auf eine Familientherapie verzichten müssen. Eine weiteres Problem ergibt sich daraus, daß für die Behandlung von schwerwiegenden Störungen wie etwa einer Psychose eine entsprechende räumliche und personelle Ausstattung nötig ist.

Es ist auch möglich, mit Teilaspekten der Familientherapie in der Einzeltherapie oder Gruppentherapie zu arbeiten. In der Einzeltherapie ersetzen z.B. Stühle die Familienmitglieder. In einer Gruppe kann die eigene Fa-

milie zu bestimmten, markanten Zeitpunkten nachgespielt werden. Entscheidend ist meines Erachtens, den Anteil, den die Familie an der Entwicklung des Menschen nun einmal hat, anzuerkennen. Das Familiensystem, in dem jemand aufgewachsen ist, schlägt sich in seiner Persönlichkeit nieder.
Doch nun ein paar Gedanken dazu, was eine Familie erwartet, die sich zu einer Familientherapie entschlossen hat.

2. Was erwartet die Familie?

Eine Familie kommt in die Therapie, weil sie ein Problem hat, das sie allein nicht bewältigen kann. Sie hat sich entweder von allein zu diesem Schritt entschlossen, oder sie wurde von anderen geschickt. In jedem Fall wird der Weg in die Therapie von einer Fülle widerstrebender Gefühle begleitet sein. Es ist anzunehmen, daß vorerst das Unbehagen im Zusammenhang mit ängstlichen Gefühlen überwiegt. Es mag im günstigen Fall von Neugier und Interesse begleitet sein.
Jedes Familienmitglied hat eigene, bestimmte Erwartungen darüber, was in der Therapie passieren wird. Gute Ratschläge werden nach meiner Erfahrung am häufigsten erwartet. Der Therapeut wird so zu einer Art Übervater oder Übermutter aufgewertet, der weiß, wo es für die Familie langgeht. Diese Erwartung muß ich enttäuschen. Die Familie wird zwar verschiedene Aufgaben bekommen, die sie zu Hause erledigen muß, aber keine Ratschläge. Ganz sicher ist hingegen, daß ein anderer *Mensch,* von Beruf Familientherapeut, die Familie erwartet. Dieser Mensch kann weiblich oder männlich sein, vielleicht erwartet die Familie auch ein Therapeutenpaar oder ein Therapeutenteam. Mit den Ratsuchenden verbindet den Therapeuten die Tatsache, daß er ebenso wie diese in einer Familie aufgewachsen ist und Probleme mit ihr aus eigener Erfahrung kennt.
Im Gegensatz zu seinen Klienten hat der Therapeut aber bereits gelernt, seinen Gefühlen zu trauen und sie offen zur Sprache bringen. Er fürchtet sich nicht vor dem, was in Gefühlseruptionen bei den Sitzungen zum Vorschein kommt. Was immer es ist, er wird anders, als dies normalerweise gehandhabt wird, die offene Äußerung von allen Wünschen, Bedürfnissen, Verlangen, Sehnsüchten oder Hoffnungen fördern und begrüßen. Diese Offenheit gilt natürlich auch für ihn selbst. Er wird der Familie zeigen, wenn ihn etwas fröhlich, traurig oder ärgerlich macht, und so als Modell für sie wirken. Durch seine Aufmerksamkeit ist er mit der Familie in Verbindung. Er sorgt dafür, daß jeder, der spricht, von den anderen Aufmerksamkeit erhält, indem er bestimmte Regeln für das Gespräch einführt. Sie ähneln denen, die ich für das Familiengespräch zu Hause angeführt habe.

So soll jeder für sich selbst sprechen. Es wird nicht über jemanden, sondern zu jemandem gesprochen. Teilt zum Beispiel die Frau dem Therapeuten etwas mit, was ihren Mann angeht, so wird dieser sagen: „Sagen Sie es Ihrem Mann direkt. Er sitzt da und kann Sie hören." Der Therapeut verständigt sich mit jedem Familienmitglied auf der Ebene, wo er am besten verstanden wird. So begibt er sich z.B. zu kleinen Kindern auf den Boden und spielt mit ihnen oder neckt sie.

Ein Familientherapeut kann allein, mit anderen zusammen, in einer Institution oder freiberuflich arbeiten. Entsprechend unterschiedlich ist die Ausstattung der therapeutischen Räumlichkeiten oder Praxen. Sie können z.B. mit Einwegspiegeln eingerichtet sein, hinter denen ein weiterer Therapeut den Prozeß im Behandlungsraum verfolgt. Mit der Videokamera oder dem Tonbandgerät kann er wichtige Passagen bei den Gesprächen aufzeichnen. Spiele dienen dazu, eine spezifische, familiäre Vorgangsweise bewußt zu machen. Durch diese Hilfsmittel gewinnen Familie und Therapeut Klarheit über den familiären Prozeß.

Familientherapeuten legen das Hauptaugenmerk in ihrer Arbeit darauf, *wie die* Familie miteinander umgeht. Die gängigen und oft gestörten Beziehungsmuster zeigen sich zunächst in dem Gespräch, das sich während der Sitzung entwickelt. Dieses Gespräch ist neben anderen, nichtverbalen Methoden eine Möglichkeit zur Problemlösung. Dabei geht es darum, daß die Familie miteinander spricht, und nicht darum, daß jeder dem Therapeuten sein Leid über den anderen klagt. Dieser nimmt an dem Geschehen aufmerksam teil und unterbricht es immer dann, wenn sich etwas Wesentliches zeigt. Das kann ein Wunsch sein, der nicht ausgesprochen wird, ein körperliches Anzeichen eines verdeckten Geschehens, wie etwa eine gerunzelte Augenbraue, ein Gähnen oder ein Scharren mit den Füßen. Es kann eine Veränderung in der Sitzordnung sein, die Reaktion eines Kindes auf einen Vorgang zwischen den Eltern oder ein Gefühl im Therapeuten selbst. Das Gespräch, zu dem er die Familie ermutigt, ist für den Therapeuten das Medium, anhand dessen er z.B. feststellen kann, ob das Gewürz des offenen Konfliktes in der Familiensuppe fehlt und diese darum schal schmeckt; ob unterschwellige Aggressionen sie vergiften und das lebendige Geschehen in der Familie deshalb steckengeblieben ist; ob Konflikte in der Umleitung über ein Kind, einen sogenannten „Sündenbock", verschleiert werden; ob die herrschenden Familienregeln der jeweiligen Entwicklungsphase der Familie angepaßt sind; ob die Grenzen zwischen den Generationen eingehalten werden; ob individuelle Verschiedenheiten erlaubt sind; ob die Kommunikation klar und eindeutig ist und vieles andere mehr!

Üblicherweise wird das erste Gespräch in der Therapie von dem Problem handeln, das die Familie in die Therapie geführt hat. Wie sich die Familie mit diesem Problem auseinandersetzt, zeigt dem Therapeuten, wo er sich in den Prozeß einschalten muß, um eine Veränderung zu erreichen.

Ein Beispiel: Familie Verba kommt in Therapie, geschickt vom Schulpsychologen. Die einzige Tochter Verena ist sehr auffällig in der Schule. Während der Vater das Problem aus seiner Sicht schildert, preßt die Mutter beide Hände fest gegeneinander. Auf die Frage, ob sie etwas sagen möchte, sprudelt eine Mischung aus Anklage und Resignation gegenüber ihrem Mann aus ihr heraus.
In der Folge wird die Beziehung des Ehepaares zueinander immer mehr zum Thema der Sitzungen. Es gibt eine Fülle an Konflikten, die seit Jahren verschleiert werden. Während der Mann sich seine vielfältigen Freizeitbedürfnisse erfüllt, kann seine Frau sich mit ihren Anliegen und Wünschen nicht durchsetzen. Ihr größter Wunsch ist ein zweites Kind, aber sie wagt es nicht einmal sich selber gegenüber, diesen Wunsch zu vertreten. Ihr Mann lehnt diese Idee entschieden ab. Er sagt, er sei aus finanziellen Gründen dagegen. Seine Frau könne mit einem zweiten Kind nicht mehr berufstätig sein, sein Gehalt allein reiche aber nicht für den derzeitigen Lebensstandard, der in erster Linie ihm und seinen Interessen entgegenkommt. Da dieser ständige Konflikt nicht zur Sprache kommt, die Frau aber über Jahre hinweg einen gewaltigen Zorn aufgestaut hat, erweist sich die vorerst gezeigte eheliche Harmonie als sehr wacklig. Verena lebt die ständige Spannung in Form von Aggressionen gegenüber ihren Schulkameraden und in Form von Leistungsverweigerung aus. Die Mutter leidet, wie sich bald herausstellt, unter Atembeschwerden und Schlafstörungen. Der Vater ist ebenfalls unzufrieden, weil seine Frau ihm seit geraumer Zeit die geschlechtlichen Beziehungen verweigert.

Die therapeutische Hauptaufgabe bei diesen Sitzungen ist es, die verdeckten Konflikte herauszustellen und dafür zu sorgen, daß die unterschiedlichen Auffassungen und Meinungen dem Partner gegenüber ausgedrückt werden. So verhindert der Therapeut das übliche „Im-Kreise-Laufen" der häuslichen Debatten. Es gibt auch nicht die beliebte Suche nach dem Schuldigen. Im Kampf um die Lösung gibt es keinen Verlierer. Jeder ist bei gelungenem Verlauf Sieger und gewinnt ein Stück persönliches Wachstum hinzu.
Als Ziel einer familientherapeutischen Sitzung wird immer der Erhalt der Familie angestrebt. In seltenen Fällen kann die Lösung aber auch eine Trennung sein. Dann ist es wichtig, den Eltern klarzumachen, daß sie ihre Elternfunktion auch nach einer Trennung als Paar aufrechterhalten können. Dabei wird die frühere Liebesbeziehung durch Freundschaft abgelöst. Ein solcher Schritt ist erst möglich, wenn die Beteiligten alle Stufen

der Ablösung und die dazugehörende Trauer durchlebt haben. Bedenken Sie aber: Die Eltern lassen sich voneinander scheiden, nicht die Kinder von den Eltern!
Dieser Punkt ist auch wesentlich bei der Gründung einer neuen Familie. Es sollte allen Beteiligten von Anfang an klar sein, daß der geschiedene Partner, ob das jetzt angenehm ist oder nicht, auch in der neu gegründeten Familie immer eine Rolle als Elternteil spielt. Die Beziehungen der Familienmitglieder untereinander werden dadurch notgedrungen kompliziert. Probleme und Schwierigkeiten sind unter solchen Umständen selbstverständlich, es geht nicht darum, sie zu vermeiden, sondern sie so gut und so wenig verletzend wie möglich zu bewältigen. Es ist aber keine Lösung, so zu tun, als ob Probleme nicht sein dürften, obwohl das in der Hoffnung auf ein leichteres Durchkommen oft versucht wird. Vor allem für die Kinder ist es wichtig, daß sie sich in positiver Weise mit beiden Elternteilen identifizieren können. Wenn z.B. eine Mutter den Vater ständig vor den Kindern heruntermacht und den Kontakt zu ihm verhindert, fördert sie ein schlechtes Selbstwertgefühl der Kinder. Wie können sie in Ordnung sein, wenn ein Teil von ihnen schlecht ist?
Es ist unbestritten schwierig für eine Frau, sich so förderlich zu verhalten, wenn sich der Exmann als offensichtlicher Bösewicht erwiesen hat, der vielleicht die Familie geschlagen und drangsaliert hat. Hier kann die Erkenntnis helfen, daß kein Mensch ganz und gar schlecht ist. Es nutzt Frau und Kindern für die eigene Entwicklung, die guten Seiten des Mannes herauszufinden und anzuerkennen. Viele negative Verhaltensweisen entstehen aus der Art der Beziehung, die zwei Menschen miteinander pflegen. Den eigenen Anteil zu erkennen bietet eine Lernmöglichkeit für die Zukunft und verbessert die Aussichten für die nächste Beziehung. Wichtig ist für die Kinder die offene Aussprache in der Familie über alle Gefühle, die in diesem Zusammenhang wach werden.
Obwohl Trennungen vorkommen, ohne daß dies unbedingt schädlich für die Familie sein muß, ist doch das normale, in der Therapie angestrebte Ziel die Aufrechterhaltung und Verbesserung der Familienbeziehungen. Dazu gehört, daß jedes Familienmitglied während der Gespräche in gleicher Weise zu Wort kommt und gehört wird. Jeder sieht das Problem anders. Der Therapeut wird besonderen Wert auf die Unterschiedlichkeit zwischen den einzelnen Personen legen, die allmählich zutage tritt. Hier zeigt sich deutlich, daß es nicht eine Realität gibt, die gut oder schlecht ist, sondern deren viele. Auch die Gefühle, die durch die unterschiedliche Realitätssicht ausgelöst werden, sind nicht gut oder schlecht, sondern höchstens angenehm oder unangenehm. Der Therapeut vermittelt der Familie durch sein Verhalten und seine Kommentare, daß es möglich ist, einander widersprechende Gefühle und Ansichten gleichzeitig leben zu

lassen. Damit wendet er sich gegen den in gestörten Familien oft bestehenden Mythos, daß eine „gute" Familie nach innen und außen Einigkeit zu demonstrieren habe.
Im Gegensatz zu diesem Harmoniestreben gibt es im Weltbild des Therapeuten keine im absoluten Sinn „heile" Familie, die von Konflikten und Streitereien verschont wäre. Er sieht im Gegenteil dazu offene Auseinandersetzungen als Zeichen der lebendigen Entwicklung in der Familie. Konflikte werden zur Sprache gebracht und haben so eine Chance, gelöst zu werden. Das bedeutet gleichzeitig für die Familie, den mit einem Konflikt verbundenen Gefühlen - Angst, Wut, Ärger, Distanzierungsbedürfnisse etc. - standzuhalten. Das ist immer eine schwere Aufgabe. Eine entsprechende Abwehr gegen dieses schmerzliche Erleben ist daher normal und verständlich.
Schwerwiegende Probleme entstehen dann, wenn aus dieser Angst heraus alles abgebogen wird, was nach Auseinandersetzung riecht.
Das kann mit Tränen geschehen, durch die sich der Partner schachmatt setzen läßt. Aber auch Drohungen, die Familie zu verlassen, Krankheiten oder versteckte Aggressionen werden unbewußt eingesetzt, um einen offenen Konflikt zu verhindern. Da es fast unmöglich ist, solch heimlichen Erpressungen innerhalb des Familiensystems auf die Spur zu kommen, pflegen sich solche Verhaltensweisen zu verfestigen. In der Therapie werden sie behutsam, Schritt für Schritt abgebaut.

Nehmen wir nochmals das Beispiel der Familie Verba: Wenn Frau Verba ihrem Wunsch nach einem weiteren Kind Ausdruck gibt, indem sie ins Gespräch einflicht, sie habe sich immer mehrere Kinder gewünscht, geht Herr Verba darauf nicht ein. Er spricht einfach von etwas anderem.
Der Therapeut: „Heißt das, Frau Verba, daß Sie sich noch ein Kind wünschen?" Frau Verba: „Ja, das stimmt." Der Therapeut: „Sagen Sie das Ihrem Mann direkt." Frau Verba: „Er hört ja doch nicht zu." Der Therapeut: „Sagen Sie ihm das." Frau Verba, voll Zorn: „Hör mir endlich zu!" Herr Verba: „Aber ich hör dir doch schon die ganze Zeit zu!" Frau Verba: „Was habe ich gesagt?" Herr Verba: „Ich soll dir zuhören." Frau Verba, wendet sich an den Therapeuten: „Sie sehen, es hat keinen Sinn."

Gesprächsfolgen wie die oben angeführte sind häufig. Der Therapeut ist ein Hüter der unausgedrückten, unausgesprochenen Satzteile und Gefühle. Er ermutigt dazu, auszusprechen, was bisher verschluckt wurde. Er macht klar, wen das Gesprochene angeht und wem es gesagt werden soll. So facht er den Konflikt an, dem beide Ehepartner aus dem Weg gehen möchten. In unserem Beispiel verstärkt die vage Art der Frau, ihre Wünsche und Erwartungen anzumelden, die Tendenz des Mannes, dem Problem auszuweichen.

Der Therapeut hat jetzt die Möglichkeit, mit dem Paar einen offenen Dialog zu üben. Wie wir bereits wissen, muß im kontrollierten Dialog jeder wiederholen, was der andere gesagt hat, bevor er selbst weiterspricht. So hat jeder die Gewißheit, gehört und verstanden worden zu sein.
Eine solche Übung verbessert auch die Fähigkeit, sich klar und deutlich auszudrücken.

Bei Familie Verba stellt sich schnell heraus, daß Herr Verba unter keinen Umständen ein zweites Kind will. Es erleichtert ihn sehr, das deutlich sagen zu können. Er stammt selbst aus einer kinderreichen Familie und hat deshalb auf viel verzichten müssen. Ein weiteres Kind bedeutet für ihn deutliche Einschränkungen, die er keinesfalls auf sich nehmen will. Frau Verba hingegen hält an ihrem Kinderwunsch fest. Als sie realisiert, daß ihr Mann sich nicht umstimmen läßt, beginnt sie bitterlich zu weinen. Diese Reaktion versetzt Herrn Verba in gewaltige Unruhe. Er macht den Eindruck, als würde er am liebsten auf und davon laufen. Darauf angesprochen, was jetzt in ihm vorgeht, sagt er: „Ich fühl mich so hilflos, wenn meine Frau weint. Am liebsten würde ich dann alles tun, was sie will, nur damit sie zu weinen aufhört."
Als er aufgefordert wird, dies seiner Frau zu sagen, kommt von ihr eine Reaktion, die er nicht erwartet hat. Sie sagt unter Tränen: „Ich wünsche mir, daß ich heulen kann, soviel ich will, ohne mich auch noch um dich kümmern zu müssen."

Sie sehen, auch die Familientherapie gibt Ihnen keine Garantie dafür, daß Sie alles bekommen, was Sie sich wünschen. Aber die Familiengespräche bieten eine gute Gelegenheit, das zu äußern, was wichtig ist. Auf diese Weise werden Grenzen zwischen den Familienmitgliedern neu gezogen, oder, je nach Notwendigkeit, gelockert oder gefestigt. Wenn die Eltern offen miteinander streiten können, brauchen sie das Kind nicht mehr zur Umleitung des Konfliktes. Damit ist die Grenze zwischen Eltern und Kind klar. Ebenso wird eine Grenze gesetzt, wenn sich die Eltern die Einmischung der Großeltern in die Erziehung der Kinder verbitten. Angemessene Regeln setzen Grenzen für den Umgang miteinander. Sie verändern sich im Lauf der Entwicklung einer Familie. Während die junge Familie vor allem damit beschäftigt ist, sich als eigenes System von den Herkunftsfamilien abzugrenzen, muß die Familie mit einem pubertierenden Kind eine Menge Regeln neu aushandeln, in denen die Autonomie des heranwachsenden Kindes berücksichtigt wird. Diese immer wieder neue Grenzziehung ist nötig, um die Entwicklung der Familie zu gewährleisten.
Eine wichtige Erfahrung in der Therapie ist der intensive Kontakt, der durch den offenen Austausch der Gefühle möglich wird. Das gilt auch für

den Kontakt mit sich selbst. In Krisensituationen fordert der Therapeut die Familienmitglieder auf, in sich selbst nachzuforschen, welche Gefühle gerade vorherrschen. So lernen sie, Verantwortung für ihre eigenen Reaktionen zu übernehmen. Sie lernen auch, sich als selbständige Individuen anzunehmen, die mit ihren menschlichen Bedürfnissen unabhängig von ihrer jeweiligen Rolle in der Familie existieren.

Das Verständnis der Ehepartner füreinander leidet oft darunter, weil jeder in seiner Ursprungsfamilie in einem unterschiedlichen Normen- und Wertesystem aufgewachsen ist. Normalerweise bildet die Familie im Laufe der Zeit ein eigenes Regelsystem heraus, in dem die Werte beider Familien ihren Niederschlag finden. Diesen Prozeß bezeichnet man volkstümlich als das „Zusammenraufen" der jungen Ehe. Bei jeder der lebenslaufbedingten Familienkrisen werden diese Regeln erneut den Bedürfnissen angepaßt. In gestörten Familien wird hingegen oft darum gekämpft, welche Herkunftsfamilie als Modell für das Familienleben dienen soll. Dieser Kampf ist um so erbitterter, je unterschiedlicher die Normen und Regeln der beiden Familien sind. Die Tendenz, den Eltern nachzueifern, auch wenn ihre Erziehungsmethoden abgelehnt wurden, ist groß. So werden oft absurde und schädliche Verhaltensweisen von einer Generation zur nächsten weitergereicht. Dies ist um so mehr der Fall, je weniger bewußt das tatsächliche Geschehen in der Familie ist. Vielfach werden Ehepartner dazu benutzt, mit ihnen die alten Beziehungen aus der Kindheit aufzuwärmen. Der Partner kann unbewußt so gewählt worden sein, daß er sich gut dazu eignet; er kann aber auch dazu manipuliert werden, sich in gewünschter Weise zu verhalten. Unbewältigte Konflikte werden auf diese Weise immer wieder aufgerührt und unter Umständen auch bewältigt. Den Kindern wird manchmal schon bei der Geburt eine bestimmte Rolle zugedacht, die sie in diesem Familiendrama zu spielen haben. Das Geschlecht, die Stellung in der Geschwisterschar oder das Alter spielen dabei eine wesentliche Rolle. Die Eltern sehen in diesem Kind nicht ein Individuum mit seinen ganz spezifischen Entwicklungsmöglichkeiten, sondern machen gewissermaßen aus ihm das, was sie in ihm sehen wollen. Dieser Vorgang wird oft mit Vererbung verwechselt. So kann z.B. ein Kind als Ersatz für einen verstorbenen Elternteil dienen. Es kann ihm die Rolle eines Geschwisters zugewiesen werden, mit dem ein Elternteil einen unbewältigten Konflikt hatte. Das Kind kann auch das für die Mutter falsche Geschlecht haben und im Gegensatz zu seinen biologischen Attributen wie ein Mädchen oder wie ein Bub erzogen werden.

Auch in alltäglichen Familien herrscht die Tendenz, es so zu machen, wie es zu Hause üblich war. Viele Mütter schimpfen über die Unordnung im Kinderzimmer mit den gleichen Worten, die einst die eigene Mutter verwendete. Gleichzeitig spukt im Hirn der so handelnden Mutter möglicher-

weise die Erinnerung, wie sehr sie selbst einst die stets verlangte Ordnung blödsinnig fand und sich vornahm, das später mal ganz anders zu machen. Die eigene Erziehung holt die meisten Menschen schneller ein, als sie glauben.
Obwohl normalerweise jeder aus seiner eigenen Herkunftsfamilie genug Schrott übernimmt, ohne das eigentlich zu wollen, erbittert ihn derselbe Vorgang beim Partner. Unterschiedliche Auffassungen über Erziehung sind neben Geldproblemen das Streitthema Nummer eins in vielen Ehen.
Der Familientherapeut verfügt über verschiedene Techniken, die es dem einzelnen ermöglichen, mehr Klarheit über das Vermächtnis aus seiner Herkunftsfamilie zu gewinnen. Die Anwesenheit von Partner und Kindern bei solchen Sitzungen ermöglicht allen einen Einblick in oft schmerzhafte Gegebenheiten. Dadurch wird der Zusammenhalt der Familie gestärkt und die Aussöhnung der Generationen eingeleitet. Dies ist deshalb von Bedeutung, weil gestörte Familien durch ungünstige Beziehungen zur Großelterngeneration Hilfe und Unterstützung von deren Seite entbehren. Folgende Formen ungünstiger Beziehungen zwischen Herkunftsfamilie und den erwachsenen Kindern sind bekannt:

Die Generationen können miteinander verwickelt sein, d.h. erwachsene Kinder sind nicht abgelöst von ihren Eltern. So wird die eheliche Beziehung immer wieder gestört, weil sich die Eltern in das Familienleben einmischen.
Ebensooft kommt es vor, daß sich die Generationen entfremdet haben und sich gegenseitig nur noch Pflichtbesuche abstatten. Wenn die Entfremdung voranschreitet, reißt der Kontakt ganz ab. Dies überfordert im allgemeinen die Kleinfamilie, da Hilfe und Unterstützung von seiten der Großeltern ausbleiben; aber auch für die ältere Generation ist es bitter, wenn sie von ihren Enkeln abgeschnitten ist.
Häufig bestehen ungelöste Konflikte zwischen den Generationen, die alle schwer belasten. Das Phänomen der Familienspaltung wurde vor allem bei Familien beobachtet, die schizophrene Mitglieder hervorbringen. In diesem Fall wird nur ein Elternteil mit seiner Familie akzeptiert, der andere gnadenlos vor den Kindern heruntergemacht. Bei der Spaltung bilden die Großeltern zusammen mit ihrem Kind eine Front gegenüber dem Partner (siehe Martin R. Textor, *Integrative Familientherapie,* S. 132–133).
In den therapeutischen Gesprächen werden auch die Regeln sichtbar, die eine Familie für ihr Zusammenleben entwickelt hat. Die meisten dieser Regeln sind unbewußt und der Familie nicht einsichtig. Der Therapeut wird sich bemühen, sie bewußt zu machen. Solche Regeln müssen oft verändert werden, um eine Entwicklung anzuregen. Als Beispiel möchte ich

hier die Regel anführen: „Was auf den Tisch kommt, wird gegessen." Diese Regel kann den Hintergrund zur Fettsucht eines Kindes bilden, wegen der die Eltern eine Therapie begannen. Das Kind sieht sich mit der unlösbaren Aufgabe konfrontiert, einerseits alles aufzuessen, was ihm die Mutter auf den Teller legt, andererseits abzuspecken, was sie von ihm mit Worten verlangt.

Da viele Probleme pathologischer Familien auf Mythen und Geheimnissen beruhen, werden auch diese in den Bewußtseinsprozeß einbezogen. Solche Mythen können sich auf die Großeltern, die Eltern oder die Kinder beziehen. Themen können gesellschaftliche Stellung, Gesundheit, Tod, Sexualität, Selbstmord, kriminelle Handlungen oder Unfälle sein. Ein häufiges Geheimnis gegenüber Kindern ist mit deren Adoption oder unehelicher Geburt verbunden. Auch aus tatsächlich bestehenden Konflikten zwischen den Eltern kann ein Geheimnis gemacht werden, indem vor den Kindern behauptet wird, daß die Eltern nie streiten. Ein Mythos kann die Werte und Handlungen früherer Generationen verklären, denen die Kinder jetzt nacheifern sollen, wobei das Ziel unerreichbar hoch gesteckt ist. Durch solche Mythen und Geheimnisse wird verhindert, daß überlieferte Familienregeln an der gegenwärtigen Realität und den Bedürfnissen der Familie gemessen werden.

Alle diese Interventionen sind auf bestimmte Therapieziele ausgerichtet, die in Übereinstimmung mit der Familie festgelegt werden. Diese Ziele können sich im Lauf der Behandlung ändern. Sie stehen auch in Beziehung zu den Vorstellungen des Therapeuten darüber, was eine wachstumsfördernde Familie ausmacht. Manche Therapeuten arbeiten rein problemzentriert. In diesem Fall ist das Therapieziel die Lösung des Problems, das der Klient als Grund für die Therapie angegeben hat. Andere legen ihr Augenmerk mehr darauf, das Wachstum in der Familie insgesamt anzuregen. Solche Ziele erfordern meist, daß eine Reihe von Fähigkeiten neu erlernt werden müssen.

Damit die einzelnen Familienmitglieder durch einen Zuwachs an Selbstwertgefühl mehr Reife und Selbständigkeit erlangen, soll die Familie als Gesamtheit fördernd und unterstützend werden. Diese Ziele werden durch Arbeit an der Persönlichkeit der einzelnen Familienmitglieder, an den Rollen und Regeln in der Familie, am Verhalten und an der Kommunikationsfähigkeit der einzelnen sowie am Familiensystem und gelegentlich am gesamtgesellschaftlichen Umfeld der Familie angestrebt. Je nach dem Kernpunkt der Störung wird einmal das eine, einmal das andere Element stärker im Mittelpunkt der Bemühungen stehen. Die Familie muß lernen, die Konflikte, die notwendig immer wieder auftreten, nicht zu verdrängen, sondern mit allen Gefühlen zu durchleben. Sie muß, um wachstumsfördernd für alle zu sein, das richtige Mittelmaß zwi-

schen Geborgenheit und Freiraum zur individuellen Entwicklung finden.
Dabei handelt es sich um schwere, meist langwierige und nicht immer von Erfolg gekrönte Arbeit. Zumindest dann, wenn man den Erfolg nur an den oft sehr hoch gesteckten Zielen mißt. Tatsächlich wird wohl keine Familie ohne positive Veränderung aus einem solchen therapeutischen Prozeß herausgehen, auch wenn diese Veränderung nicht immer gleich auf den ersten Blick zu sehen ist. Schon der Entschluß allein, gemeinsam etwas zu unternehmen, um die Familienmisere zu beheben, hat einen therapeutischen Effekt: zeigt er doch, daß jedem der Teilnehmer die Familie so sehr am Herzen liegt, daß er bereit ist, für sie Zeit, Mühe und Geld zu investieren.
Im Gegensatz zu so manchem Glücksspiel wartet also auf die Familie beim Familientherapeuten ein sicherer Gewinn: befriedigendere Beziehungen zwischen Eltern und Kindern, persönliches Wachstum, die Möglichkeit, neue und überraschende Entwicklungen zu erleben. Grund genug, das Unbehagen zu überwinden und bei krisenhaften Entwicklungen eine Familientherapie ins Auge zu fassen.

Um Ihnen diesen Schritt etwas zu erleichtern, will ich noch etwas Information über den Verlauf der Sitzungen geben. Sie sehen je nach Therapieschule und Therapeuten unterschiedlich aus.
Zunächst etwas zur Zusammensetzung der Teilnehmer an den Gesprächen.

3. Wer nimmt an den Familiengesprächen teil?

Die Zusammensetzung der Familie kann variieren. Anfangs wird der Familientherapeut alle wichtigen Personen, die in der Familie leben, zumindest einmal sehen wollen. So hat er die Möglichkeit, die Interaktionen der Familie miteinander als Ganzes zu beobachten und daraus seine Schlüsse zu ziehen. Später arbeitet er vielleicht nur mehr mit dem Ehepaar als der „gesetzgebenden Gewalt“. Es ist aber von Wichtigkeit für den Verlauf des Prozesses, daß alle Personen für die Therapie gewonnen werden, die in der Familie Einfluß haben. Wenn jemand vergessen wird, ist er unter Umständen verlockt, die Rolle der „bösen Fee“ zu übernehmen und die Fortschritte der Familie zu blockieren. „Für die Therapie gewinnen“ bedeutet: der Therapeut kann den bzw. die Betreffenden davon überzeugen, daß die Therapie auch für ihn/sie eine Verbesserung und nicht eine Verschlechterung seiner Lage mit sich bringen wird. Gerade Familienmitglieder, die in die Position des Schuldigen hineinmanövriert wurden, können sich oft nur schwer vorstellen, daß der Therapeut dazu eine andere Ansicht vertreten kann. Oft erscheinen sie, wenn überhaupt, nur mit großen Ängsten zur ersten Sitzung. Sie fühlen sich vielleicht, als müßten sie jetzt einer Gerichtsverhandlung mit anschließender Verurteilung beiwohnen. Auch Eltern haben oft die Erfahrung gemacht, daß sie für die Entwicklung ihrer Kinder als Schuldige hingestellt werden. Da normalerweise Eltern ihren Kindern niemals bewußt Schaden zufügen wollen und oft große persönliche Opfer für deren Wohlbefinden bringen, erleben sie das Scheitern ihrer Bemühungen mit großen Schuldgefühlen. Ich erinnere mich an die Eltern einer schwer gestörten Tochter, die bitterlich zu weinen anfingen, als ich ihnen versicherte, wie sehr ich davon überzeugt sei, daß sie gewiß alles für ihr Kind tun, was ihnen möglich ist. Sie fühlten sich zum ersten Mal nach langen Jahren vollkommen verstanden, denn genau das war es, was sie aus tiefstem Herzen wollten. Noch nie hatte es jemand der Mühe wert gefunden, das zu würdigen.

Nicht nur menschliche Familienmitglieder können für die Therapie wichtig sein. Gelegentlich werden auch Haustiere in die Sitzungen einbezogen. Es gibt Familien, in denen die Kommunikation über den Hund läuft. Diese Information entgeht dem Therapeuten, der diese graue Eminenz nicht kennenlernt. Doch dabei handelt es sich um Ausnahmen. Alltäglich ist hingegen die Frage, ob Säuglinge und Kleinkinder bei den Gesprächen anwesend sein sollen. Dies wird individuell gelöst. Manche Therapeuten nehmen sie hinzu, andere beziehen nur größere Kinder in die Sitzungen mit ein.

Manche Therapeuten laden zur ersten Sitzung nur das Ehepaar allein ein. Dies geschieht, um ihre Bedeutung als „Gründer der Familie" herauszuarbeiten. Zum nächsten Gespräch wird dann die ganze Familie eingeladen. Im weiteren Verlauf der Gespräche kann dann die Zusammensetzung aus bestimmten Unter- oder Subsystemen bestehen, deren Veränderung für die Therapieziele nötig ist. Solche Subsysteme können die Geschwister allein sein, die Eltern allein oder auch der Sündenbock der Familie zusammen mit den Eltern, usw. So kann die Zahl der Teilnehmer an den Sitzungen stark schwanken. Manche Therapeuten laden auch zu bestimmten Themen andere wichtige Personen aus dem Umfeld der Familie ein. Das kann ein Nachbar, der Pfarrer, der Hausherr, eine frühere Ehefrau, ein Lehrer oder der Hausarzt sein.

Ich bin der Meinung, daß es bei der Familientherapie nicht in erster Linie auf die Anzahl der anwesenden bzw. vorhandenen Personen ankommt. Entscheidend ist vielmehr, daß die therapeutische Arbeit den Zusammenhang des „Systems Familie" mit der Störung berücksichtigt. Manche Familientherapeuten vertreten die Ansicht, daß die Effektivität der Therapie mit der Anzahl der vorhandenen Personen steigt. Dafür sprechen einige

Gründe. Bei der konkreten Arbeit muß sich der Therapeut aber auch nach pragmatischen Gesichtspunkten richten. Es stehen nicht immer alle Familienmitglieder zur Verfügung. Manche können verstorben, verreist oder unwillig sein. Bei einer sehr großen Familie mag der vorhandene Raum zu klein für alle sein, so daß man gezwungen ist, die wichtigsten Personen auszuwählen.

Sie sehen also, lieber Leser, daß sich hier kaum allgemeingültige Regeln aufstellen lassen. Lassen Sie sich also einfach überraschen. Denken Sie auch an das, was ich über Technik gesagt habe. Ein scharfes Messer ist in der Hand des Chirurgen wichtig für seinen Erfolg. Ebenso wichtig aber ist es, daß diese Hand das Messer richtig führt. Außerdem gibt es verschiedene Ausführungen eines scharfen Messers. Nehmen Sie es also mit Humor, wenn der Therapeut auch Ihren Goldfisch zur Therapie einlädt. Er hat sich bestimmt etwas dabei gedacht. Wollen Sie wissen, was? Fragen Sie ihn doch einfach!

4. Welche Stellung hat der Berater in der Familie?

Die Familie wird nur dann bereit sein, den Vorschlägen des Therapeuten zu folgen, wenn es ihm gelingt, in der Familie eine wichtige Position einzunehmen. Wie schafft er das als Außenstehender? Die Voraussetzungen dafür liegen einmal in der Verfassung der Familie, zum anderen in den Fähigkeiten und der Persönlichkeit des Therapeuten.
Es ist anzunehmen, daß eine Familie, die sich zu einer Therapie entschließt, für eine Behandlung aufgeschlossen ist und nach fremder Hilfe sucht. Probleme stehen an, meist bis zum Hals. Die Familie wünscht nichts mehr als befriedigendere Beziehungen untereinander, mehr Wärme und Geborgenheit, sowie eine Lösung ihrer Schwierigkeiten. Der Therapeut hat also nichts weiter zu tun, als jene Kräfte zu mobilisieren, die nach Gesundung streben.
Die Situation ist allerdings bei jenen Familien anders, die gezwungenermaßen, etwa mit Auflage vom Gericht oder der Fürsorge, in die Therapie kommen. Ihre Motivation muß unter Umständen vom Therapeuten erst aufgebaut werden.

Welche persönlichen Fertigkeiten sollte nun ein Familientherapeut haben, um das für die Behandlung nötige Vertrauen zu gewinnen? Die Anforderungen an seine Persönlichkeit sind hoch. Der therapeutische Erfolg ist in hohem Maße von der Reife und der psychischen Gesundheit des Therapeuten abhängig. Er sollte sich selbst gut kennen und eine Eigentherapie abgeschlossen haben. Er benötigt ein gutes Selbstvertrauen. Außerdem sollte er Wärme, Menschlichkeit, Geborgenheit, Toleranz und Optimismus ausstrahlen. Bei der Arbeit muß er sich verantwortungsbewußt zeigen, er braucht ein gehöriges Maß an Kreativität, aber auch Sensibilität, Einfühlungsvermögen, Objektivität und Flexibilität. Um seiner Rolle als Modell genügen zu können, muß seine Art zu kommunizieren klar und eindeutig sein. Der Familie soll er das Gefühl vermitteln, daß er alle Mitglieder gleichermaßen respektiert und annimmt, daß er sie mag und wertschätzt. Er muß fähig sein, innerhalb der Familie verschiedene Rollen zu übernehmen. Während er sich einerseits dem Familiensystem anschließt, um das Vertrauen aller zu gewinnen, muß er gleichzeitig seine Rolle als Außenstehender beibehalten, da er sonst leicht den Überblick verliert. Von einem Familientherapeuten kann auch erwartet werden, daß er selbst sich von seiner eigenen Ursprungsfamilie entsprechend abgelöst hat und ein zufriedenstellendes Familienleben führt.

Um allen diesen Anforderungen zu genügen, ist es wichtig, daß der Therapeut gut auf sich selbst achtgibt. Dazu gehört, daß er sich in einer Supervision immer wieder mit seinen eigenen Anteilen kritisch auseinandersetzt. Da sich der Therapeut gewissermaßen selbst als eigenes Instrument einsetzt, ist es wichtig, daß er dieses gut geschliffen hält.

Die Familie kann sicher sein, daß sich der Therapeut für ihre Gedanken und Gefühle interessiert zeigen wird, ohne diese zu bewerten. Er geht davon aus, daß die Familie die Fähigkeiten hat, sich zu ändern und ihre Probleme in den Griff zu bekommen. Familientherapeuten vertrauen den Bestrebungen ihrer Klienten, zeigen Zuversicht, daß sie sich positiv weiterentwickeln werden. Bisherige Fehlschläge werden nicht verurteilt, sondern als Problemlösungsversuche angesehen, denen kein Erfolg beschieden war. Der Therapeut wird als guter Lehrer der Familie helfen, neue, erfolgreichere Wege zur Problemlösung zu finden. In diesem Prozeß zeigt er sich als ganzer Mensch, ist offen mit seinen Gefühlen und Gedanken und läßt die Familie auch an seinen eigenen Werten und bisherigen Erfahrungen teilhaben. Er ist selbst lernfähig und lernwillig. Auf diese Weise ist er Vorbild für eine wünschenswerte Kommunikation und ermutigt die Familie auf indirekte Weise zur Nachahmung.

Dieses Nachahmungsbestreben zeigte eine meiner Klientinnen, eine junge Frau mit erheblichen psychischen Problemen, auf eine Weise, die mich sehr berührte: Sie erschien zur Therapie quasi als mein zweites Ich, sie hatte Kleidung und Frisur weitgehend der meinen angeglichen, sich ähnlich geschminkt und zum ersten Mal die Fingernägel lackiert. Sie vermittelte mir das Gefühl, sehr von ihr geschätzt zu werden. Da ihre Mutter als weibliche Identifikationsfigur für sie weitgehend ausgefallen war, war für sie ein

weibliches Vorbild lebensnotwendig. Es war für mich eine großartige Erfahrung, ihr das geben zu können.
Vor allem für Teilnehmer aus verwickelten Familien ist es eine neue Erfahrung, daß der Therapeut sie so annimmt, wie sie sind, ohne deswegen von ihnen Besitz zu ergreifen. So erleben sie, daß es möglich ist, Nähe zuzulassen, ohne deshalb die eigene Entscheidungsfreiheit zu verlieren. Dasselbe gilt für Distanzierungswünsche. Indem der Therapeut sie annimmt, positiv bewertet und fördert, stärkt er die Grenzen zwischen den Familienmitgliedern und gibt einen Anstoß zur individuellen Entwicklung.
Wie allgemein für menschliche Beziehungen kennzeichnend, findet auch der Umgang zwischen Familie und Therapeut nur zum kleineren Teil mit Worten statt. Vieles wird durch nichtsprachliche Aktivitäten vermittelt, durch Gesten, Tonfall, Bewegungen, sensorische Eindrücke, Gefühle und anderes mehr. Hier ist es besonders wichtig, daß die sprachliche und nichtsprachliche Kommunikation zusammenpaßt. Der Therapeut wird auch ein Gespür dafür haben, daß manche seiner nichtsprachlichen Gesten fehlinterpretiert werden können. Offenheit gegenüber sich selbst ist dabei unumgänglich. In der Therapie gilt ebenso wie in der Erziehung der Leitsatz, daß das nachgeahmt wird, was das betreffende Vorbild tatsächlich tut, und weniger das, was jemandem mit Worten beigebracht werden soll.
Wir sehen also, daß der Familientherapeut im Verlauf des Prozesses eine wichtige Stellung in der Familie erwirbt. Er ist ein bißchen wie der gütige Weise, der seine eigene Persönlichkeit in die Waagschale legt. Durch die Art, wie er die Familie empfängt und mit ihr umgeht, gewinnt er ihr Vertrauen und eine Art Führungsposition. Wie er die Gespräche mit der Familie führt, macht ihn zu einem Modell für offene und klare Kommunikation. Seine Position als Außenstehender ermöglicht ihm, herrschende Regeln, Familiengeheimnisse und Mythen, Kommunikationsprobleme und anderes mehr zu erkennen und anzusprechen. So kann er der Familie den Anstoß zur positiven Veränderung geben. Während dieser Prozeß stattfindet, begleitet der Therapeut die Familie bei den dabei auftretenden Befürchtungen und Ängsten. Er übt mit ihnen die neuen Verhaltensweisen ein, gibt Aufgaben für zu Hause, um das Erlernte zu verfestigen. Er achtet darauf, daß Kinder nicht in Konflikte verwickelt werden, die zwischen Eltern oder zwischen Eltern und Großeltern bestehen. Gegebenenfalls hilft er dabei, abgebrochene oder schlechte Beziehungen zu den Herkunftsfamilien wieder aufzunehmen und zu verbessern. Er steht in lebenslaufbedingten Krisensituationen zur Verfügung und unterstützt die Familie bei ihren Aufgaben. Er berät, wenn nötig, die Eltern bei Erziehungsfragen und hilft Jugendlichen bei der Ablöse. So nimmt er innerhalb des Familiensystems verschiedene Rollen ein, steht einmal dem einen, einmal dem anderen bei und zeigt so, daß ihm alle Familienmitglieder

gleich wichtig und gleich viel wert sind. Er ist unparteiisch und nimmt eine wertschätzende Haltung gegenüber den Fähigkeiten und Lösungsstrategien der Familie ein.
Durch diese Aktivitäten wird er zu einem geschätzten „Familienmitglied auf Zeit“, das sich dennoch niemals ganz in die Familie einbeziehen läßt. Im Verlauf der Therapie untersucht der Therapeut gelegentlich, welche Fortschritte erzielt wurden, indem er nach den positiven Veränderungen bei den Familienmitgliedern und der Familie insgesamt forscht.
Er stellt fest, welche Veränderungen noch nötig sind, um die Therapieziele zu erreichen. So kann er kontrollieren, ob das Maß der Differenzierung untereinander ausreichend ist, ob die Familienmitglieder sich jetzt besser verstehen, ob sie in der Lage sind, gemeinsame Entscheidungen zu treffen, ob Symptome wie z.B. psychosomatische Erkrankungen beseitigt oder verbessert wurden, ob die Kommunikation sich verbessert hat, ob Gefühle offener als vorher gezeigt werden und ob die Familie ihre Aufgaben zufriedenstellend bewältigen kann. Schließlich wird der Therapeut auch überprüfen, ob die Familie jetzt angemessen mit Konflikten umgehen kann und sie nicht verdrängt oder verschiebt. Veränderungen können auch im Zusammenhang mit der Umwelt festgestellt werden, im Verhältnis zu Schule, Beruf oder Ursprungsfamilie.
Wenn genügend Veränderungen in Richtung auf die Therapieziele stattgefunden haben, wird der Therapeut an eine Beendigung der Therapie denken. Nun wird er sich langsam wieder aus der Familie zurückziehen und dieser die Bewältigung ihrer Aufgaben wieder allein überlassen. Er kann die zeitlichen Abstände zwischen den Sitzungen verlängern, um die Familie daran zu gewöhnen, daß ein Abschnitt zu Ende geht. Er kann die erzielten positiven Veränderungen mit ihr besprechen und die Familie so für die Zukunft motivieren. In der letzten Sitzung erfolgt für gewöhnlich ein Rückblick auf das Erreichte und ein Ausblick auf die Weiterentwicklung. Der Therapeut ermutigt die Familie, nun ihre Probleme allein in Angriff zu nehmen und läßt erkennen, daß er ihr eine Lösung zutraut. Im allgemeinen wird vereinbart, daß bei Notwendigkeit weitere Sitzungen stattfinden können. Oft kommt es in diesem Stadium zu Rückfällen, weil die Trennung schwerfällt. Jetzt hat der Therapeut Gelegenheit, auf die neu erworbenen Fähigkeiten zur Konfliktbewältigung hinzuweisen und die Familie als reif zu entlassen.
Zur Kontrolle der Therapieerfolge empfiehlt sich eine gelegentliche Nachuntersuchung. Bei diesen Treffen können gegebenenfalls neue Termine vereinbart werden, falls die Familie dies in der Zwischenzeit als notwendig empfindet.
Für die Auswahl des passenden Therapeuten kann ich der Familie nur empfehlen, anläßlich einer Begegnung festzustellen, ob „die Chemie“

stimmt. Schließlich nimmt er im Lauf einer Therapie beträchtlichen Einfluß auf die Familie und hat eine machtvolle Stellung in ihr. Diese dient ihm dazu, der Familie bei ihren Problemen weiterzuhelfen. Machen Sie sich in jedem Fall auf eine Reihe höchst überraschender Veränderungen gefaßt, wenn Sie sich dem Abenteuer Familientherapie unterziehen.

5. Die Familie als System

Wir haben schon mehrmals den Begriff „Familiensystem" verwendet. Dieses System hat bestimmte Merkmale:
Zunächst einmal besteht das Familiensystem aus Personen, Familienmitgliedern, die ihrerseits wieder in sogenannte „Subsysteme" zusammengefaßt werden können. Diese Subsysteme sind voneinander mehr oder weniger deutlich abgegrenzt und stehen miteinander in Beziehung innerhalb des sie umfassenden Familiensystems. Jedes Familiensystem weist eine ganz bestimmte Struktur auf. Die Familienmitglieder haben unterschiedliche Rollen, und es gibt eine Hierarchie. Ihre Handlungen richten sich nach bestimmten Regeln, die ausgesprochen oder unausgesprochen sein können. Das Familiensystem hat ganz bestimmte Aufgaben zu erfüllen. Dies macht seinen Zweck oder seinen Sinn aus.

Die Familie wird im allgemeinen von Mann und Frau gegründet, die sich voneinander angezogen fühlen und miteinander leben wollen. Das wichtigste und erste Subsystem ist daher das Ehepaar in seiner Funktion als Liebespaar. Die Beziehung zwischen Mann und Frau bestimmt wesentlich die emotionelle Atmosphäre, die in der Familie vorherrscht. Die Liebe zwischen ihnen ermöglicht den Kindern, sich mit beiden Elternteilen zu identifizieren.
Die Aufgabe des Ehepaars als Subsystem ist es vor allem, sich gegenseitig bei den Belastungen und Aufgaben des täglichen Lebens Unterstützung zu geben. Im Idealfall bildet die eheliche Beziehung einen Hafen, in dem sich jeder der beiden Partner vom anderen angenommen und in seiner Eigenart geliebt fühlt. Das schließt selbstverständlich Konflikte nicht aus. In einem funktionierenden ehelichen Subsystem werden Konflikte miteinander ohne Umwege über Kinder oder andere Familienmitglieder bearbeitet.
Das Ehepaar befindet sich im Spagat zwischen Eigenständigkeit und Gemeinsamkeit. Jeder der Partner muß einen Teil seiner Eigenständigkeit aufgeben, um Gemeinsamkeit zu gewinnen. Wann immer hier die Bedürfnisse und Vorstellungen nicht übereinstimmen, wird es zu Konflikten kommen.

Probleme können entstehen, wenn einer der Partner auf unangemessen großer Eigenständigkeit beharrt und die gegenseitige Bezogenheit nicht akzeptieren will. Ein ebenso negatives Muster entsteht, wenn die Selbständigkeit der Einzelperson geleugnet wird. Zwar besingen fast alle Schlager das herzzerreißende Drama dessen, der ohne den anderen nicht leben kann. Dies entspricht aber nicht der menschlichen Realität. Da jeder Mensch mit allen Fähigkeiten ausgestattet ist, die ihm sein Leben üblicherweise sichern, kann ein erwachsener Mensch allein leben, wenn auch vielleicht unwillig und mit schmerzendem Herzen.
Manchmal wecken Partner aneinander statt ihrer positiven Eigenschaften vorwiegend ihre negativen Seiten. Dieses Verhalten schenkt aber weder Freude noch Befriedigung. So mag einer den anderen in übertriebener Weise ausnutzen, ihm die Kontrolle über sich geben, als Retter des Partners auftreten und sich und ihn dadurch der Fähigkeit zur Autonomie berauben. Ein solches Verhalten wird immer von beiden gefördert und hat – neben den vordergründig sichtbaren unangenehmen Auswirkungen – immer auch als positiv wahrgenommene Effekte für beide Partner. Die letzteren werden häufig geleugnet.

Wenn das erste Kind geboren wird, bildet sich das elterliche Subsystem. Seine Aufgaben sind wohl die schwierigsten, die das menschliche Leben bereithalten kann. Infolgedessen sind sie auch niemals zur vollen Zufriedenheit aller Beteiligten lösbar. Sie ändern sich mit dem Heranwachsen des Kindes. Beim Säugling und beim Kleinkind stehen vor allem nährende, pflegende und allgemein versorgende Aufgaben im Vordergrund. Später wird das Kind von den Eltern und der Schule in allgemeine Kulturtechniken eingewiesen. Eltern lehren ihr Kind, mit unserer komplizierten Zivilisation zurechtzukommen. Von Anfang an lernt das Kind soziale Zusammenhänge am Vorbild des Umgangs der Eltern miteinander und mit ihm. Weitere Lernchancen liegen in den Kontakten mit der erweiterten Familie und der Umwelt wie Freunden und Bekannten der Familie. Hier werden die Grundlagen für die Art des späteren Umgangs mit der Welt gelegt. In diesem schwierigen Prozeß übernimmt jeder Elternteil spezifische Aufgaben, die aufeinander abgestimmt werden müssen.
Zusätzliche Belastungen kommen auf das Elternpaar mit Sicherheit dann zu, wenn lebenslaufbedingte Veränderungen eintreten. In solchen Krisenzeiten können bisher erprobte Methoden der Problembewältigung nicht mehr ausreichend sein oder versagen. Ein klassisches Beispiel dafür ist der Eintritt des Kindes in die Pubertät. Eltern, die bis dahin vielleicht ihr Kind mit Gewaltmaßnahmen wie körperlicher Züchtigung dazu bringen konnten, ihnen zu gehorchen, werden nun mit den wachsenden Kräften des Sprößlings an ihre Grenzen kommen. Spätestens jetzt müssen sie zu ande-

ren Kontrollstrategien greifen, wollen sie nicht riskieren, daß ihr Kind zurückschlägt.
Dieses negative Beispiel soll zeigen, daß es für Eltern bei weitem günstiger ist, rechtzeitig auf die Anwendung von Gewalt zu verzichten und ihre unbestritten nötige Autorität anders durchzusetzen.
Konflikte sind selbstverständlich im gesamten Erziehungsprozeß nicht vermeidbar. Eltern, die ihren Aufgaben Schutz, Kontrolle und Führung nachkommen, werden notwendigerweise mit dem wachsenden Bedürfnis des Kindes nach Selbstbestimmung immer wieder zusammenstoßen. Diese unausweichlichen Auseinandersetzungen modellieren und verändern die Verhaltensweisen von Eltern und Kindern. Regeln und Vorschriften werden der wachsenden Selbständigkeit der Kinder angepaßt. Solche Veränderungen sind aber nur dann möglich, wenn die Atmosphäre in der Familie offen für Bedürfnisse, Wünsche und Anliegen ihrer Mitglieder ist. Ebenso wichtig ist es, daß auch Einflüsse von außen in die Familie gelangen können. Nur so ist sichergestellt, daß die Normen und Regeln, die vom elterlichen Subsystem an die Kinder weitergegeben werden, auch der Realität des Lebens entsprechen.
Schwierigkeiten entstehen oft auch durch äußere Bedingungen. So kann z.B. durch einen Umzug das vorher bestehende soziale Netz zerrissen sein und ein neues noch fehlen. Besonders kraß erleben dies Auswandererfamilien, die mit einem neuen Land, einer fremden Sprache und einer anderen Kultur konfrontiert sind. Hier können sich plötzlich die Aufgaben in der Familie umkehren. Da Kinder sich im allgemeinen wesentlich schneller auf neue Bedingungen einstellen als Erwachsene, werden sie in einer solchen Situation leicht zu Führern ihrer Eltern statt umgekehrt. Solange klargestellt ist, daß es sich nur um einen begrenzten Bereich handelt, in dem die Führung umgedreht ist, ist das kein Problem. Eltern wie Kinder können dann beide davon profitieren. Für die Eltern ist es eine tiefe Befriedigung zu sehen, wie sich ihre Kinder bewähren. Diese wiederum können ihre Fähigkeiten ausleben und neue erwerben. Das setzt eine positive Bewertung und Anerkennung der Leistung der Kinder von seiten der Eltern voraus. Von ihnen wird auch verlangt, sich neuen kulturellen Gewohnheiten zu öffnen, um sich in die neue Umwelt einzufügen.
Flexibilität wird von den Eltern auch verlangt, wenn sich die Familie verkleinert oder vergrößert. Das ist dann der Fall, wenn Familienmitglieder ausziehen oder sterben, wenn Kinder geboren werden oder Schwiegerkinder dazukommen.

Neben ehelichem und elterlichem Subsystem gibt es das geschwisterliche Subsystem, das ganz wesentliche Aufgaben zu erfüllen hat. In der Beziehung zu Gleichgestellten spielen die Kinder ganz andere Rollen und üben

andere Funktionen aus als in der Beziehung zu den Erwachsenen. Hier lernen sie zu gewinnen und zu verlieren, sich auseinanderzusetzen, zu kämpfen, sich mit anderen zu solidarisieren und mit ihnen zu kooperieren. Je nach der Position, die in der Reihe der Geschwister eingenommen wurde, werden bestimmte soziale Fertigkeiten und Verhaltensweisen geübt. Älteste Kinder verhalten sich auch später in Beruf und Partnerwahl anders als jüngste oder mittlere.
Fehlen Geschwister, wie dies beim Einzelkind der Fall ist, fallen diese natürlichen Übungsmöglichkeiten weg. Das Kind orientiert sich in wesentlich stärkerem Maß an der Welt der Erwachsenen. So haben Einzelkinder eine gute Chance, ihre intellektuellen Fähigkeiten zu entwickeln, sie zeichnen sich allgemein durch Frühreife und raschere Entwicklung aus. Ihr Dominanzstreben ist im allgemeinen ausgeprägt, denn es wird von den Eltern weniger gebremst. So mag sich die Tatsache erklären, daß sich unter Einzelkindern später häufiger Führungspersönlichkeiten finden. Weniger gut entwickelt ist im allgemeinen die Kooperationsbereitschaft, der Wetteifer und oft auch die persönliche Autonomie. Viel davon können die Eltern ausgleichen, indem sie Freunde des Kindes in die Familie mit einbeziehen und so dessen Anpassung an die Welt der Gleichaltrigen fördern.

Eine besondere Position hat das sogenannte „Elternkind". Hier handelt es sich um die Zuschreibung elterlicher Macht an ein Kind, meist das älteste. Diese Macht kann Kontrollfunktionen über die Geschwister beinhalten oder auch das Treffen von Entscheidungen in Abwesenheit der Eltern. Eine solche Konstellation ist üblich bei großen Familien, bei Familien mit nur einem Elternteil oder dann, wenn beide Eltern arbeiten und kleinere Kinder zu versorgen sind. Es liegt auf der Hand, daß dies für die Familie viele Vorteile haben kann. Auch das Kind kann in einer solchen Position viele Fähigkeiten über sein Alter hinaus entwickeln. Eine Voraussetzung für einen positiven Verlauf ist allerdings, daß die Eltern weiterhin die Kontrolle behalten und das Kind nicht allzusehr mit ihren Aufgaben belasten, die es unter Umständen überfordern. Nur so hat es die Möglichkeit, auch noch seinen altersgemäßen Interessen nachzugehen und sich den Geschwistern nicht zu entfremden.

Neben den beschriebenen Subsystemen (Ehepaar, Eltern, Geschwister) entstehen weitere Subsysteme dadurch, daß sich unterschiedliche Koalitionen unter den Familienmitgliedern bilden können. Solche Koalitionen dienen meist einem bestimmten Zweck und lösen sich wieder auf, wenn er erfüllt ist. Sehr ungünstig ist es, wenn sich dauerhafte Koalitionen z.B. zwischen einem Elternteil und einem Kind oder allen Kindern gegenüber dem anderen Elternteil bilden. Dasselbe gilt für Koalitionen zwischen einem

Elternteil und dessen Herkunftsfamilie gegenüber dem anderen mit seinem Clan.
Der Familientherapeut wird versuchen, solche Koalitionen aufzulösen, indem er den bisher Ausgeschlossenen stärker in Kontakt mit der restlichen Familie bringt. Zu diesem Zweck geht er auch selbst wechselnde Koalitionen innerhalb der Familie ein. So könnte der Therapeut sich mit dem Elternsubsystem verbünden, um deren regelsetzende Funktion zu verbessern. Er kann sich aber auch einem Kind anschließen, wenn es gilt, dessen Autonomie zu stärken.

Die Grenzen um ein Subsystem werden durch Regeln gebildet. Sie besagen, wer an einem Subsystem beteiligt und was erlaubt ist. So kann sich z.B. das elterliche Subsystem von den im Haus lebenden Großeltern mit den Worten abgrenzen: „Solange wir da sind, bestimmen wir, was die Kinder essen." Eine räumliche Abgrenzung der Kinder gibt es bei Gesellschaften mit einem eigenen Kindertisch. Ein Vater-Sohn-Subsystem verabschiedet sich mit den Worten: „Max und ich gehen heute zum Angeln."
Ein Subsystem Mutter-Elternkind könnte sich so zeigen: „Martha paßt auf das Baby auf, bis ich zurück bin."
Wichtig für das Funktionieren einer Familie sind die klaren Grenzen um die einzelnen Subsysteme. Sie können nur dann ihre Aufgaben erfüllen, wenn sich nicht ständig jemand von außen einmischt. So können Geschwister nur dann für sie passende Lösungen finden, wenn sich die Eltern aus ihren Konflikten heraushalten. Trotzdem mögen sie gelegentlich Hilfe brauchen. Diese sollte ihnen bei Bedarf angeboten, aber nicht aufgedrängt werden. Dasselbe gilt für das Ehepaar- oder Elternsubsystem. Sie können nur dann angemessen funktionieren, wenn sie genügend von ihrer Herkunftsfamilie abgelöst sind.
Es liegt auf der Hand, daß diese Grenzen nicht starr sein dürfen. Es muß bei aller Abgrenzung möglich sein, Hilfe im Bedarfsfall anzunehmen, Anregungen von außen zu bekommen und wahrzunehmen, ob und was andere Familienmitglieder brauchen. Bei zu starren Grenzen lösen sich die Subsysteme voneinander los und können sich nicht mehr gegenseitig unterstützen.
Das Gegenteil sind diffuse Grenzen, die als Verstrickung bezeichnet werden. In verstrickten Familien kann kein Subsystem für sich allein funktionieren, ohne bei jeder Aktion alle anderen auf den Plan zu rufen.
In einer losgelösten Familie könnten z.B. die Kinder in der Schule in Schwierigkeiten geraten, ohne daß die Eltern sich deswegen Gedanken machen und etwas unternehmen. Die nötige Aufsicht über Kinder und Jugendliche kann so gelockert sein, daß sie praktisch nicht mehr vorhanden ist. Häufig haben es die Fürsorgeeinrichtungen mit solchen losgelösten Fa-

milien zu tun. In einer verstrickten Familie kann sich hingegen die ganze familiäre Aktion beständig um belanglose, gesundheitliche Wehwehchen drehen. Das elterliche Subsystem kann so wenig abgegrenzt sein, daß es Großeltern und Tanten erlaubt, sich für die Erziehung der Kinder ebenso verantwortlich zu fühlen wie die Eltern und auf diese Weise ständig zu intervenieren. Im Ergebnis hat das Kind dann sechs Erzieher, was entschieden zu viel ist.

Der Familientherapeut achtet auf die Grenzen und hilft der Familie dabei, diffuse Grenzen deutlicher und starre Grenzen durchlässiger zu machen. Häufig ist es nötig, die Grenze um das eheliche Subsystem zu festigen. Dies kann dadurch geschehen, daß der Therapeut die Partner gemeinsam, aber ohne Kinder empfängt. So stärkt er ihr Zusammengehörigkeitsgefühl als Ehepaar und bietet ihnen Gelegenheit, sich miteinander zu beschäftigen.

Das Familiensystem als Ganzes muß sich ebenfalls von seiner Umwelt abgrenzen. Es ist Kräften von innen und von außen ausgesetzt, denen es sich anpassen muß, um weiter bestehen zu können und nicht auseinanderzufallen. Von innen wirken die entwicklungsbedingten Veränderungen seiner Mitglieder, von außen kommen Anpassungsanforderungen von Schule, Berufswelt etc. So befindet sich die Familie in einem ständigen Wandel, der ihr zuzeiten gewaltige Probleme machen kann. Besonders kritisch wird es auch für normale Familien, wie wir schon an früherer Stelle gesehen haben, wenn mehrere Krisen zusammenfallen. Hier kann eine Beratung und Stützung der Familie, bis sich alle an die neue Situation gewöhnt haben, sehr hilfreich sein.

Die Familie als soziales System ist von eminenter Bedeutung für die Gesellschaft. Sie hat entscheidenden Einfluß auf die Entwicklung der Persönlichkeit der in ihr aufwachsenden Kinder und künftigen Gestalter der menschlichen Gemeinschaft. Sie sorgt im positiven Fall dafür, daß ihre Mitglieder einen Ort vorfinden, wo sie sich wohlfühlen und regenerieren können. Ihr Versagen schafft große Probleme, die von den öffentlichen Einrichtungen nur zum Teil gelöst werden können. Es ist daher sehr erfreulich, daß sich das Interesse der professionellen Helfer, der Psychotherapeuten diesem Thema zugewandt hat. Es bleibt zu hoffen, daß künftig Familien, die aus dem Takt geraten sind, schnelle und unbürokratische Hilfe bekommen.

F. Lösungswege für die Familie

1. Die Verbesserung der Kommunikation

Jeder von uns hat es schon erlebt: Der andere versteht nicht, was ich ihm sagen möchte. Anders ausgedrückt: Ich kann mich nicht verständlich machen. Oder umgekehrt: Ich verstehe nicht, was mir einer sagen will.
Solche Verständigungssprobleme haben wir nicht nur mit Angehörigen einer fremden Sprache, einer fremden Kultur oder Außerirdischen vom anderen Stern. In einem solchen Fall rechnen wir ja mit Übersetzungs-und Verständnisproblemen. Nein, es geht uns immer wieder so mit den engsten Angehörigen, mit dem eigenen Mann, den Kindern, der Frau, der Mutter, dem Vater, den Schwiegereltern, ja sogar mit uns selbst. Außerhalb der Familie ist es leider auch nicht besser. Mißverständnisse bei der Arbeit, mit den Kollegen, dem Chef verursachen einen täglichen Ärger, der uns oft bis in den Feierabend begleitet. Der fehlgeschlagenen Verständigung stehen wir hilflos gegenüber, wissen nicht, was jetzt eigentlich passiert ist, was wir hätten anders machen können, wie wir die Situation noch retten sollen.
Nehmen Sie sich jetzt etwas Zeit zum Überlegen. Wann und in welchem Zusammenhang haben Sie zuletzt erlebt, daß Sie nicht verstanden wurden? Daß Sie einen anderen Menschen nicht verstanden haben? Wie war das für Sie?
Ich schlage vor, Sie schreiben auf, was Ihnen so dazu einfällt. Wenn Sie dieses Kapitel gelesen haben, finden Sie vielleicht neue Lösungen.

Damit Sie nicht das Gefühl haben, der einzige Unglückspilz zu sein, der Probleme bei der Verständigung hat, möchte ich Ihnen zum Trost eine kleine wahre Geschichte erzählen. Sie zeigt, wie schwer es sein kann, auszudrücken, was man meint, und zu bekommen, was man möchte.
Die Frau, von der unsere Geschichte handelt, steht beim Metzger und will ein frisches Hähnchen kaufen. Außer ihr warten noch sieben weitere Kunden. Da sie nicht umsonst warten will, geht sie an den Wartenden vorbei zur Theke und fragt eine Verkäuferin, ob Hähnchen da wären. Diese wirft ihr einen strafenden Blick zu – die Frau ist ja noch nicht dran – und meint: „Ja, haben wir." Gut, denkt die Frau, hoffentlich meint sie jetzt nicht die bereits gebratenen Hühner, die auf der Theke liegen. Sie hat das Gefühl, daß sich die Blicke der Warteschlange in ihren Rücken bohren. Das verursacht ihr Unbehagen, und sie wagt deshalb nicht, bei der Verkäuferin nachzufragen, sondern stellt sich hinten an. Eine ihrer verinnerlichten Regeln

lautet: „Du darfst dich nicht vordrängen“. Schließlich ist die Reihe an ihr. Sie fragt jetzt nach einem frischen Hähnchen. Die Verkäuferin meint: „Gefroren oder bereits aufgetaut?“ Beides ist nicht das, was die Kundin unter einem frischen Hähnchen versteht. So geht sie nach zehn Minuten sinnlosen Wartens mit Groll im Herzen und ohne Hähnchen wieder fort. In Erinnerung an dieses Erlebnis fühlt sie sich klein und doof.
Versuchen wir nun herauszubekommen, was bei diesem Einkaufsversuch bei der Kommunikation tatsächlich passiert ist.
Was wollte die Frau erreichen? Wo ging die Kommunikation daneben? Woher kam das schlechte Gefühl, wenn sie an dieses Erlebnis dachte? Schauen wir das kleine Erlebnis in Hinblick auf diese Fragen noch einmal an.
Was wollte die Frau erreichen? Sie wollte ein frisches Hähnchen fürs Mittagessen kaufen. Nach Betreten des Ladens zeigte sich, daß sie noch mehr wollte. Sie wollte nicht unnötig warten, falls kein Hähnchen auf Lager war, und sie wollte die Wartenden nicht verärgern, indem sie sich vordrängelte oder diesen Eindruck erweckte.
Welche Fehler beging sie bei ihrem Versuch, ihre Wünsche wahr werden zu lassen?
Zunächst drückte sie sich undeutlich und somit mißverständlich aus. Sie fragte nur nach einem Hähnchen, nicht nach einem frisch geschlachteten. Die Verkäuferin beantwortete diese Frage wahrheitsgemäß.
Eine solche sprachlich undeutliche Ausdrucksweise schafft in der Kommunikation allgemein viel Verdruß.
Als nächstes ignorierte sie die unangenehmen Gefühle, die in ihr aufstiegen, als sie die Schlange der Wartenden überholte. Sie versäumte es, den Wartenden eine Information darüber zu geben, daß sie nur fragen, nicht aber sich vordrängeln wollte. Dadurch geriet sie in innere Konfusion. Sie hatte nämlich eine Regel verinnerlicht, die ihr befahl, sich nicht vorzudrängen. In der Folge ging alles schief. Sie nahm sich nicht mehr die Zeit, bei der Verkäuferin nachzufragen, ob die Hähnchen wirklich frisch seien. Die Vermutung, daß die Wartenden auf sie sauer seien, weil sie sich vorgedrängt hatte, erzeugte in ihr Angst. Nun war sie erst recht nicht mehr in der Lage, nachzufragen.
Das Ergebnis dieser unglückseligen Verkettung war, daß sie nichts von dem bekam, was sie ursprünglich wollte. Als sie den Laden verließ, war sie ärgerlich auf sich selbst, auf die Verkäuferin und fühlte sich „klein und doof“. Dieses Gefühl hängt eng mit ihrem Selbstwertgefühl zusammen, das durch diese mißglückte Kommunikation empfindlich verletzt worden war.

Unser Beispiel hat gezeigt, daß Kommunikation auf gewissen Voraussetzungen beruht, mit denen wir uns im folgenden näher beschäftigen wollen.

Ich beziehe mich hier auf menschliche Kommunikation. Selbstverständlich kommunizieren auch Tiere sowohl untereinander als auch mit dem Menschen und umgekehrt. Sogar Pflanzen wird eine gewisse Kommunikationsfähigkeit nicht abgesprochen. Dies behaupten nicht nur Pflanzenliebhaber, die ihren Lieblingen manchmal sogar Schlaflieder vorsingen und Gedichte aufsagen, sondern auch die Wissenschaft. So sollen Pflanzen für den Menschen unhörbare Schreie ausstoßen, wenn sie abgeschnitten werden.
Nun zu den Voraussetzungen menschlicher Kommunikation:

a. Wer ist an der Kommunikation beteiligt?
In unserem Beispiel die Frau, die Verkäuferin, die anderen Kunden.
Für den Verlauf einer Kommunikation spielt unter anderem auch das Geschlecht der Beteiligten eine Rolle. Frauen verhalten sich ebenso wie Männer in Gegenwart von Angehörigen des eigenen Geschlechtes anders als in Gegenwart von Personen des anderen Geschlechtes. Verbale und nonverbale Aussagen variieren beträchtlich je nach Geschlechtszugehörigkeit. Hauptakteure sind in unserem Beispiel zwei Frauen, die Kundin und die Verkäuferin. Nebenakteure sind die anderen, bereits wartenden Kunden. Ihre Anwesenheit hat einen wesentlichen Einfluß auf die Kommunikation zwischen den beiden Hauptakteurinnen. Wir haben leider keine Angaben über das, was tatsächlich in den anderen Wartenden vorgeht. Hier klafft eine Lücke, die aber sofort von Vermutungen geschlossen wird. Die Vermutung der einkaufenden Frau: Die anderen sind böse auf mich, weil ich mich vordränge. Solche Vermutungen, was ein anderer denken oder fühlen könnte bzw. wie er handeln wird, spielen in jedem Kommunikationsprozeß eine wichtige Rolle. Besonders stark treten sie bei mißglückten Kommunikationsversuchen in Erscheinung.
Über die Verkäuferin haben wir nur eine konkrete Information: ihre Aussage, daß Hähnchen vorhanden sind. Alles andere, was die Frau über sie sagt, z.B. der strafende Blick, ist ebenfalls eine Vermutung, da die Wahrnehmung nicht etwa durch Fragen überprüft wird.
Hier streifen wir einen wichtigen Punkt: Viele Wahrnehmungen, die wir machen, sind nicht eindeutig. Das gilt sowohl für die Bedeutung von Worten als auch in noch viel größerem Ausmaß für die sogenannte „Körpersprache". Wenn uns die Bedeutung einer Information unklar ist, neigen wir dazu, zu vermuten, was wir nicht wissen. Für eine klare, unmißverständliche Kommunikation ist es unumgänglich, stets nachzufragen, wenn wir etwas nicht verstehen. Vermutungen sind ebenso wie unklare Informationen allgegenwärtig. Wenn Sie Ihre Kommunikation verbessern wollen, misten Sie diesen Augiasstall aus. Wagen Sie es, der Wahrheit ins Auge zu sehen, auch wenn sie bisweilen weh tun kann.

b. Wie findet Kommunikation statt?

Wir haben schon angedeutet, daß jede Handlung in einer zwischenmenschlichen Situation etwas signalisiert. In unserem obigen Beispiel finden Sie z.B. Worte, die beschreiben, daß jemand etwas tut: in einem Raum stehen, etwas kaufen wollen, warten, fragen, jemandem einen Blick zuwerfen, etwas sagen, denken, weggehen. Die Möglichkeiten, sich anderen gegenüber in Worten, mit Gestik oder Handlungen auszudrücken, sind unendlich.

Die Kommunikation beginnt damit, daß zwei oder mehr Menschen zusammentreffen. Alles, was jemand dann tut oder auch nicht tut, gehört zur Kommunikation. Es ist für Menschen unmöglich, nicht miteinander zu kommunizieren, wenn sie zusammen sind. Schon die bloße Anwesenheit eines Menschen beeinflußt das Verhalten des anderen und wird von ihm in spezifischer Weise interpretiert.

Beispiel: Zwei Menschen sind in einem Raum mit dem Auftrag, keinen Kontakt zueinander aufzunehmen. Sie wissen aber nicht, daß der andere den gleichen Auftrag hat. Jeder der beiden Beteiligten wird sofort Vermutungen über den anderen anstellen, auch wenn dieser keinen Mucks macht. Außerdem wird die Gegenwart des anderen in ihm bestimmte Gefühle erwecken, körperliche Reaktionen hervorrufen usw.

Welche Arten von kommunikativem Verhalten gibt es?

Manche Verhaltensweisen liegen auf der sprachlichen Ebene (z.B. Fragen), andere sind nichtsprachlich (z.B. Zwinkern). Viele von diesen Handlungen sind unbewußt. So mag mir klar sein, daß ich spreche, aber der Tonfall meiner Stimme und das, was er ausdrückt, ist mir nicht bewußt. Ein zweites Beispiel: Ich weiß, daß ich jemanden ansehe und dabei eine angenehme Erregung verspüre, aber nicht, daß sich dabei meine Pupillen erweitern.

Nochmals anders gesagt: Wir drücken Bewußtes, aber auch Unbewußtes sowohl über die Sprache als auch über unseren Körper aus. Jede Handlung, ob verbal oder nonverbal, ob bewußt oder unbewußt, ist beeinflußt durch die bisherigen Erfahrungen des Betreffenden, durch sein erworbenes Wissen, seine Gefühle, seine Erfolge und Niederlagen in der Vergangenheit sowie durch seine Erwartungen zum gegenwärtigen Zeitpunkt.

Unterlassene Handlungen enthalten ebenso eine Aussage wie durchgeführte. In beiden Fällen werden Regeln gesetzt, die das künftige Verhalten der miteinander Kommunizierenden in bestimmter Weise beeinflussen und einschränken.

Beispiel: Nehmen wir den Fall, Ihr Nachbar geht grußlos an Ihnen vorbei. Ihr künftiges Verhalten wird davon beeinflußt sein, gleichgültig, ob er das immer schon so getan hat oder ob es zum ersten Mal passiert. In jedem Fall enthält dieses Verhalten für sie eine Botschaft. Im ersten Fall vielleicht die, daß er noch immer nicht das Grüßen gelernt hat. Im zweiten Fall überlegen Sie sich möglicherweise, was Sie ihm getan haben, daß er Sie heute ignoriert. Welche Reaktion auch immer Sie haben mögen, sie wird einen Zusammenhang mit dieser Begegnung haben. Wenn Sie dann diesen Mann das nächste Mal sehen, ist Ihr Verhältnis zu ihm ein anderes, als wenn Sie ihm zum ersten Mal begegnen. Es ist durch die Erfahrungen geprägt, die Sie beim letzten Zusammentreffen mit ihm gemacht haben.

c. Kommunikationskanäle

Als solche dienen vor allem unsere drei Hauptsinne, Sehen, Hören und Fühlen; das letztere nennen wir auch den kinästhetischen Sinn. Unterschiede im Denken korrespondieren mit Unterschieden in diesen Sinnen. Wenn zwei Menschen versuchen, sich miteinander zu verständigen, ist das, was dabei herauskommt, auch davon abhängig, welcher Kanal die Wahrnehmung gesteuert hat. Im allgemeinen hat ein Kanal - auch repräsentatives System genannt, weil er eine bestimmte Art der Wahrnehmung repräsentiert - das Übergewicht. Das heißt, der Betreffende verwendet dieses System bevorzugt bei seiner Kommunikation mit anderen.

Unterschiede in den Repräsentationssystemen können Ursache von Verständnisproblemen sein.

Ein Beispiel: Ich frage: „Warst du gestern im Garten?"

Befindet sich jemand in seinem visuellen System, wird er auf diese Frage den blühenden Garten mit Blumen, Sträuchern und Bäumen vor sich sehen, vielleicht auch die Brennesseln oder den Komposthaufen.

Ein anderer ist in seinem auditiven System. Er hört die Bienen summen, den Wind wehen und die Kinder lachen.

Der dritte befindet sich im kinästhetischen System. Er fühlt die Wärme des Bodens, auf dem er lag, fühlt den Wind seine Backe berühren und spürt die Wärme der Sonne auf seiner Haut.

Je nach dem Kommunikationskanal, der die Wahrnehmung steuert, erlebt der Mensch Verschiedenes bei der gleichen Frage. Ich kann den anderen aber nur dann verstehen, wenn ich mich in dasselbe System begebe. Dies pflegen Leute, denen man eine gute Einfühlung in den anderen nachsagt, offenbar automatisch zu tun. Es ist aber auch dem Durchschnittsmenschen möglich, Einfühlung zu lernen, indem er auf die jeweiligen Repräsentationssysteme achtet. Worte und Augenbewegungen können ein Hinweis darauf sein, wo sich jemand gerade befindet: in der Welt der Bilder, der Laute oder des Gefühls.

Daß die verschiedenen Kanäle von Menschen in unterschiedlicher Weise benutzt werden, hat mit kulturellen Vorschriften, aber auch mit individuellen Fähigkeiten und Erfahrungen zu tun. Welchen Kanal jemand gerade verwendet, hat, wie wir oben erläutert haben, Einfluß auf seine Art des Denkens, auf seine Wortwahl und seine Art der Kommunikation. Kommt die Information über das Auge oder das Gefühl, wird sie in anderer Weise verarbeitet, als wenn sie über das Ohr kommt. Ich kann z.B. mit den Augen blitzschnell einen ganzen Raum und alles, was in ihm vorgeht, erfassen. Das Ohr hingegen kann nur ein Wort nach dem anderen aufnehmen. Die Entschlüsselung der Bedeutung von Worten braucht mehr Zeit, die Reaktion erfolgt langsamer. Kommt eine Information über das Gefühl, brauche ich ebenfalls Zeit, um zu entschlüsseln, was jetzt gerade in meinem Körper vorgeht.

Diese Tatsache schafft oft genug Verwirrung, wenn sich zwei unterhalten. So kann jemand, der gerade seine Augen, also sein visuelles System benutzt, zu falschen Schlüssen kommen, wenn er mit jemandem kommuniziert, der eben über die Ohren aufnimmt. Er könnte z.B. meinen, der andere höre ihm nicht zu. Er sieht ja nur die geschlossenen Augen des intensiv Lauschenden oder nimmt wahr, daß der Zuhörende ihn nicht ansieht, sondern in irgendeinen Winkel des Zimmers starrt. Da er sich gerade im visuellen Repräsentationssystem befindet, will er *sehen,* daß ihm der andere zuhört. Dies wäre für ihn dann gegeben, wenn er ihn, sein Gegenüber, ansieht oder auf seinen sprechenden Mund schaut. Zusätzlich wird die Kommunikation vielleicht dadurch noch erschwert, daß der Sprechende die Regel im Hinterkopf hat, daß man einem Menschen ins Gesicht sehen sollte, wenn man mit ihm spricht. So fühlt er sich doppelt durch das Verhalten des Lauschenden brüskiert.

Für den Zuhörer, der gerade mit den Ohren aufnimmt, sieht die Sache wiederum ganz anders aus. Da die Töne ja überall im Zimmer vernehmbar sind, kann er hingucken, wohin er will. Besonders gut kann man bekanntlich zuhören, wenn die Augen geschlossen sind. Würde er also sein Gegenüber ansehen, ginge ihm durch die damit verbundene Ablenkung viel verloren, was er auf dem Weg des Hörens aufnimmt.

Mißverständnisse und Fehldeutungen dieser Art sind ebenso häufig wie tragisch. Jeder tut ja sein Bestes, um den anderen zu verstehen, und schafft es trotzdem nicht!

Ein weiteres Beispiel: Jemand befindet sich im kinästhetischen System. Er versäumt es regelmäßig, seinem Partner zu sagen, was er anders haben möchte. Seiner Empfindung nach müßte es der ja ohnedies fühlen. Dies kann manchmal durchaus der Fall sein. Häufiger aber wird ein solches Vorgehen in Enttäuschung enden, ganz sicher immer dann, wenn sich der Partner in einem anderen Repräsentationssystem befindet.

Glücklicherweise gibt es einen Ausweg aus dem Dilemma. Er heißt *Metakommunikation.*

Unter Metakommunikation ist zu verstehen, daß sich Gesprächspartner

über die Art oder den Inhalt einer bestimmten Kommunikation unterhalten. In unserem Fall könnte z.B. einer den anderen fragen, weshalb er die Augen geschlossen hat, wenn er angeredet wird. Darauf würde der Fragende die Antwort erhalten, daß sein Zuhörer auf diese Weise besonders gut und genau hören und verstehen kann, was gesagt wird.
Metakommunikation ist auch, über die Gefühle zu sprechen, die die Handlungen des Partners auslösen. Er sagt also einfach, daß er sich ärgert, wenn ihn der andere nicht ansieht. Eine solche Gefühlsäußerung bietet dem Partner Gelegenheit zur Erklärung. In jedem Fall ist es mit Hilfe der Metakommunikation möglich, die sofort kräftig wuchernden Vermutungen, warum der andere etwas tut, im Zaum zu halten. Mißverständnisse werden auf diese Weise möglichst klein gehalten.

d. Signale
Wie schon erwähnt, werden bei der Kommunikation bewußte und unbewußte Signale in Worten und durch körperliches Ausdrucksverhalten ausgesendet.
Beispiel: Ein bewußtes sprachliches Signal. Der Nachbar trifft Sie auf der Straße und sagt: „Nett, Sie zu sehen."
Ein bewußtes nichtsprachliches Signal: Der Nachbar breitet bei Ihrem Anblick die Arme aus.
Ein unbewußtes nichtsprachliches Signal: Seine Pupillen erweitern sich bei Ihrem Anblick.
Diese Signale werden im allgemeinen gleichzeitig gegeben und können sowohl miteinander übereinstimmen als sich auch widersprechen. Stimmen die Signale überein, ist die Kommunikation klar und eindeutig.
Widersprechen sich die Signale, ist die Kommunikation konfus oder doppelbödig. Besonders häufig ist ein Widerspruch zwischen Worten und Körperausdruck. Jemand sagt z.B. ja und schüttelt dabei den Kopf.
Für einen unabhängigen und selbstsicheren Menschen, der gelernt hat, nachzufragen, wenn ihm etwas unklar ist, ist das vorerst kein Problem. Er greift zur Metakommunikation und äußert sich etwa so: „Ich sehe, daß du den Kopf schüttelst, während du ja sagst. Ich weiß jetzt nicht, was du meinst. Meintest du eben ja oder nein?"
Ich habe absichtlich eine besonders ausführliche Antwort gewählt, um mich so klar wie möglich auszudrücken. Eine Kurzform wäre: „Meinst du tatsächlich ja?" oder: „Ich verstehe nicht ganz: meintest du ja oder nein?"
Der Sprecher wird durch eine solche Frage aufgefordert, seine Äußerung klarer zu machen. In vielen Fällen wird er das tun, es sei denn, er hat ein unbewußtes Interesse daran, Verwirrung zu stiften.
Dies ist in einer Beziehung, die durch Selbstunsicherheit und Abhängigkeit gekennzeichnet ist, der Fall. Unklare Kommunikation erfüllt hier eine

wichtige Aufgabe. Sie schützt die Kommunizierenden davor, der Wahrheit über sich und ihre Beziehung ins Auge zu sehen und dient dazu, Angst zu vermindern. Weiterhin dienen inkongruente Äußerungen auch dazu, Aggressionen zu vermeiden und Streit aus dem Weg zu gehen. Sollte es doch zu einem Streit kommen, geht es nicht um den wirklichen Streitpunkt oder um die Festlegung von Regeln, sondern um Nebensächlichkeiten, bei denen sich jeder bedeckt halten kann. Dies schützt ihn davor, sich dem anderen so zu zeigen, wie ihm wirklich zumute ist: klein, ängstlich und liebesbedürftig. Dahinter steht die Angst, nicht so geliebt zu werden, wie man ist.

Doppelbödige Botschaften führen dann zu krankhaften Erscheinungen, wenn jemand ihnen lange Zeit ausgesetzt ist ohne die Möglichkeit, ihnen zu entfliehen oder sie zu durchschauen. Das heißt, daß ein Verbot existiert zu fragen, was wirklich gemeint ist. Außerdem muß die Person, die auf solche Art kommuniziert, für den Betreffenden wichtig sein. Derlei Bedingungen finden wir vor allem bei Kindern vor, die inkongruenter elterlicher Kommunikation ausgesetzt sind.

Eltern sind für Kinder von lebenswichtiger Bedeutung. Kinder können sich nicht leisten, elterliche Handlungen zu ignorieren. Somit stehen sie vor der unlösbaren Aufgabe, Forderungen nachzukommen, die miteinander nicht vereinbar sind.

Beispiel: Das Kind ist Zeuge einer Meinungsverschiedenheit zwischen Vater und Mutter. Die Eltern gehen zornig auseinander. Die Mutter zeigt in ihrer Haltung, daß sie betrübt ist. Das Kind will seine Mutter trösten und spricht an, was eben passiert ist: „Jetzt hast du aber ordentlich mit Papi gestritten!" Darauf die Mutter: „Was du nur denkst! Papi und ich verstehen uns prima."

Hintergrund dieser Äußerung ist die Meinung der Mutter, Streiten sei etwas Schlechtes und Streiten vor den Kindern abzulehnen. Sie möchte also ihr Kind schützen, indem sie eine tatsächliche Erfahrung als ungeschehen erklärt. Sie verleugnet den Streit mit ihrem Mann vor sich selbst und vor dem Kind. Das Kind weiß nun nicht, welcher Wahrnehmung es trauen soll, seinen eigenen Augen und Ohren oder der Aussage der Mutter. Mit ihrer Haltung drückt sie aus, daß sie traurig ist, und mit Worten bestreitet sie das gleichzeitig.

Das Kind ist jetzt in einer sogenannten *Beziehungsfalle* oder einem *double bind* gefangen. Kommunikationsformen, bei denen sich bewußte und unbewußte Signale widersprechen, sind häufige Ursache für körperliche und seelische Störungen bei Familienmitgliedern.

Ein anderes Beispiel für eine Beziehungsfalle, das gerne in der Literatur verwendet wird: Eine Frau schenkt ihrem Mann zwei Krawatten. Er bindet eine um. Darauf sagt seine Frau: „Die andere gefällt dir wohl nicht!"

Wenn Eltern Probleme mit Kindern haben, liegt der Schluß nahe, daß ihr Erziehungsverhalten inkongruent ist. Beispielsweise tadeln sie zwar mit Worten das Verhalten der Kinder, aber in ihrem Ausdruck lassen sie erkennen, daß es ihnen gefällt. So könnte eine Mutter, die sieht, daß der Sohn die Tasche der Tante in die Regentonne wirft, lächeln und sichtlich angetan sagen: „Tommi, du bist wirklich ein unmöglicher Kerl. Geh sofort zu Tante Ida und entschuldige dich für dein böses Benehmen."
Ebenso doppelbödig ist das Verhalten der Mutter, die einfach zusieht, wie das Kind die Tasche wegwirft, und nichts dagegen unternimmt. Erst wenn die Tante bemerkt, was geschehen ist, und schimpft, sagt sie zum Sohn: „Was hast du dir denn dabei gedacht?"
In einer anderen Variante wendet sich die Mutter, nachdem sie das Kind ausgeschimpft hat, der Tante zu und erklärt dieser, Kinder seien eben so, da könne man nichts machen.
Oder die Mutter drängt das Kind, nett zu Tante Ida zu sein, spricht aber in deren Abwesenheit ständig in verächtlicher Weise über sie.
Die Entwicklung von Kindern, die lange Zeit solchen doppelbödigen Botschaften ausgesetzt sind, ist ernsthaft gefährdet.
Was immer sie tun, sie sind nie in der Lage, es richtig und ihren Eltern recht zu machen.
Da sie nicht erkennen können, daß der Grund für ihren Konflikt in der Art der Botschaft verborgen ist, werden sie sich selbst dafür verantwortlich machen. Sie entwickeln das Gefühl, daß sie nie etwas richtig machen können oder daß sie böse und schlecht sind, weil sie die Wünsche ihrer Eltern nicht erfüllen.
Sie bemühen sich, dem Konflikt zu entkommen, indem sie einen Teil der Botschaft ignorieren. So erziehen sie sich dazu, schlecht zu hören, zu sehen oder Gefühle nicht wahrzunehmen.
Wenn ein Kind seine eigene Wahrnehmung verbiegt, wird es jetzt und in aller Zukunft Schwierigkeiten haben, mit der realen Welt zurechtzukommen. Für die Lösung von Konflikten fehlt ihm ein passendes Vorbild. Ein Lösungsversuch können auch verschiedene Symptome sein, wie etwa Krankheiten oder Verhaltensstörungen, die in verschlüsselter Form auf seine seelische Notlage aufmerksam machen.

e. Verarbeitung der Signale

Was immer jemand sendet, es landet bei einem lebenden Organismus, der die Botschaft erst entschlüsseln muß. Die Fähigkeiten eines Menschen als Übersetzer hängen von verschiedenen Faktoren ab. Diese Faktoren sind veränderlich und gelten immer nur für den gegenwärtigen Zeitraum. Sie umfassen die bisherigen Erfahrungen eines Menschen, seine momentane Gefühlslage, seine gegenwärtigen intellektuellen, seelischen, geistigen und körperlichen Fähigkeiten. Sie werden beeinflußt von der Art der Beziehung, die zwischen den Kommunizierenden besteht, sowie von den Erwartungen, die jemand in bezug auf eine Botschaft und deren Sender hegt. Sie sind nicht zuletzt abhängig vom Selbstwertgefühl beider. Wir ersehen daraus, daß es sich um einen fließenden, sich ständig verändernden Prozeß handelt.

f. Kommunikation und Gefühle

Wenn Sie sich selbst ein wenig beobachtet haben, werden Sie wissen, daß Kommunikation zwischen Menschen mit Gefühlen verbunden ist. Auch Aussagen auf der vermeintlich sachlichen Ebene rufen oft unvermutete und dann gern als störend betrachtete Gefühle hervor. Dies liegt meist nicht am Inhalt der Nachricht, sondern an der Art, wie sie übermittelt wird, aber auch wie sie von uns entschlüsselt wird.

Dazu müssen wir wissen, daß Kommunikation neben der Übermittlung von Nachrichten vor allem dazu dient, unseren eigenen Selbstwert zu bestätigen. Dieser Punkt wird von Virginia Satir besonders hervorgehoben. Ein hoher Selbstwert steigert die Fähigkeit zu klarer und eindeutiger Kommunikation. Gleichzeitig wird mit jeder als gelungen empfundenen Kommunikation der Selbstwert gestärkt.

Je geringer der Selbstwert eines Menschen ist, um so eher wird er doppelbödige Botschaften aussenden. Fehlgelaufene Kommunikationen vor allem mit Menschen, die uns gefühlsmäßig nahestehen, rufen wiederum verstärkt Selbstzweifel und Minderwertigkeitsgefühle hervor.

Virginia Satir hat vier universell gültige Verhaltensmuster beschrieben, die dann eingesetzt werden, wenn das Selbstwertgefühl in Gefahr gerät. Sie alle führen zu einer unklaren, verletzenden und verwirrenden Kommunikation.

Wir wollen sie hier Streßmuster nennen. Ihr Hauptzweck ist, die eigene Schwäche vor dem anderen zu verbergen.

1. Beschwichtigen. Dieses Muster soll verhindern, daß der andere ärgerlich wird und angreift. Der Beschwichtiger sagt zu allem ja, stellt keine eigenen Forderungen, setzt sich selbst herab.

2. Anklagen. Der Ankläger glaubt ebenfalls nicht, daß er etwas wert ist. Er verbirgt seine Schwäche hinter Fehlersuchen und Abkanzeln anderer. So lenkt er die Aufmerksamkeit von sich auf die Fehler anderer.

3. Rationalisieren. Der Selbstwert wird in diesem Fall durch große Worte geschützt. Der Rationalisierer hat angeblich alles im Griff. Auftretende Gefühle werden ignoriert.

4. Ablenken. Der Ablenker ignoriert die Bedrohung seines Selbstwertes. Was immer er tut und sagt, es hat keinen Zusammenhang mit den Handlungen eines anderen.

Diesen ungünstigen Mustern steht das Modell einer kongruenten Kommunikation gegenüber. Körperliche und verbale Aussage stimmen in diesem Fall überein. Gefühle werden ausgedrückt, nicht verleugnet, und die Verantwortung für sie wird übernommen. Fehler sind erlaubt. (Siehe V. Satir, *Selbstwert und Kommunikation,* S. 81–103.)

Der Körper und seine Bedeutung für die Kommunikation
Menschen kommunizieren miteinander über ihren Körper. Für die Qualität der Kommunikation ist einmal entscheidend, wie gut dieser Körper funktioniert. Denken Sie daran, wie sehr Kommunikation z.B. durch nicht funktionierende Sinnesorgane oder andere Behinderungen blockiert oder erschwert wird.
Ebenso entscheidend ist es aber auch, wie ein Mensch mit seiner kommunikativen Grundausstattung umgeht. Auch hier können sich unzählige Störungen einschleichen, selbst wenn alle körperlichen Voraussetzungen für eine gelungene Kommunikation gegeben sind.
Die in den Körper eingebauten Sinnesorgane dienen, wie schon erwähnt, als Kommunikationskanäle. Wir haben Augen, um zu sehen und Blicke auszusenden, Ohren, um zu hören, eine Zunge, Kehlkopf und Stimmbänder, um zu sprechen, eine Nase, um zu riechen, den Geschmackssinn, um zu schmecken. Unseren Körper umschließt ein hochsensibles Kontaktorgan, die Haut, mit der wir berühren und uns berühren lassen können. Wir haben Gesichtsmuskeln, mit denen eine bestimmte Mimik erzeugt wird. Wir können die Stirn runzeln, die Nase rümpfen, den Mund verziehen, die Augen aufreißen oder schließen, die Zähne fletschen und sogar die Ohren spitzen. Wir haben Arme und Beine, die sehr aussagekräftig sind. Wir können gestikulieren, die Hände ringen, die Arme verschränken, zurückweichen, weggehen, uns wegdrehen, uns zuwenden, die Arme ausbreiten, die Finger spreizen, jemanden abwehren und vieles mehr. Wir verfügen über ein Gehirn, das Nachrichten und Erinnerungen sammelt und bei Bedarf bereitstellt.
Darüber hinaus können sämtliche Organe unseres Körpers auf Kommunikation in bestimmter Weise antworten. Auf entsprechende Nachrichten kann unser Magen schmerzen, unser Verdauungssystem mit Durchfall oder Verstopfung reagieren. Der Mund kann austrocknen, das Herz unregelmäßig schlagen, der Blutdruck ansteigen oder abfallen. Solche Prozesse sind in engster Weise mit den Gefühlen verbunden, die durch Nachrichten, die wir empfangen, in uns entstehen. Welche Gefühle ich habe,

hängt von meinen Werten und Erwartungen in einer bestimmten Situation ab.
Schon im Mutterleib kommuniziert das Ungeborene mit seiner Mutter und anderen Menschen, deren Stimmen es häufiger hört. Das Baby reagiert auf Gedanken und Gefühle seiner Mutter. Es kennt sowohl ihren Herzschlag als auch ihre Stimme. Man hat diese kommunikativen Möglichkeiten zwischen Mutter und Fötus auch dazu eingesetzt, um die Lage der Kinder im Mutterleib zu verändern. Dies ist für Mütter interessant, deren Kinder sich nicht in der für die Geburt günstigen Kopflage befinden. Die Mütter legen dabei die Hände auf den Bauch und konzentrieren sich ganz auf das Kind. Sie versuchen es auf liebevolle Weise dazu zu bewegen, sich zu drehen.
Wenn das Kind auf der Welt ist, lernt es durch die Art der Kommunikation, die zwischen seinen Eltern und ihm sowie in seiner Familie allgemein stattfindet, was es selbst wert ist, was es mit der Welt anfangen kann, wie es seine Fähigkeiten einsetzen kann und welche Fähigkeiten es überhaupt hat. Es lernt, was erlaubt und was verboten ist, was seine Bezugspersonen erfreut und ärgert, wie es sich im Geschwister- und Freundeskreis verhalten muß, um anerkannt zu werden. Kurz, es lernt alles, was es braucht, um zu überleben. Wir wissen schon aus einem früheren Kapitel, daß Kinder, deren Kommunikation rigide eingeschränkt wird, nicht überleben. Ich erinnere an René Spitz' Untersuchungen in Säuglingsheimen und an das Experiment, das die Herkunft der Sprache klären sollte.
Immer bringen Worte oder Gesten, die unser Gegenüber verwendet, etwas in uns zum Schwingen, das in uns in Form von Erfahrungen gespeichert ist. Es können angenehme oder unangenehme Erinnerungen sein, sie können uns bewußt sein oder auch nicht. Es gibt Ehepaare, die ihr ganzes Leben lang mit einem Schatten kommuniziert haben und nicht mit dem leibhaftigen Menschen, der ihnen als Frau oder Mann gegenübersitzt. Dies passiert deshalb, weil durch irgendeine Ähnlichkeit im Aussehen oder Wesen eine intensive Erinnerung an einen anderen hervorgerufen wird. Wünsche oder Ängste können hierbei eine mächtige Rolle spielen. Wer einer solchen Fata Morgana erliegt, spricht nicht zu seinem konkreten Gegenüber, sondern zu einem Bild, das sich aus der Vergangenheit über die reale Person gelegt hat. Gefühle tauchen auf, die dem Vater, der Mutter oder sonst einer wichtigen Figur von früher gelten. Gleichzeitig entstehen Vermutungen, was der andere tun und empfinden wird. Diese Vermutungen werden nicht überprüft. Der Betreffende glaubt schon zu wissen, was im anderen vorgeht. Wenn so etwas passiert, sitzen beide in der Falle. Die Kommunikation läuft aus dem Ruder.

Fassen wir zusammen, was wir bisher über den Verlauf der Kommunikation wissen.
In Kurzform können wir menschliche Kommunikation folgendermaßen umschreiben:
Wer teilt wem wie was mit?
Wir haben einen Sender und einen Empfänger. Es gibt eine Nachricht über etwas - über einen Gegenstand, eine Person oder was auch immer.
Um eine Nachricht zu übermitteln, verwenden wir Worte oder die Körpersprache. Die Nachricht kommt zu uns über die sogenannten Kommunikationskanäle. Sie beeinflussen unser Denken sowie die Bedeutung, die wir der übermittelten Nachricht beimessen, und die Wortwahl.
Für den, der die Nachricht sendet, hat diese eine bestimmte Bedeutung, die davon abhängig ist, in welchem sinnlichen Repräsentationssystem er sich gerade befindet. Für den Empfänger der Nachricht gilt dies ebenfalls. Die Bedeutung einer Nachricht kann also sehr unterschiedlich sein. Mit viel Glück ist sie manchmal für alle Beteiligten gleich.
Kommunikation findet immer statt. Es ist nicht möglich, nicht zu kommunizieren.
Kommunikation verändert die Beziehung zwischen Sender und Empfänger.
Durch inkongruente Kommunikation entstehen unter bestimmten Bedingungen dauerhafte Störungen.

Wir haben uns bisher vor allem mit den Kommunikationsproblemen befaßt, die bei der Übermittlung von Signalen der Körpersprache auftreten. Da diese Signale oft vieldeutig und widersprüchlich sind, kommen Irrtümer beim Entschlüsseln der Botschaft häufig vor. Die Verständigung über die Wortsprache ist aber leider auch nicht so klar, wie wir dies gern hätten. Dies wird uns sofort einleuchten, wenn wir uns nun ein bißchen mit der Sprache beschäftigen.

Worte und ihre Bedeutung

Ein Wort, das Onkel Rudi sagte
und Tante Emma nicht behagte,
ein kleines Wort, wie Donnerschlag,
zersprengte den Familientag.
Helmuth Högfeld

Ein Wort ist nicht das, was es beschreibt, sondern nur ein Symbol dafür oder eine Abstraktion. Es ist die Repräsentation einer Erfahrung, die jene, die die Sprache entwickelten, öfter machten und die für sie wichtig genug war, um sie in ein Wort umzusetzen.

Worte spiegeln also das bisher angesammelte Wissen einer Sprachgemeinschaft über die Welt, in der sie lebt. Es ist daher nicht verwunderlich, daß beispielsweise Eskimos mehr Ausdrücke für den Schnee haben als Bewohner einer tropischen Region Afrikas. In ähnlicher Weise entwickeln sich Fachsprachen. Ihre Ausdrucksweise wird von den Nichteingeweihten dann gern als „Fachchinesisch" bezeichnet.

Nicht alle menschlichen Erfahrungen können in Worten ausgedrückt werden, da nur ein Teil davon einen Namen bekommen hat. Was aber keinen Namen hat, kann auch nicht benannt werden. Es ist daher nicht möglich, alles, was jemand erlebt und empfindet, in Worten mitzuteilen. Diese Tatsache führt oft zum Gefühl der Sprach- und Hilflosigkeit. Dies gilt besonders für Bereiche, die von der Gesellschaft tabuisiert sind. So gibt es für viele sexuelle Erfahrungen nur Ausdrücke aus der Vulgärsprache oder der medizinischen Fachsprache.

Auch gesellschaftliche Entwicklungen lassen sich an Worten ablesen. Ich erinnere an das Wort Fräulein, eine Verkleinerung, die einiges über die Stellung der Frau aussagt. Es gibt für den männlichen Bereich kein Gegenstück, kein Herrlein, allenfalls ein Männlein - ein Wort, dessen herabsetzende Qualität jedem unmittelbar klar wird. Inzwischen ist das Fräulein auf dem Amtsweg gestrichen worden, offizielle Anrede auch junger, unverheirateter Frauen ist nun Frau.

Von vielen Bezeichnungen von Ämtern und Würden existierten lange Zeit keine weiblichen Formen. Es gab die Frau Bürgermeister, die Frau Lehrer, die Frau Stadtrat. Inzwischen gibt es interessante Wortschöpfungen, die die veränderte gesellschaftliche Position der Frau berücksichtigen. So hat die Berliner Tageszeitung das Wort LeserInnen geschaffen. Dies ist in meinen Augen eine geradezu salomonische Lösung. Wie die LeserInnen sicher schon bemerkt haben, verwende ich gelegentlich ebenfalls diese Form.

Das gleiche Wort kann außerdem unterschiedliche Dinge bezeichnen. Solche Worte heißen Homonyma. Der Paternoster ist im profanen Gebrauch ein Endlosaufzug, *das* Paternoster, im kirchlichen Wortgebrauch, ein Vaterunser. Das Wort Hahn z.B. kann ein männliches Haushuhn, einen Familiennamen oder mechanische Teile an einer Rohrleitung oder einer Schußwaffe kennzeichnen. Die Lerche und die Lärche: allein dem Klang nach gibt es keinen Unterschied zwischen dem Vogel und dem Baum. Welche Bedeutung gemeint ist, ergibt sich - im Gespräch - erst aus dem Zusammenhang, in dem das Wort verwendet wird. Der Witz lebt unter anderem auch vom Wortspiel - davon, daß Homonyma in unterschiedlichen Bedeutungszusammenhängen gebraucht werden. Im täglichen Leben kommt es gelegentlich zu Verwechslungen und damit zu Konfusionen in der Kommunikation.

Neben der Hauptbedeutung eines Wortes hat es noch diverse Nebenbedeutungen, die ebenfalls zu Mißverständnissen führen können. So ist eine Mutter in der Hauptbedeutung eine Frau, die Kinder hat. Eine Mutter kann aber auch der Teil einer Schraube sein, in den diese hineingedreht wird. Neben diesen Hauptbedeutungen verstehen wir unter Mutter in der Nebenbedeutung einen Menschen, der uns Wärme, Geborgenheit, etwas zu essen etc. gibt. Diese Nebenbedeutung wird aber nicht von allen Menschen vorbehaltlos geteilt. Ein Kind, das von seiner Mutter geschlagen und gequält worden ist, wird ihr eine andere Nebenbedeutung zuordnen als die oben angeführte.
Wird aus Worten ein Satz gebildet, so geht dessen Bedeutung über die Summe der Bedeutungen der Wörter, die in diesem Satz versammelt sind, hinaus. Schauen wir uns den kurzen Satz an, den ein Mann seiner Frau an den Kopf wirft: „Du Huhn!“
Die Bedeutung dieser Aussage ist nur aus dem Zusammenhang verständlich. Nehmen wir an, dieser Mann hat sich über seine Frau geärgert, weil sie etwas für ihn Wichtiges vergessen hat.
In diesem Fall steht das Wort Huhn für eine bestimmte Eigenschaft, die Hühnern zugeschrieben wird, nämlich Gedankenlosigkeit. Er setzt seine Frau also einem Huhn gleich, was ihr Denkvermögen betrifft.
Der Satz: „Du Huhn!“ ist außerdem eine Verkürzung. Wird der Mann gebeten zu sagen, was er sich bei diesem Satz gedacht hat, sagt er seiner Frau: „Du hast ein Hirn wie ein Huhn.“
Auch dieser Satz beschreibt nur unvollständig, was in ihm vorgeht. Es fehlt, daß sich der Sprecher ärgert, ebenso das, was er von seiner Frau möchte. Die Aussage ist indirekt vorwurfsvoll und gleichzeitig verletzend. Für eine klare Kommunikation müßte die Aussage des Mannes in etwa folgendermaßen lauten: „Ich ärgere mich, weil du vergessen hast, worum ich dich bat. Wenn du so handelst, erinnerst du mich an ein Huhn. Das denkt auch nicht nach. Ich wünsche mir, daß du in Zukunft nicht vergißt, was du mir versprochen hast.“
Von den möglichen Kommunikationsmustern hat dieser Mann die anklagende Form gewählt. Wir können annehmen, daß sein Selbstwertgefühl verletzt wurde, als seine Frau vergaß, was sie erledigen sollte. Diese Verletzung bildet den Hintergrund für die verbale Aggression.
Als nächstes noch ein Beispiel für eine verschlüsselte und verdichtete Information. Ein Mensch, der gerade mit einem Sonnenbrand im Bett liegt, wird bei dem Wort „Sonne“ andere Gefühle haben als ein Nordländer nach einem langen, dunklen Winter. Nun stellen Sie sich vor, der Nordländer kommt in das Zimmer, in dem der Sonnenverbrannte liegt, und sagt: „Die Sonne scheint!“ Er will damit sagen, daß er zufrieden ist, daß er das Leben schön findet und die Erde gerade für einen freundlichen Ort hält.

Aus dem Bett erhält er folgende Antwort: „Willst du mich pflanzen?“ Damit sagt der Sonnengeschädigte in Kurzform, daß ihn im Augenblick nichts weniger interessiert als Sonnenschein und daß er es geschmacklos findet, ihm jetzt damit zu kommen. Nonverbal drückt er dasselbe aus, indem er aufsteht und mit lautem Rattern die Jalousie vor dem Fenster herunterläßt.
Die Bedeutung von Worten und Sätzen und ihr Einsatz in bestimmten Situationen sind eng an die momentane Gefühlssituation von Sender und Empfänger geknüpft. Es gibt für jeden Menschen relativ neutrale Worte. Häufiger aber treffen wir auf Worte, die mit intensiver Ablehnung oder Zustimmung verbunden sind.
Nicht immer ist den Betreffenden bewußt, daß ein bestimmter Ausdruck durch seine Gefühlsladung massiven Einfluß auf ihre Stimmung nimmt. Um so weniger kann dies der Gesprächspartner wissen. Vieles davon ist nur verständlich, wenn man die Lebensumstände kennt, unter denen jemand herangewachsen ist. So kann ein bestimmtes Wort in einem Menschen Gefühle von Wärme und Geborgenheit hervorrufen, im anderen ein Gefühl von Angst und Ablehnung. Als Beispiel: Für den Hundefreund ist das Wort Hund mit allerlei angenehmen Erinnerungen und Gefühlen verbunden. Im Gegensatz dazu tauchen bei einem Menschen, der einmal von einem Hund bedroht oder gar gebissen worden ist, beim Wort Hund unangenehme Gefühle bis hin zur Panik auf. Ebenso können zwiespältige Gefühle vorkommen, so Bewunderung für die Kraft und Stärke eines solchen Tieres, gepaart mit Angst davor. In dem Ausruf: „Der ist ein wilder Hund!“ finden wir eine solche Gefühlsmischung vor.

Nach alledem, was wir jetzt über Kommunikation wissen, ist es erstaunlich, daß es Menschen überhaupt möglich ist, sich miteinander so zu verständigen, daß sie das Gefühl haben, verstanden zu werden und verstanden zu haben.
Was also können wir tun, um unsere Kommunikation klarer und eindeutiger zu machen?

1. Worte und die aus ihnen zusammengesetzte Sprache sollen ihrer Bedeutung entsprechend so treffend wie möglich verwendet werden. Dabei ist es wichtig, im Bewußtsein zu behalten, daß trotz aller Bemühungen Worte manchmal mißverstanden werden können. Wir haben auf die Nebenbedeutung von Worten und auf die mit dem Wortgebrauch zusammenhängenden Gefühle hingewiesen. Wortwahl und Sprache sind eng mit den bisherigen Erfahrungen und dem Selbstwert eines Menschen verknüpft, sie drücken die momentane Gemütslage aus und bilden eine innere Wirklichkeit ab. Worte können in der Kommunikation wie eine Waffe verwendet

werden. Gelungene Kommunikation ist nicht Sieg oder Niederlage. Sie setzt voraus, daß die Verschiedenheit von Menschen als Ausgangspunkt zum Lernen und weiterem Erforschen dient, nicht aber zur Kriegserklärung führt. Worte als Munition sind sehr verletzend. Bedenken Sie, daß in einem Krieg alle Beteiligten verlieren. Unser Ziel ist es, daß alle gewinnen.

2. Klare Kommunikation erfordert, daß die Wahrnehmungen überprüft werden. Darunter ist zu verstehen, daß nachgefragt wird, wenn etwas unklar ist. Dies gilt vor allem dann, wenn Äußerungen als negativ, abwertend oder doppeldeutig empfunden werden. Dazu empfehlen sich Formulierungen wie: Habe ich richtig verstanden? Verstehe ich recht? etc. Durch eine solche Überprüfung werden Vermutungen, die in der weiteren Folge eine Spirale von Mißverständnissen in Bewegung setzen von vornherein ausgeschaltet.
Ist das Gespräch in eine Sackgasse geraten, eskaliert zum Beispiel ein Streit und hat jeder der Beteiligten das Gefühl, nur mehr mißverstanden zu werden, empfiehlt sich der kontrollierte Dialog. Indem genau wiederholt wird, was der andere gesagt hat, bevor man selbst seine eigenen Meinungen vertritt, werden Mißverständnisse ausgeräumt. Der kontrollierte Dialog verhindert auch zu lange Gesprächssequenzen, die sich in der Folge niemand mehr merken kann. Darüber hinaus fördert er das Selbstwertgefühl. Ein Ergebnis dieser Gesprächsform ist es auf jeden Fall, daß die Dialogpartner sich, oft zum ersten Mal, verstanden fühlen. Damit ist die Spirale gegenseitiger Herabsetzung und Verletzung unterbrochen.

3. Wenn die Interessen anderer Menschen durch Handlungen meinerseits berührt werden, müssen sie am Kommunikationsprozeß beteiligt werden. Das ist nicht so schwierig, wie man glaubt, aber trotzdem eine selten beachtete Notwendigkeit. Wer Rücksicht auf andere nimmt, fördert nicht nur deren Selbstwertgefühl, sondern auch sein eigenes. In unserem Beispiel vom Hähnchenkauf hätte die Frau zu den Wartenden sagen können: „Gestatten Sie mir eine kurze Frage, bevor ich mich hinter Ihnen anstelle?“ Dies hätte ihr erlaubt, ihre Energie ganz auf das von ihr Gewünschte zu richten, statt sie in Vermutungen und schlechtem Gewissen zu vergeuden.

4. Gefühle sollen als Signale beachtet, anerkannt und in die Kommunikation mit einbezogen werden. Es gibt keine schlechten oder minderwertigen Gefühle, ebensowenig wie gute. Gefühle sind einfach da und lassen sich nicht leugnen, bestenfalls verdrängen. In den Untergrund verdrängte Gefühle sind einer klaren Kommunikation abträglich und führen zu Krankheiten und anderen Symptomen.
Gefühle werden oft mit den aus ihnen resultierenden Handlungen ver-

wechselt. Weil die Handlung unannehmbar erscheint oder bestraft wird, wird auch das zu ihr führende Gefühl verdammt. Sinnvoll und für die menschliche Entwicklung förderlicher ist es, mehr Kompetenz und Handlungsfreiheit bei den gefühlsmäßig motivierten Aktionen zu erreichen. Jemand, der jedesmal, wenn er ärgerlich ist, die Wohnungseinrichtung zertrümmert, zieht den falschen Schluß, wenn er in Zukunft den Ärger hinunterschluckt. Statt dessen muß er lernen, die Kraft, die ihm der Ärger verleiht, in konstruktive Energie umzuwandeln und für seine wirklichen Interessen einzusetzen. Ärger kann z.B. sein Motor dafür sein, zu sagen, was er sich wünscht oder anders haben möchte.

5. Beschwichtigende, anklagende, rationalisierende und ablenkende Kommunikationsmuster machen krank und verhindern ein gegenseitiges Verständnis.
Es ist daher wichtig zu lernen, wie man aus solchen Mustern aussteigen und zu einer kongruenten Kommunikationsform hinfinden kann.
Ein solches Lernen ist nicht theoretisch möglich, sondern es bedarf dazu praktischer Übung.
Dies gilt für alles Neulernen, das die Kommunikation verbessern soll.

6. Unterschiede im Repräsentationssystem Kommunizierender schaffen Verständnisprobleme. Übungen zu diesem Thema fördern die Fähigkeit, sich auf verschiedenen Kanälen auszudrücken und somit besser verständlich zu machen. Sie fördern auch die Fähigkeit, Nachrichten richtig einzuordnen.

7. Inkongruente Aussagen auf sprachlicher und körperlicher Ebene bilden eine Beziehungsfalle. Wenn diese Kommunikation in der Familie über lange Zeit gepflegt wird, sind vor allem die Kinder in ernster Gefahr, sich nicht entsprechend zu entwickeln, krank oder sozial auffällig zu werden. Wenn ein Kind als „identifizierter Patient“ in Behandlung kommt, ist es immer notwendig, mit der ganzen Familie zu arbeiten. Nur wenn die Kommunikation in der Familie verbessert wird, kann das Kind aus seiner ungünstigen Rolle befreit werden, ohne daß ein anderes Familienmitglied sie zum Schutz des Systems übernehmen muß.
Wenn eine Familie Schwierigkeiten hat, die sie allein nicht mehr bewältigen kann, d.h. wenn ein oder mehrere Familienmitglieder bereits ernsthafte Symptome aufweisen, empfiehlt es sich, eine familientherapeutisch ausgerichtete Beratungsstelle aufzusuchen. Die im Falle gestörter Familien stets vorhandene inkongruente Kommunikation entzieht sich in der Regel der Eigenbehandlung. Beziehungsfallen und gestörte Kommunikationsmuster können allein schwer aufgelöst werden.

Der Familientherapeut hat die Möglichkeit, als Außenstehender auf Grund seiner - vorausgesetzten - fachlichen und menschlichen Kompetenz als Vorbild für kongruente Kommunikation in der Familie zu wirken. Sein Repertoire umfaßt eine Reihe von Übungen und Techniken, um die Kommunikation zu verbessern. Wir werden davon noch Genaueres hören. Die Familie findet in seinen Räumlichkeiten eine Art Übungsfeld vor, wobei ihr der Therapeut hilft, Angst und Bedenken zu überwinden und etwas Neues zu versuchen.
Indem der Familientherapeut alle Familienmitglieder gleich ernst nimmt, sie in ihrer dem Alter und der Funktion entsprechenden Rolle in der Familie stützt, angemessene Grenzen zwischen den Subsystemen und Generationen aufrichtet und auf deren Einhaltung achtet, elterliche, eheliche und kindliche Kompetenzen unterscheiden hilft, verbessert sich der Selbstwert aller Familienmitglieder. Dies ist einer klaren Kommunikation letztlich förderlicher als alles andere.

2. Die Arbeit an den Regeln

Alles, was in einer Familie geschieht, unterliegt bestimmten Regeln. Dieses Regelsystem entwickelt sich im Laufe der Zeit und ist im Normalfall ständigen Wandlungen und Anpassungen unterworfen. Die Regeln bestimmen, was in einer Familie erlaubt und nicht erlaubt ist, worüber gesprochen werden darf, was nicht erwähnt wird, wie die Aufgaben verteilt sind, wie die Beziehungen zu den Herkunftsfamilien ablaufen, wie mit Gefühlen umgegangen wird, wie die familiäre Hierarchie aussieht und vieles mehr. Wenn sich Mann und Frau zusammentun, um selbst eine Familie zu gründen, müssen sie für ihre Gemeinschaft ein neues Regelsystem entwickeln. Es ist das Ergebnis von Gesprächen, Auseinandersetzungen, Kompromissen. Durch diese Regeln wird die Art der Beziehung zwischen dem Paar und in der Familie bestimmt. In das Regelsystem fließt auch eine Menge von bewußten und unbewußten Vorschriften aus den Herkunftsfamilien der Partner mit ein. Wenn die Unterschiede in den jeweiligen Familienregeln sehr groß sind, erschwert dies das Finden von Richtlinien, denen beide zustimmen können.
Familien unterschiedlicher sozialer Herkunft unterscheiden sich in ihrem Wertesystem oft ganz erheblich. Der amerikanische Familientherapeut Zuk hat sich mit diesen Unterschieden beschäftigt. Er nennt zwei Formen von Wertsystemen: *continuity values* wie Empathie, Mitleid, Nonkonformismus, Idealismus und Hilfsbereitschaft im Gegensatz zu *discontinuity values.* Diese umfassen Werte wie Gesetzestreue, Pragmatismus, Leistungsorientiertheit, Rationalität und Selbstbeherrschung. Für amerikani-

sche Verhältnisse entsprechen die letzteren Werte konservativen, jüdischen oder aus Nordeuropa eingewanderten Familien sowie Familien der Mittelschicht. Erstere werden in liberalen, farbigen Familien der Unterschicht und solchen südeuropäischen Ursprungs vertreten. Zusätzlich gibt es geschlechtsgebundene und altersabhängige Unterschiede. Jugendliche und Frauen neigen eher zu *continuity values* im Gegensatz zu älteren Erwachsenen und Männern. Es läßt sich unschwer nachfühlen, welche Schwierigkeiten ein junges Paar mit so unterschiedlichen Werten bei der Erstellung eines eigenen Regelsystems erwarten. (Vgl. Martin R. Textor, *Integrative Familientherapie,* S. 64.)
Wenn das erste Kind kommt, müssen die Regeln erweitert und auf die Anforderungen der Elternschaft zugeschnitten werden. Manche Paare schaffen es niemals, aus einer zufriedenen Zweierbeziehung eine zufriedenstellende Dreierbeziehung, in der Fachsprache auch Triade genannt, zu machen. Ihre Regeln können die Kinder aus ihrem Leben ausschließen, so daß diese keinen richtigen Platz in der Familie finden. Andere Paare geben ihre Zweierbeziehung zugunsten der Elternschaft völlig auf. In diesem Fall rutschen die Kinder leicht in die Rolle, den Partner ersetzen zu müssen, was ihnen nicht gelingen kann. Sie bezahlen eine solche unangemessene Position mit Störungen ihrer Entwicklung.
Ebenso wie bei der Geburt des ersten Kindes müssen bei jedem neuen Lebensabschnitt auch neue Regeln für das Zusammenleben und das Verhalten in der Gemeinschaft entwickelt werden. Im Leben einer jungen Familie gelten andere Regeln als in einer, in der die Kinder gerade das Elternhaus verlassen.
Es ist eine gute Übung, einmal die Regeln, nach denen die eigene Familie strukturiert ist, zu überlegen. Setzen Sie sich mit Ihrer Familie zusammen und schreiben Sie auf, was Ihnen an Regeln einfällt. Bei dieser Gelegenheit werden eine Menge Mißverständnisse auf den Tisch kommen. Entgegen einer verbreiteten Ansicht sind nämlich Regeln keineswegs immer klar und eindeutig für alle Familienmitglieder. Eine Regel kann z.B. nur den Wunsch eines mächtigen Familienmitgliedes verkörpern, das bereit ist, diesen Wunsch durchzudrücken und eventuelle Widerstände zu ignorieren. Wenn nun ein anderes Familienmitglied nicht wagt, offen zu widersprechen und klar zu sagen, daß es nicht gewillt ist, dieser Regel nachzukommen, wird es sie unterschwellig ignorieren. Ein solches Verhalten kann zu einem Dauerkrieg führen.
Beispiel: Ein Mann legt Wert darauf, daß er seine Socken vollzählig und gestopft zur Verfügung hat. Seine Frau weiß dies, ist aber nicht gewillt, ihm diesen Gefallen zu tun. Da sie Angst vor seiner Reaktion hat, widerspricht sie ihm nicht offen. Leider verschwinden immer wieder Socken bei der Wäsche auf Nimmerwiedersehen. So hat der Mann ständig Ärger, den er

aber wegen vermeintlicher Geringfügigkeit und weil er nicht weiß, an wessen Adresse er ihn richten soll, nicht los wird.
Eine offene Auseinandersetzung über die Regeln führt dazu, daß geklärt wird, was jeder vom anderen erwarten kann. Damit setzt man sich freilich der Gefahr aus, daß dies dem Partner zuwenig sein könnte. Die Angst davor, was dann passiert, blockiert die offene Aussprache.
Häufig kommt es vor, daß eine Regel unklar und ungenau ist und in unterschiedlicher Weise ausgelegt werden kann.
Beispiel: Eine Frau erwartet von ihrem Mann, daß er in Zukunft ordentlicher ist. Der Mann räumt nun abends seine Zeitung und die Pfeife im Wohnzimmer weg, wirft seine Schmutzwäsche in die Wäschetonne und seine Papiertaschentücher in den Mülleimer. Nachdem er alles getan hat, was in seinen Augen Ordnung ausmacht, ist er höchst erstaunt, als ihm seine Frau unter Tränen sagt, daß er keine Rücksicht auf sie nimmt. Er fragt, was sie meint, und erfährt, daß er in ihren Augen noch immer unordentlich ist. Schließlich stellt sich heraus, daß er morgens seine Barthaare nach der Rasur nicht aus dem Waschbecken entfernt. Das stört seine Frau sehr, während sie die anderen Ordnungsbemühungen ihres Mannes gar nicht bemerkt hat. Weder Zeitung noch Schmutzwäsche, noch herumliegende Papiertaschentücher haben sie vorher gestört.
Es ist also wichtig, die genauen Bedingungen festzulegen, die für eine Regel gelten sollen. Dies läßt sich leicht machen, wenn jeder in der Familie die Freiheit hat, zu sagen, was er will.
Viele Regeln sind so formuliert, daß sie die Fähigkeiten eines menschlichen Wesens übersteigen. Es ist unmöglich für ein Kind, immer leise zu sein, wenn die Erwachsenen sprechen. Eine solche Regel wird nur mit Brachialgewalt durchzuführen sein. Erfreulicherweise nimmt die Zahl der Familienpatriarchen ab, unter deren Herrschaft die Regel galt: Kinder bei Tische sind stumm wie die Fische!
In einer lebendigen, wachstumsorientierten Familie sind Regeln kein ehernes Gesetz, das wie die Thesen Martin Luthers an der Wohnzimmertür angeschlagen ist. Hier sind Regeln im Fluß und können von allen Familienmitgliedern angezweifelt und verändert werden, wenn es an der Zeit ist. Bei Übertretungen kann sich der „Sünder" rechtfertigen und seine Beweggründe dafür anführen. Bei Bestrafungen wegen einer Regelübertretung wird das Verhalten des Betreffenden und nicht die Person selbst geahndet.
Wie ist das in Ihrer Familie? Wer stellt die Vorschriften auf? Ist es erlaubt, Regeln anzusprechen und zu verändern? Hat jeder das Recht dazu oder nur wenige Auserwählte?
Werden die Vorschriften nach dem Motto verkündet: Ich will das so, und nun Schluß, aus, basta!

Hier bestimme ich und kein anderer!
Wer zahlt, schafft an!
Was glaubst du, was die Oma mir erzählt hätte, wenn ich die Suppe hätte stehenlassen!
In unserer Familie ist das schon immer so gemacht worden!
Dein Vater würde sich im Grabe umdrehen, wenn er wüßte, wie du dich aufführst.
Wer widerspricht, kann gleich ausziehen.

Andere, verstecktere Varianten einer solchen Gesetzesverkündung:
Was sollen nur die Leute denken!
Du blamierst mich vor der ganzen Nachbarschaft.
Ich traue mich nicht mehr in die Schule zum Elternsprechtag, weil du nicht spurst.
Du bist der erste in der Familie, der sich nicht dran hält.
Tante Sofia wollte das so.
Das ist bei uns nicht der Brauch.

Regeln, die auf solche Weise in die Familie eingeführt werden, reizen zu Widerstand. Dabei ist es so einfach, es anders zu machen.
Hier ein paar Beispiele, wie es anders geht:
Ich wünsche mir von dir, Paul, daß du deine Schuhe aufs Regal stellst. Ich bin gerade zum drittenmal drübergestolpert.

Mutter und ich möchten, daß beim Essen alle beisammen sind. Es ist der einzige Zeitpunkt, wo wichtige Dinge gemeinsam besprochen werden können. Was meint ihr, ist es euch möglich, das so einzurichten?

Robert möchte mehr Taschengeld. Ich möchte diese Gelegenheit dazu benutzen, euch zu erklären, wieviel Geld uns im Monat zur Verfügung steht und wieviel davon übrigbleibt, nach Abzug der fixen Ausgaben. Dann können wir gemeinsam besprechen, ob es für alle in Ordnung ist, wenn Robert mehr Taschengeld bekommt.

Ich wünsche nicht, daß ihr Kinder Schimpfworte gegenüber mir oder anderen Menschen verwendet. Es ist in Ordnung, wütend zu sein. Aber ich möchte, daß ihr lernt, eure Wut auszudrücken, ohne andere dabei zu verletzen.

Bisher haben wir Weihnachten immer zusammen gefeiert. Nun möchte Thomas in den Ferien mit seinem Freund wegfahren. Ich bin ziemlich überrascht und weiß nicht, ob es mir recht ist oder nicht. Was meint ihr dazu?

Sie haben sicherlich bemerkt, daß im zweiten Teil sehr viele sogenannte „Ich-Botschaften“ verwendet werden. Solche Botschaften sind wichtig für eine offene Kommunikation. Wer etwas von einem anderen Familienmitglied möchte, spricht dies aus, ohne sich hinter dem Wörtchen „man“, den Nachbarn oder bisherigen Gewohnheiten zu verstecken. Jeder der Dialogpartner berücksichtigt die persönliche Welt des anderen. Gefühle, die im Gespräch auftauchen, werden nicht verheimlicht, sondern offen ausgedrückt. Entscheidungen berücksichtigen sowohl die Bedürfnisse der Betroffenen als auch die Realität. Sie werden von den erwachsenen Mitgliedern gesetzt, die damit klar die Generationengrenzen einhalten. Die Rolle eines Vaters oder einer Mutter erfordert u.a., Verantwortung für die Familie zu übernehmen. Gewaltfreie Erziehung wird häufig verwechselt mit einem System, in dem Kindern die Aufgaben Erwachsener aufgebürdet werden. So ist das aber nicht zu verstehen. Es geht nicht darum, daß Regeln nicht mehr gesetzt werden dürfen, sondern um die Art und Weise, wie dies geschieht.

In wachstumsfördernden, „gesunden“ Familien belasten Eltern die Kinder nicht mit Aufgaben, die ihnen selbst zustehen. Sie erwarten nicht von den Kindern, daß diese sich von ihnen abgrenzen, sondern sorgen selbst dafür, ihre Kinder nicht in ihre eigenen Angelegenheiten zu verwickeln. Kurz gesagt: Ein Kind braucht nicht einen weiteren Freund, sondern einen Vater, der diese Funktion wahrnimmt. Ein junges Mädchen braucht keine konkurrierende Freundin als Mutter, sondern eine erwachsene Ansprechpartnerin, die ihr Halt und Rückendeckung geben kann.
Um diese Aufgaben zu erfüllen, braucht es keinen Feldwebelton. Kinder, die sich aus Liebe und Vertrauen auf die Regeln in der Familie einlassen können, sind in einer glücklichen Lage. Sie können sich mit den Regeln entfalten und nicht gegen sie. Sie haben die Freiheit, alles wahrzunehmen, was sich rund um sie abspielt, und können darüber vertrauensvoll mit ihren Eltern sprechen. Sie sind in Kontakt mit ihren Gefühlen und dürfen empfinden und ausdrücken, was in ihnen vorgeht. Sie dürfen weinen und lachen, unabhängig von ihrem Geschlecht. Ihre sexuellen Gefühle versetzen sie nicht in Verlegenheit, denn die Regeln in ihrer Familie machen daraus kein Tabuthema. Entsprechend werden die Kinder schrittweise, ihren Fragen und ihrer Entwicklungsstufe entsprechend, aufgeklärt. Ihre Eltern können ohne Verlegenheit darüber sprechen, denn sie erleben ihr eigenes Sexualleben als befriedigend. Die Kinder können andere Menschen fragen, wenn sie sich etwas wünschen, und sich furchtlos an Neues heranwagen.
Entwicklungsfördernde Regeln führen dazu, daß sich die Familienmitglieder geborgen fühlen, gleichzeitig aber die Möglichkeit zu fortschreitender

Individuation und Selbstverwirklichung erhalten. Sie können sich in verschiedenen Rollen bestätigen und üben. Solche Regeln gewährleisten eine offene Kommunikation. Alles, was gerade in der Familie wichtig ist, darf geäußert werden. Neben der Freiheit, alles auszudrücken, haben die Familienmitglieder auch die Fähigkeit, dem anderen einfühlsam zuzuhören und Rücksicht zu nehmen. Bei Konflikten werden schnell Lösungen gefunden, mit denen sich alle einverstanden erklären können. Eine Vielzahl von gemeinsamen Aktivitäten sorgt für Nähe und Spaß. Anfallende Arbeiten werden mit Rücksicht auf Alter und Leistungsfähigkeit gerecht verteilt. Die Generationengrenzen sind klar, jeder hat entsprechende Aufgaben und Pflichten. Hierarchisch gesehen haben die Eltern die meiste Macht. Sie wird von ihnen nicht diktatorisch, sondern im Sinne realistischer Problemlösung ausgeübt.

Ganz anders sieht es in gestörten, kranken Familien aus.
Hier dienen die Regeln gewöhnlich der Befriedigung von Bedürfnissen der Eltern, die ihnen nicht oder nur teilweise bewußt sind. Häufig widersprechen sich diese Bedürfnisse. Die Eltern schaffen es nicht, sich auf gültige Regeln zu einigen, die Erziehungsarbeit des einen wird vom anderen Elternteil offen oder geheim sabotiert oder verspottet. Oft fehlt auch das Wissen darüber, wie Regeln gesetzt werden können.
Ein ungünstiger Umgang mit Regeln resultiert in verschiedenen wenig erfolgreichen Erziehungsformen.
Wir haben schon öfter die autoritäre Erziehung angeführt. Hier werden Regeln in Form von Befehlen, Anordnungen, Zwang und strenger Kontrolle durchgesetzt. Die Folge sind Wutanfälle beim Kind, Angst, Verhaltensstörungen oder Konformität. Besonders schädlich wirkt sich ein solches Muster aus, wenn die Kinder im Zusammenhang damit häufig geschlagen oder mißhandelt werden. Zusätzlich sind solche Kinder in einem unlösbaren Konflikt gefangen, wenn die Eltern gegensätzliche Forderungen stellen und das Kind je nachdem, welche Forderung es erfüllt, – vom anderen Elternteil abgelehnt und bestraft wird.
Ebenso ungünstig für die Entwicklung der Kinder wirkt sich eine normenlose Erziehung aus. Die Eltern sind in einem solchen Fall nicht in der Lage, ihre Regeln verständlich zu machen oder konstant zu vertreten. Den Hintergrund bildet eine gestörte Kommunikation zwischen den Eltern und den Eltern und Kindern. Die freie Entwicklung des Kindes ist dadurch gestört, daß es sich in einer unlösbaren Abhängigkeit von den Eltern befindet. Es bedarf in jeder neuen Situation neuer Anweisungen seitens der Eltern, wenn es keine gültigen, situationsübergreifenden Regeln gibt. Ein solches Muster überfordert sowohl Eltern als auch Kinder.
Das oben Gesagte gilt auch für den Fall, daß Eltern freiwillig einen großen

Teil ihrer Kontrollfunktion aufgeben, wie bei der sogenannten permissiven Erziehung. In Amerika waren die Produkte einer solchen ungünstigen Ideologie als *non-frustrated children* bekannt. Diesen Kindern fehlt die Sicherheit, die Eltern bieten, die ihre Autorität wahrnehmen. So kommen sie in die Situation, sich mit Problemen beschäftigen zu müssen, die sie überfordern.

Einsichtig dürfte sein, daß der ständige Wechsel zwischen autoritärer und permissiver Erziehung besonders schädlich ist.

Zu einem solchen kommt es immer dann, wenn die Eltern, restlos überfordert, mit Drohungen und Schlägen auf die Manipulation seitens ihrer Kinder reagieren. Die Eltern fühlen sich ausgebeutet, da sie ja nach ihren Begriffen ohnehin unendlich viel für ihre Kinder tun und viele ihrer eigenen Bedürfnisse hintanstellen. Im allgemeinen werden so erzogene Kinder nicht ruhen und nicht rasten, die Grenze der Duldsamkeit der Eltern zu erkunden.

Schließlich gibt es auch noch die Vernachlässigung von Kindern. Die Familienregeln nehmen dann keine Rücksicht auf die Bedürfnisse, Wünsche und den Entwicklungsstand der Kinder, die im Erwachsenenleben der Eltern keine bedeutende Rolle spielen. Die Eltern bieten den Kindern zuwenig Halt, Fürsorge und Liebe, entweder weil sie kein Interesse an ihnen haben oder anderweitig sehr engagiert sind, z.B. im Beruf. Das letztere ist häufig bei Männern der Fall, die ausschließlich berufsorientiert sind. Das Fehlen der väterlichen Instanz bei der Regelgebung wirkt sich in der Familie ungünstig aus, dies besonders dann, wenn die Ehepartner ungelöste Konflikte und Spannnungen miteinander haben.

Schließlich ist anzumerken, daß der Erziehungsstil, so ungünstig er sein mag, allein noch keine pathologischen Auswirkungen haben muß. Die Art, wie eine Familie ihre Regeln handhabt, ist eingebettet in den größeren Zusammenhang der Kommunikation insgesamt. Diese hängt mit der Reife und dem Entwicklungsstand des Ehe- und Elternpaares zusammen. Letztlich können Eltern, die einander lieben, wertschätzen und anerkennen, bei ihren Kindern keine großen Schäden anrichten, auch wenn ihr Erziehungsstil möglicherweise von altertümlichen Normen geprägt ist. Hingegen haben auch fortschrittliche Ideen auf diesem Gebiet keine Aussichten auf Erfolg, wenn das Paar sich miteinander langweilt, in einen ständigen Krieg um die Macht verwickelt ist, sich gegenseitig schlechtmacht oder einander lediglich um des lieben Friedens willen übereinstimmt. In einem solchen Fall ist es nicht zu verhindern, daß die Kinder trotz guten Willens von beiden Seiten zwischen die Kampflinien geraten und in ihrer Entwicklung Schaden nehmen.

Es ist daher eine wichtige Aufgabe für den Familientherapeuten, den

Eltern dabei zu helfen, ihre regelgebende Funktion so gut wie möglich auszuüben. Gelegentlich müssen dazu intellektuelle Mißverständnisse beseitigt, oder es muß einfach Wissen erworben werden. Ist die elterliche Funktion dadurch beeinträchtigt, daß zwischen den Eltern eine Spaltung oder Überanpassung besteht, kann der Therapeut eine Zeitlang allein mit dem Paar arbeiten, um ihre Beziehung zueinander zu verbessern. In manchen Fällen ist dies nicht mehr möglich. Dann muß der Therapeut eine Trennung des Paares begleiten, wobei die elterliche Funktion aufrechterhalten bleibt. In den meisten Fällen aber krankt die Beziehung an unzureichenden Fertigkeiten im kommunikativen Bereich, an Selbstwertgefühlsstörungen eines oder beider Partner, an der Unfähigkeit, kreativ zu streiten, und anderem mehr. Solche Fähigkeiten lassen sich lernen. Der Therapeut wird um so mehr Wert auf die eheliche Beziehung legen, als diese Modellfunktion für das Verhalten der Kinder hat.

3. Besondere Techniken zum Verständnis der Familie

Die im folgenden beschriebenen Techniken haben einen festen Platz in der Arbeit von Familientherapeuten. An dieser Stelle möchte ich betonen, daß Techniken nur im Zusammenhang mit einer entsprechenden therapeutischen Grundhaltung ihren Sinn haben. Techniken müssen dem jeweiligen Bedürfnis und der Situation der Familie angemessen sein. Dazu bedarf es von seiten des Therapeuten eines feinen Einfühlungsvermögens, des Respekts vor den einmaligen Fähigkeiten jedes einzelnen Menschen und von Familien insgesamt zur Problemlösung sowie der Wertschätzung der Andersartigkeit.

Die Skulptur

In der Skulptur werden die Beziehungen der Familienmitglieder zueinander dargestellt. Der Therapeut bittet eine oder mehrere Personen, eine „Skulptur" zu bilden, die ausdrückt, wie die Familie zueinander steht. Dazu können die anwesenden Familienmitglieder so lange bewegt und gerückt werden, die Haltung von Armen, Beinen, Körper und Kopf so lange verändert werden, bis das entstandene Bild der Sicht des Betreffenden von seiner Familie entspricht. Die einzelnen „Bestandteile" dieser Skulptur, sprich die Mitglieder der Familie, werden dann gefragt, wie es ihnen in der jeweiligen Haltung geht und was sie fühlen.

Die Auswertung einer solchen Skulptur erfolgt nach den unterschiedlichsten Gesichtspunkten, die mit der Vorstellung und Theorie des Therapeuten über diese Familie zu tun haben.

Er kann z.B. darauf achten, wie nahe oder entfernt die einzelnen Teile voneinander sind. Beispiel: Ein Ehepaar, das voneinander entfernt in den Ecken einer zwei Meter langen Couch sitzt und voneinander weg in die jeweils andere Zimmerecke starrt.

Er kann die Stabilität der Skulptur ansprechen. Beispiel: Ehefrau und zwei Kinder hängen mit minimalem Bodenkontakt an den Schultern des Mannes.

Auftretende Schmerzen und Belastungen bestimmter Haltungen werden unmittelbar klar und entsprechen oft bereits vorhandenen Krankeitssymptomen. Beispiel: Die Frau kniet vor ihrem Mann und blickt mit verrenktem Hals zu ihm auf, während er versucht, sie hochzuziehen. Die Frau hat chronische Kopfschmerzen, der Mann Rückenschmerzen.

Die Beziehungen zwischen Männern und Frauen werden deutlich. Beispiel: Großmutter, Mutter und Tochter halten sich an der Hand und bilden eine Linie. Großvater und Vater stehen dahinter ohne direkten Kontakt zur vorderen Front, von der sie nur den Rücken wahrnehmen können. Da jeder an einem Ende der Linie steht, haben die Männer auch zueinander keinen Kontakt und befinden sich in einer isolierten, aussichtslosen Position, in der sie weder etwas geben noch etwas empfangen können. Ebenso isoliert sind die Frauen in dieser Aufteilung. Ein Kontakt mit den Männern hinter ihnen reduziert sich auf einen einzigen Kanal: das Gehör und die Stimme.

Die Generationengrenzen in der Familie zeigen sich.

Beispiel für klare Grenzen: Die Kinder sitzen am Boden und spielen miteinander; Mutter und Vater halten sich an der Hand; an einem Tisch im Hintergrund sitzen die Großeltern und spielen Karten.

Beispiel für verschwommene Grenzen: Mutter und zwei Kinder bilden einen Kreis. Der Vater steht mit dem Rücken dazu in einiger Entfernung mit gebeugtem Kopf vor den Großeltern, die beide versuchen, ihn zu sich zu ziehen.

In jeder solchen Skulptur steckt eine Vielzahl von Informationen über das, was eine spezifische Familie ausmacht. Auf nonverbalem Weg wird Bewußtes und Unbewußtes ausgedrückt. Der Bewußtwerdungsprozeß der Beteiligten geht über die direkte Erfahrung, die sie in der Situation sammeln können. Der Therapeut faßt diese Erfahrung in Worte, wobei er sich eng an das ihm zugängliche Bild hält und seine vorsichtigen Äußerungen der Familie zur Diskussion stellt. Die Familie begreift so unmittelbar die Belastungen, der sie durch bestimmte Kommunikationsformen und überholte Regeln ausgesetzt ist. Das Verständnis füreinander wächst, da bisher verfolgte und als bösartig empfundene Verhaltensweisen nun anders gesehen werden können, z.B. als aus dem Druck der Situation heraus entstehend.

Auch in der Einzeltherapie läßt sich diese Methode verwenden, wenn

Konflikte im Familienbereich gelöst werden sollen. Der Klient verwendet dann z.B. Stühle, um die Familienmitglieder zu symbolisieren. Um die Gefühle der anderen deutlich werden zu lassen, kann der Therapeut den Klienten bitten, nacheinander auf den verschiedenen Stühlen Platz zu nehmen und sich in die Lage seines Vater, seiner Mutter, seiner Geschwister etc. einzufühlen.

Arbeit mit Seilen

Um der Familie klarzumachen, daß jede Bewegung eines ihrer Mitglieder sich auf alle anderen auswirkt, kann die ganze Familie mit Stricken aneinandergebunden werden. Dabei bekommt jeder ein Seil um die Mitte gebunden, das für das eigene Selbst steht. Daran werden Seile für jedes Familienmitglied festgemacht. Jeder gibt nun diese Seile an die anderen, von denen sie festgehalten werden. Dadurch zeigt sich sehr schnell, wie schwierig der Umgang untereinander ist. Stellen Sie sich z.B. vor, ein Familienmitglied möchte weggehen, ohne sich vorher mit den anderen geeinigt zu haben. Es wird in eine unlösbare Verwicklung der Seile geraten. Auch die anderen, die an ihm festhängen, geraten in einen schmerzhaften Konflikt. Hat er sich hingegen mit jedem einzelnen abgesprochen, lassen sie vielleicht freiwillig los und er kann sich seinen eigenen Interessen widmen.

Es gibt selbstverständlich unzählige Möglichkeiten, sich in einer solchen Situation zu verhalten. Sie alle rufen bestimmte Gefühle und Reaktionen bei den miteinander Verbundenen aus.

Eine solche Übung macht das Beziehungsgeflecht innerhalb einer Familie unmittelbar deutlich. Die Seile symbolisieren die Bindung aneinander. Damit sich die Familie weiterentwickeln kann, muß sie einen Weg finden, sich innerhalb dieser Bindung frei zu bewegen.

Je mehr Verhaltensalternativen einer Familie zur Verfügung stehen, um ihre Probleme zu lösen, um so größer wird letztlich die Freiheit des einzelnen sein.

Die Part's Party

Die Persönlichkeit eines Menschen besteht aus vielen verschiedenen Teilen, von denen wir manche annehmen und als positiv bewerten, andere ablehnen und verleugnen. Tatsächlich ist es wichtig, alle Teile zu akzeptieren, da sie wichtige Ressourcen für unser Leben sind.

So kann Unfreundlichkeit, im allgemeinen als negative Eigenschaft abgestempelt, eine schätzenswerte Funktion erfüllen, indem sie uns davor bewahrt, etwas zuzustimmen, was wir nicht wollen. Liebenswürdigkeit, normalerweise angestrebt und positiv bewertet, kann hingegen zum

Bumerang werden, wenn sie mich daran hindert, mich mit meinen Interessen gegenüber anderen deutlich abzugrenzen.
Was ich damit sagen will: Es ist unsinnig, persönliche Eigenschaften nach den Kriterien gut oder schlecht zu bewerten. Sie stehen alle in meinen Diensten, und es liegt in meinen Händen, wie ich mit ihnen umgehe. Ich kann mich und andere damit unglücklich machen. Ich kann sie aber auch für mein Wachstum und meine seelische Entwicklung einsetzen und damit indirekt auch meinen Mitmenschen nützen. Eine reife, selbständige, abgegrenzte und ihre Freiheiten lebende Person hat keinen Grund, andere Menschen auszunützen, sie für ihre Zwecke zu mißbrauchen oder sie auf irgendeine andere Weise zu schädigen.
Für die „Teile-Party", wie sie auf Deutsch heißt, wird eine Gruppe von mindestens zehn Teilnehmern benötigt, die schon miteinander vertraut sein sollten. Wir gehen davon aus, daß die einzelnen Teile einer Person alles verkörpern, was diese im Laufe ihres Lebens an Informationen und Erfahrungen gespeichert hat. Wenn nun die Regeln ihrer Familie verbieten, sich bestimmte Teile nutzbar zu machen, wird in der Person eine starke Spannung entstehen, die von den Teilen ausgeht, die in der verbotenen Zone leben. Um diese Teile lebendig werden zu lassen, werden sie als Personen dramatisiert und dann auf einer Party miteinander in Kontakt gebracht. Als solche Teile könnten z.B. Zorn, Sexualität, Ehrgeiz, Mütterlichkeit, Nachdenklichkeit etc. auftreten. Sie erscheinen nacheinander auf einer Party, deren Ort und Zeit vom Gastgeber festgelegt wurde. Bei ihrem Auftritt stellen sie sich vor und zeigen oder sagen, was sie bedeuten. Jeder hat eine typische Geste, mit der er sich zu erkennen gibt. Der Betroffene verfolgt in Begleitung des Therapeuten die Aktionen seiner Teile. Das Geschehen wird immer wieder vom Therapeuten unterbrochen, der sich erkundigt, wie es den einzelnen Teilen geht. Wenn es Konflikte gibt, wird der Gastgeber aufgefordert zu sagen, ob sie ihm bekannt vorkommen. Wenn ja, wird die Aktion verstärkt, um eine Lösung anzuregen. Jeder Teil soll versuchen, sich durchzusetzen.
Nach einiger Zeit stellt sich heraus, daß jeder Teil die anderen braucht, um zurechtzukommen. Nun wird die Frage gestellt, was jeder Teil vom anderen braucht, damit es ihm gut geht. Beispielsweise fühlt sich der Ehrgeiz von der Mütterlichkeit eingeschränkt und wünscht sich von ihr, daß sie sich nicht ständig einmischt. Sexualität läßt Zorn nicht aufkommen etc. Die Teile werden jetzt aufgefordert, eine Möglichkeit zur Kooperation zu finden. Durch eine solche gegenseitige Unterstützung läßt sich zerstörerische Energie, wie sie etwa dem Zorn oder dem Ehrgeiz innewohnen können, in lebensfördernde umwandeln. So kann Nachdenklichkeit den Zorn so weit zügeln, daß er als Kraft zum Erreichen der Ziele von Ehrgeiz zur Verfügung steht. Dieser wiederum könnte durch den Einfluß der Mütter-

lichkeit mehr Rücksicht auf alle anderen Bedürfnisse nehmen. Manchmal zeigt sich auch, daß ein weiterer Teil hinzugenommen werden muß, damit eine Lösung möglich wird. Dann wird jemand aus dem Publikum gebeten, diese Rolle zu übernehmen.
Schließlich erfolgt die Integration der Anteile. Dazu stellen sich die Darsteller im Kreis um ihren Besitzer. Der äußert seine Gefühle, die er empfindet. Dann geht jeder Teil auf ihn zu, legt ihm die Hand auf die Schulter und sagt: Ich bin dein Anteil Ehrgeiz. Wenn alle an der Reihe waren, akzeptiert sie der Gastgeber, schließt seine Augen und nimmt alle diese Anteile auf geistigem Wege in sich auf. Dann sagt er mit geschlossenen Augen, wie er sich fühlt. Schließlich fordert der Therapeut die Anteile auf, der Reihe nach die Hände wegzunehmen. Die Integration ist beendet.
Es ist schwierig, eine solche Methode so zu beschreiben, daß sich auch jemand, der noch nie Erfahrung damit hatte, sie richtig versteht. Tatsächlich ist die Part's Party eine der vielen genialen Erfindungen Virginia Satirs. In sehr bildhafter und eindrucksvoller Weise zeigt sich schon nach kurzer Zeit das bisherige Lebenskonzept des Betroffenen mit all seinen Auswirkungen. Durch diese Methode läßt sich eine wirkliche Veränderung in Richtung auf mehr Selbstakzeptanz und Selbstwertgefühl erzielen. Ich hatte das große Glück, Virginia selbst an der Arbeit bei einer Part's Party zu erleben, und zähle diese Erfahrung zu den ganz großen Erlebnissen meines Lebens.
Wie alle therapeutischen Methoden läßt sich auch die Part's Party nach Bedarf modifizieren. So kann sie auch in der Einzeltherapie verwendet werden, indem der Klient jeden Teil seiner Persönlichkeit selbst spielt. Im Rahmen der Familienbehandlung können die Familienangehörigen Eigenschaften nachspielen, die in der Familie zueinander in Konkurrenz stehen. Es ist ebenso möglich, Werte der Familie zu personifizieren und so ein plastisches Bild davon zu vermitteln, ob sie miteinander kooperieren können. Ebenso können Regeln und Rollen dargestellt werden.
Solche Methoden haben gegenüber rein sprachlichen den Vorteil, daß sie in viel umfassenderer Weise auf den ganzen Menschen zielen. Die unmittelbare Erfahrung, die dabei gemacht werden kann, ist meines Erachtens durch nichts zu ersetzen. Gerade über diese neue sinnliche und körperliche Erfahrung ist Veränderung möglich.

Eine weitere, wichtige Methode der Familientherapie ist die *Familienrekonstruktion.*
In der Ausbildung künftiger Familientherapeuten spielt die Familienrekonstruktion eine entscheidende Rolle. Sie ermöglicht auf dem Weg der Selbsterfahrung den Kontakt mit den „Altvorderen“, deren Ideen, Werte und Regeln das Leben der Nachgeborenen in vielfältiger Weise beeinflus-

sen. Familienrekonstruktion ist für den Familientherapeuten das, was die Analyse für den Analytiker ist.

Die Familienrekonstruktion läßt sich aber auch in der Behandlung von gestörten Familien einsetzen. Dies besonders dann, wenn die Störung in engem Zusammenhang mit dem Familiensystem der Herkunftsfamilien steht. So wissen wir, daß Regeln, die einst einer bestimmten Situation angemessen waren, oft aus Respekt vor den Eltern weiter tradiert werden und dann die Veränderung und Entwicklung in der Familie blockieren.

Nehmen wir als Beispiel den Fall einer Familie, die vor hundert Jahren aus wirtschaftlichen Gründen ihr Land verließ, um anderswo ihr Glück zu finden. In den ersten Aufbauzeiten war eine eiserne Regel der Familie der enge Zusammenhalt in jeder Hinsicht. Dies bot Schutz und Sicherheit, half das Geld zusammenzuhalten und war somit damals für die Familie günstig. Hundert Jahre später hat die Familie ein beachtliches Vermögen angehäuft, das den Mitgliedern ein angenehmes, unabhängiges Leben garantieren würde. Da aber die Regel, unter allen Umständen zusammenzubleiben, von Urgroßvater auf Großvater, Vater und Sohn undiskutiert und unverändert weitergegeben wurde, vergiftet sie das Leben der Familie durch ihre praktischen Auswirkungen. Drei Generationen leben unter einem Dach, sind untereinander vollkommen zerstritten, aber unfähig, sich räumlich zu trennen. Selbst der Gedanke daran ist verboten, geschweige denn, darüber offen zu reden.

Was passiert nun bei der Familienrekonstruktion? Zunächst sind einige Vorarbeiten nötig. Der sogenannte „Star“ der Rekonstruktion stellt einen Bericht der Familiengeschichte von den Großeltern bis in die Gegenwart auf. Dabei werden wichtige Ereignisse und ihre Daten aufgelistet. Außerdem zeichnet er einen Stammbaum ebenfalls bis zu seinen Großeltern. Wenn Daten und Namen aus irgendwelchen Gründen nicht mehr in Erfahrung zu bringen sind, denkt er sich passende aus. Jede Person auf dem Stammbaum wird mit Eigenschaften versehen, wie sie in der Familiengeschichte tradiert werden und dem „Star“ bekannt sind. Meist kommt es schon beim Aufstellen der Ereignisse und des Stammbaumes zu sogenannten „Aha-Erlebnissen“. Familiengeheimnisse wie uneheliche Geburten, Selbstmorde, tragische Todesfälle, Abtreibungen, kriminelle Handlungen, Alkoholismus und vieles mehr tauchen aus der bisherigen mythischen Dunkelheit auf. Die Beschäftigung mit diesen Daten sowie ihre Erforschung erfordert ein intensives Eintauchen in die Herkunftsfamilie. Neue Kontakte werden geknüpft, da oft Informationen über familiäre Nebenlinien laufen. Die Beziehung zu den eigenen Eltern bekommt meist einen positiven Anschub, da sie als Verwalter der Daten neue Wertschätzung erfahren. So liegt schon in der Vorarbeit ein Anstoß zur Veränderung im System der Familie.

Zur Durchführung der Rekonstruktion ist wiederum eine miteinander vertraute Gruppe nötig, deren Größe von der Menge der darzustellenden Personen abhängt. Wie bei der Part's Party wird eine Art Drama mit den Personen des Stammbaumes aufgeführt. Welche Szene herausgegriffen wird, entscheidet der Therapeut auf Grund der Besprechung der Familienereignisse und des Stammbaumes. Es ist möglich, die ganze Geschichte der Familie nachzuspielen, beginnend bei den Großeltern. Besonders interessant ist naturgemäß Werbung und Heirat, die Ankunft von Kindern, der Tod von Familienmitgliedern und andere markante Situationen. Besonderes Augenmerk legt man auf die Ankunft des Stars und die Situation in seiner Familie zum Zeitpunkt seiner Geburt. Je nach den Fragen, die jemand an seine Familie stellen möchte, können die unterschiedlichsten Bereiche herausgearbeitet werden.
Wer mit dieser Methode nicht vertraut ist, mag es unglaublich finden, daß fremde Menschen, wenn sie in eine bestimmte Situation gebracht werden, nachempfinden können, was an Gefühlen, Wünschen und Träumen bei den einzelnen Familienmitgliedern einst vorhanden war. Es ist aber nicht so verwunderlich, wenn wir bedenken, daß durch die Familiensaga eben wichtige, gefühlsauslösende Situationen mit ihrem emotionellen Gehalt über die Generationen weitergegeben werden. Die Familienrekonstruktion entsteht ja nicht im luftleeren Raum. Wie es damals war, als Tante Klara die Temperamentvolle Onkel Kurt den Ruhigen zum Altar führte, ist in der Familie Hunderte Male besprochen worden und wurde von den Kindern vernommen und gespeichert. Je nach den Vorschriften in einer Familie wird nun ein bestimmtes Verhalten positiv oder negativ bewertet. Dabei werden immer Anteile ausgelassen, die später fehlen. Stellen wir uns jede Familiengeschichte wie ein Puzzle vor. Wenn wichtige Teile fehlen, kann ein vollständiges Bild nicht entstehen. Die Familienrekonstruktion hilft uns, diese verschollenen Puzzleteile wieder einzufügen.
Eine solche Vervollständigung ist vor allem dann nötig, wenn jemand nicht in der Lage ist, seine Familie als Quelle seines persönlichen, innerlichen Reichtums zu nützen. Statt dessen ist es häufig so, daß die vorhandene Energie darauf vergeudet wird, alles zu bekämpfen, was von der Familie kommt. Jemand mag das Gefühl gewonnen haben, in seiner Familie keinerlei Rückhalt zu finden. Oder er ist so verwickelt, daß er diesen gordischen Knoten mit Gewalt durchtrennen will. In beiden Fällen beraubt er sich selbst der Kräfte, die in seiner Familie zu seinen Gunsten verborgen liegen. Der Kontakt mit den Ahnen in spielerischer Form kann ihm die Familie von einer anderen Seite präsentieren. Er wird manche Eigenschaft und Fähigkeit in sich selbst wiederfinden, die seine Vorfahren auszeichneten.
Es ist üblich, daß die „Vorfahren" ihren Auftritt damit beenden, daß sie

dem Star etwas von sich schenken, was dieser in sich selbst aufnehmen kann. Das kann Kraft oder Durchsetzungswillen sein, Feingefühl oder Mütterlichkeit, Liebe und Verständnis. Der Star ist so frei, sich zu nehmen, was er brauchen kann. Was er nicht will, läßt er mit dem Ahn im Grab versinken. So besteht die Möglichkeit, unbrauchbare Traditionen endlich loszuwerden, um Platz für neue Entwicklungen zu gewinnen. Der Star kann seine Persönlichkeit ausbauen und mehr Mensch werden. Außerdem gewinnt er Verständnis für die Handlungsweise seiner Eltern. So kann er Verzerrungen, die sein Elternbild aufweist, beseitigen und zu ihnen eine einfühlsame, erwachsene Beziehung pflegen.
Sollten die Eltern nicht mehr am Leben sein, kann er von ihnen Abschied nehmen. Ein solcher symbolischer Abschied hat den Vorteil, daß er als Abschiedsgeschenk alles mitnehmen kann, was seine Eltern an geistigen Gaben für ihn bereithalten.
Die Familienrekonstruktion bietet die Möglichkeit, das Bild, das jeder von den Eltern seit der Kindheit mit sich trägt, entscheidend zu verändern und den heutigen Gegebenheiten anzupassen. Vater und Mutter sind weder Übermenschen noch Teufel, diese Einsicht müssen wir gewinnen, wenn wir erwachsen werden wollen. Was immer sie getan haben, sie wurden ebenso von den Regeln in ihrer Familie bestimmt, wie wir in der unseren. Oft bestand schon lange Zeit, bevor wir auf die Welt kamen, eine Beziehung zwischen den beiden, die sich auf die Situation bei unserer Geburt auswirkte. Wie auch immer, sie haben sich ebenso wie wir selbst im Alltag gemüht, geirrt, gehofft, geliebt, getrauert, geweint, gelacht und gefreut. Nach der Familienrekonstruktion sind wir im allgemeinen in der Lage, unsere Eltern als Menschen zu sehen, mit denen wir heute, nachdem wir erwachsen sind, auf derselben Ebene stehen. Eltern wie Kinder haben das Recht, eine Begegnung miteinander zu suchen oder abzuschlagen. Sinn hat eine solche Begegnung unter Erwachsenen nur dann, wenn Freude und Zuneigung sie zueinanderführen und nicht leeres Pflichtgefühl.
Natürlich ist es auch möglich, ohne Familienrekonstruktion zu einem solchen Ergebnis zu gelangen. Ich erinnere an das, was ich über Techniken gesagt habe.
Neben Familienrekonstruktion und Part's Party gibt es noch andere Möglichkeiten, das Rollenspiel als Methode einzusetzen. Wenn es in einer Familie den Beteiligten sehr schwer fällt, die Situation eines Familienmitgliedes zu verstehen, lasse ich sie die Rollen tauschen. Vater, dessen Leben sich weitgehend außerhalb der Familie abspielt und der am Abend müde heimkehrt, weiß sehr wahrscheinlich nichts über den Streß, den seine Frau zu Hause mit den drei kleinen Kindern hat. Selbst wenn er sie manchmal vertritt, hat er eine andere Position. Viele Ehestreitigkeiten resultieren aus solchem Unverständnis für die gegenseitigen Belastungen. Der Mann aus

unserem Beispiel erwartet sich zu Hause einen Ort der Ruhe und des Friedens. Statt dessen kehrt er in ein Chaos heim, in dem offenbar gerade alles aus den Fugen ist. Seine Frau hingegen wartet schon sehnsüchtig auf sein Erscheinen, um endlich wenigstens eine halbe Stunde Zeit für sich selbst zu haben. Gerade dies wünscht sich aber auch ihr Mann. So fühlt sich jeder vom anderen betrogen.

Spielt nun der Mann die Rolle der Frau und umgekehrt, erfahren beide, welchen Belastungen der Partner ausgesetzt ist. Aus diesem Wissen lassen sich nun leichter Lösungen finden.

Auch die Rollen von Kindern und Eltern können mit Erfolg getauscht werden. Das Verständnis füreinander wächst, wenn ein gefühlsmäßiger Besuch in der Welt des anderen stattfindet.

Plötzlich weiß die Mutter, weshalb der Sohn jedesmal die Haare aufstellt, wenn sie etwas von ihm will. Der Tonfall hat es ihr verraten. Das Kind hingegen erlebt, daß auch seine Mutter ein Wesen mit eigenen Wünschen und Bedürfnissen ist. Es spürt am eigenen Leib, daß es weh tut, wenn diese Bedürfnisse nicht wahrgenommen werden.

Die Familie kann sich auch nacheinander in die Rolle des Sündenbocks oder identifizierten Patienten begeben. Oft höre ich dann: Jetzt verstehe ich, wie ihm zumute sein muß. Ich hatte auch Magenschmerzen, den Wunsch alles hinzuhauen, und anderes mehr.

In spielerischer Form läßt sich auch Kommunikation erleben. Je nach Problemlage übt die Familie verschiedene Kommunikationshaltungen miteinander durch. Besonderer Wert wird natürlich auf das Üben kongruenter Kommunikation gelegt. Im Rollenspiel kann unmittelbar der Unterschied zu den schädlichen Streßmustern erfahren werden. Zunächst bekommt jeder eine Rolle als Beschwichtiger, als Ankläger, als Rationalisierer oder als Ablenker zugewiesen. Die Familie erhält die Aufgabe, sich über ein bestimmtes Thema, etwa den nächsten Urlaub, zu unterhalten. Jeder spielt nun sein zugewiesenes Streßmuster durch und achtet dabei auf seine Gefühle. Die Rollen können auch vertauscht werden. Anschließend wird das kongruente Kommunikationsmuster geübt.

Die einzelnen Haltungen können auch in übertriebener Weise dargestellt werden. Nach kurzer Zeit erlebt jeder Spieler das mit dieser Haltung verbundene Unbehagen. Aus der unbeweglichen Haltung können die Spieler in Bewegung übergehen. Dann entsteht das sogenannte „Streßballett". Sein Sinn liegt darin, daß die Spieler erkennen, wie nahe verwandt die einzelnen Haltungen sind. Der Ankläger befindet sich in einer anderen Sequenz, in der Position des Beschwichtigers oder Ablenkers. Ehepaare wechseln häufig zwischen den schädlichen Kommunikationsmustern hin und her und werfen sich dann jeweils die Position des Partners vor.

Rollenspiele aller Art sind besonders gut für Therapeuten geeignet, die den

Wert des Humors in ihrer Arbeit erkannt haben. Wenn eine Familie bei einer bestimmten Sequenz eines Rollenspieles in schallendes Gelächter ausbricht, weil es wie eine Karikatur ihres sonstigen Verhaltens wirkt, hat dies eine überaus heilsame Wirkung. In gestörten und kranken Familien ist Spaß miteinander selten. Bitterer Ernst und düstere Schwere bestimmen statt dessen die Atmosphäre. Therapeutische Arbeit ist zwar Schwerarbeit, kann aber nur dann nützlich sein, wenn es dem Therapeuten gelingt, seine Arbeit mit Lust durchzuführen. So hat er zumindest zeitweise die Chance, als Modell dafür zu wirken, daß Leben lebenswert ist. Dies wird ihm um so leichter gelingen, als er die Gefühle, die ihn im Umgang mit der Familie bewegen, offen ausdrückt und so zu einem Mittel seiner Kunst macht. Gegebenenfalls setzt er diese Gefühle wiederum in ein Rollenspiel um.

Ich habe versucht, einige der Methoden zu schildern, mit denen Wachstum und Reife in der Familie angeregt werden sollen. Die schriftliche Schilderung kann keinesfalls das lebendige Erleben ersetzen, es ist vielmehr ein dürftiger Ersatz. Über die geschilderten Methoden hinaus gibt es so viele Variationen, Abwandlungen und Neuentdeckungen, wie es Familientherapeuten gibt. Ein Mensch mit lebendigem Inneren wird sich stets davon verlocken lassen, für die jeweilige besondere Familie auch besondere Einfälle zu entwickeln. Dabei spielt die geistige Heimat des Therapeuten sicherlich ebenso eine Rolle wie sein Temperament, sein Tempo, seine Vorlieben und Begabungen. Entscheidend ist dies alles meiner Meinung nach nicht. Wesentlich ist hingegen sein Engagement für die Menschen, die sich um Hilfe an ihn gewandt haben, sowie seine eigene Offenheit und Ehrlichkeit im Umgang mit sich und anderen. Während ich dies schreibe, erinnere ich mich mit Liebe und großer Wärme an alle Familientherapeuten, die meine eigene Ausbildung und mein menschliches Wachstum begleitet haben. Meine eigenen guten Erfahrungen haben mich entscheidend dazu motiviert, dieses Buch zu schreiben.

Nachwort

Nun, da das Manuskript fertig vor mir auf dem Tisch liegt, möchte ich Ihnen, liebe LeserInnen, noch ein paar Worte zum Prozeß seiner Entstehung sagen. Ein Jahr lang haben mich die Gedanken, die ich in dem vorliegenden Buch niedergelegt habe, im Wachen und oft auch in meinen Träumen begleitet. Meine eigene Familie hat in dieser Zeit manches Opfer bringen müssen, wenn ich geistig abwesend und meine Zeit für sie knapper als sonst war. Ich möchte meinem Mann und meinem Sohn ganz herzlich für das Verständnis danken, das sie meiner Arbeit entgegengebracht haben. Besonders danke ich meinem Mann für die Zeit, die er dafür aufgewendet hat, mir an dem oft unwilligen Personal-Computer weiterzuhelfen. Ich möchte auch meiner Mutter danken, die dieses Buch als erste gelesen und mir bei der Korrektur sehr geholfen hat. Schließlich gilt mein besonderer Dank all meinen Patienten, die mir erlaubten, eine Weile ihr Leben zu begleiten. Der Kontakt mit jedem einzelnen von ihnen hat mein Leben bereichert.

Ich habe in diesem Jahr viele neue Erfahrungen gemacht. Es ist aufregend zu erleben, wie Gedanken Gestalt in Form von Buchseiten annehmen. Es ist spannend, etwas Neues zu beginnen, dessen Ausgang ungewiß ist. Noch nie habe ich das Auf und Ab meines inneren Lebens so unmittelbar gespürt wie beim Prozeß des Schreibens. An manchen Tagen ging es wie von selbst. An anderen war Schreiben eine Qual, wenn das, was ich sagen wollte, sich nicht in Worte fügte. Nun kann ich nur hoffen, daß ich mich verständlich ausgedrückt habe. Ich wünsche mir, daß Sie, lieber Leser, diesem Buch die Anregung entnehmen, sich ihrer eigenen Familie mit Liebe und Interesse zuzuwenden. Ein glückliches Familienleben ist kein Geschenk des Himmels, sondern ein Ergebnis gemeinsamer täglicher Bemühungen. Auch wenn heute der Himmel voller Wolken hängt, verlieren Sie nicht den Mut. Sie haben die Fähigkeit und die Kraft, die Sonne in Ihrem Hause scheinen zu lassen. Alles, was Sie dazu brauchen, haben Sie und Ihre Familie bereits in sich.

Literatur

AICHHORN, August: *Erziehungsberatung und Erziehungshilfe.* Reinbek 1972.
AMMON, Günther: *Psychotherapie der Psychosen.* München 1975.
BACH, George/GOLDBERG, Herb R.: *Keine Angst vor Aggressionen.* München 1974.
BALINT, Michael/BALINT, Enid: *Psychotherapeutische Techniken in der Medizin.* Stuttgart, 3. Aufl. 1980.
BALINT, Michael: *Der Arzt, sein Patient und die Krankheit.* Frankfurt a.M. 1970.
BATESON/JACKSON/LAING/LIDZ/WYNNE u.a.: *Schizophrenie und Familie.* Frankfurt a.M. 1978.
BETTELHEIM, Bruno: *Kinder brauchen Märchen.* Stuttgart, 5. Aufl. 1990.
ders.: *Die Geburt des Selbst.* Frankfurt a.M. 1986.
ders.: *Ein Leben für Kinder.* Stuttgart, 9. Aufl. 1990.
BOWLBY, John: *Trennung.* München 1976.
ders.: *Bindung.* Frankfurt a.M. 1980.
ders.: *Verlust, Trauer und Depression.* Frankfurt a.M., 2. Aufl. 1987.
CHESLER, Phyllis: *Mutter werden.* Reinbek 1980.
COHN, Ruth C.: *Von der Psychoanalyse zur themenzentrierten Interaktion.* Stuttgart, 9. Aufl. 1990.
DETHLEFSEN, Thorwald/DAHLKE, Rüdiger: *Krankheit als Weg.* München 1983.
DIEKMEYER, Ulrich: *Das Elternbuch.* Reinbek 1976.
DÖRNER, Klaus/PLOG, Ursula: *Irren ist menschlich oder Lehrbuch der Psychiatrie/Psychotherapie.* Bonn 1978.
ERICKSON, Milton H.: *Meine Stimme begleitet Sie überall hin.* Stuttgart 1986.
FAST, Julius: *Körpersprache.* Reinbek 1979.
GAWAIN, Shakti: *Stell dir vor. Kreativ visualisieren.* Reinbek 1986.
GOLDMANN-POSCH, Ursula: *Wenn Mütter trauern.* München 1990.
GORDON, Thomas: *Familienkonferenz in der Praxis.* München 1989.
HAAS, Eberhard: *Selbstheilung durch Drogen.* Frankfurt a.M. 1974.
HEADLEY, Lee: *Erwachsene und deren Eltern. Ziele – Methoden – Lösungen.* München 1979.
HEMMINGER, Hansjörg: *Kindheit als Schicksal?* Reinbek 1982.
HITE, Shere: *Frauen und Liebe.* München 1988.
HOFFMANN, Bernt: *Handbuch des autogenen Trainings.* München 1989.
JORES, Arthur (Hrsg.): *Praktische Psychosomatik.* Bern 1976.
KEMPLER, Walter: *Grundzüge der Gestalt-Familientherapie.* Stuttgart, 2. Aufl. 1980.
KLEIN, Melanie: *Das Seelenleben des Kleinkindes und andere Beiträge zur Psychoanalyse.* Reinbek 1972.
LAING, Ronald D.: *Knoten.* Reinbek 1986.
ders.: *Liebst du mich?* Köln 1978.
ders.: *Die Politik der Familie.* Köln 1981.
LAUSTER, Peter: *Lassen Sie der Seele Flügel wachsen.* Düsseldorf 1978.
LIDZ, Theodore: *Der gefährdete Mensch.* Frankfurt a.M. 1976.
MAHLER, Margaret S./PINE, Fred/BERGMANN, Anni: *Die psychische Geburt des Menschen.* Frankfurt a.M., 8. Aufl. 1989.
MANDEL, Anita/MANDEL, Karl Herbert/STADTER, Ernst/ZIMMER, Dirk: *Einübung in Partnerschaft.* München 1971.
MASLOW, Abraham H.: *Motivation und Persönlichkeit.* Reinbek 1981.
MILLER, Alice: *Du sollst nicht merken.* Frankfurt a.M. 1981.
dies.: *Am Anfang war Erziehung.* Frankfurt a.M. 1980.

MINUCHIN, Salvador: *Familie und Familientherapie.* Freiburg i.Br. 1987.
ders.: *Familienkaleidoskop.* Reinbek 1980.
MINUCHIN, Salvador/FISHMAN, H. Charles: *Praxis der strukturellen Familientherapie.* Freiburg i.Br. 1985.
NAPIER, Augustus Y./WHITAKER, Carl A.: *Die Bergers. Beispiel einer erfolgreichen Familientherapie.* Reinbek 1982.
OERTER, Rolf: *Moderne Entwicklungspsychologie.* Donauwörth, 20. Aufl. 1984.
O'NEILL, Nena/O'NEILL, George: *Die offene Ehe.* Reinbek 1975.
PETERS, Uwe Henrik: *Anna Freud, Ein Leben für das Kind.* Frankfurt a.M. 1984.
POLSTER, Erving/POLSTER, Miriam: *Gestalttherapie.* Frankfurt a.M., 6. Aufl. 1990.
REICH, Wilhelm: *Charakteranalyse.* Köln 1973.
ders.: *Die sexuelle Revolution.* Frankfurt a.M., 3. Aufl. 1988.
ders.: *Die Entdeckung des Orgons. Der Krebs.* Köln 1987.
RICHTER, Horst Eberhard: *Eltern, Kind, Neurose.* Stuttgart, 3. Aufl. 1972.
ders.: *Familie und seelische Krankheit.* Reinbek 1978.
ders.: *Patient Familie.* Reinbek 1970.
SATIR, Virginia: *Mein Weg zu dir. Kontakt finden und Vertrauen gewinnen.* München 1989.
dies.: *Meine vielen Gesichter. Wer bin ich wirklich?* München 1988.
dies.: *Selbstwert und Kommunikation. Familientherapie für Berater und zur Selbsthilfe.* München, 9. Aufl. 1989.
dies.: *Familienbehandlung.* Freiburg i.Br., 7. Aufl. 1988.
SCHEIB, Asta: *Der zweite Anlauf zum Glück.* München 1987.
SCHREIBER, Flora Rheta: *Sybil. Persönlichkeitsspaltung einer Frau.* Frankfurt a.M., 3. Aufl. 1990.
SCHÜTZ-DOINET, Hannelore: *Lieben kann man lernen.* München 1989.
SCHWÄBISCH, Lutz/SIEMS, Martin: *Anleitung zum sozialen Lernen für Paare, Gruppen und Erzieher.* Reinbek 1974.
SELVINI, Palazzoli M./BOSCOLO, L./CECCHIN, G./PRATA, G.: *Paradoxon und Gegenparadoxon. Ein neues Therapiemodell für die Familie mit schizophrener Störung.* Stuttgart, 6. Aufl. 1988.
SHEEHY, Gail: *In der Mitte des Lebens.* Frankfurt a.M. 1986.
SIMONTON, O. Carl/MATTHEWS-SIMONTON, Stephanie/CREIGHTON, James: *Wieder gesund werden.* Reinbek 1982.
SIMONTON, O. Carl: *Prinzip Mut.* München 1989.
STIERLIN, Helm: *Von der Psychoanalyse zur Familientherapie.* Stuttgart 1979.
ders.: *Krankheit und Familie.* Frankfurt a.M. 1989.
STROTZKA, Hans: *Neurose, Charakter, soziale Umwelt.* München 1973.
TAUSCH, Anne Marie: *Gespräche gegen die Angst.* Reinbek 1981.
TEXTOR, Martin R.: *Integrative Familientherapie.* Berlin 1985.
THOMAS, Carmen: *Die Hausfrauengruppe.* Reinbek 1988.
WATZLAWICK, Paul: *Anleitung zum Unglücklichsein.* München, 27. Aufl. 1988.
ders.: *Wie wirklich ist die Wirklichkeit?* München, 15. Aufl. 1990.
WENDERLEIN, Mathias: *Psychosomatik in der Gynäkologie und Geburtshilfe.* Stuttgart 1981.
WINNICOTT, Donald W.: *Familie und individuelle Entwicklung.* Frankfurt a.M. 1984.
WIRSCHING, Michael/STIERLIN, Helm: *Krankheit und Familie.* Stuttgart 1982.
ZIMMER, Katharina: *Sie wollten nur mein Bestes.* München 1985.
ZULLIGER, Hans: *Die Angst unserer Kinder.* Stuttgart 1966.